绘本教学案头书

生命教育怎么教？100本图画书告诉你

王　蕾　等◎著　　刘　慧◎总顾问

华东师范大学出版社

图书在版编目(CIP)数据

生命教育怎么教? 100本图画书告诉你/王蕾等著.
—上海:华东师范大学出版社,2015.9
ISBN 978-7-5675-4143-6

Ⅰ.①生… Ⅱ.①王… Ⅲ.①生命哲学-儿童读物
Ⅳ.①B083-49

中国版本图书馆CIP数据核字(2015)第229617号

生命教育怎么教? 100本图画书告诉你

著　　者　王　蕾等
责任编辑　沈　岚
特约审读　姬　妤
责任校对　高士吟
装帧设计　宋学宏

出版发行　华东师范大学出版社
社　　址　上海市中山北路3663号　邮编 200062
网　　址　www.ecnupress.com.cn
电　　话　021-60821666　行政传真 021-62572105
客服电话　021-62865537　门市(邮购)电话 021-62869887
地　　址　上海市中山北路3663号华东师范大学校内先锋路口
网　　店　http://hdsdcbs.tmall.com

印 刷 者　浙江临安曙光印务有限公司
开　　本　787×1092　16开
印　　张　20
字　　数　412千字
版　　次　2015年11月第1版
印　　次　2019年12月第3次
书　　号　ISBN 978-7-5675-4143-6/G·8674
定　　价　42.00元

出 版 人　王　焰

目 录

第4辑 人与自然

1. 认识自然→243

2. 自然现象与规律→257

3. 大自然的植物→269

4. 美丽季节→280

5. 保护自然环境→292

作者序

从美丽图画书走进儿童生命教育

生命，从一开始就是一个奇迹。就像诺贝尔所说：生命，那是自然给人类雕琢的宝石，是无价的、多彩的。儿童生命的成长包括身体的强健、情感的丰富、精神的高尚。这个过程需要良好的营养，细心的照顾，更需要源于生命本身的陶养。家庭、学校、社会应该关注儿童生命的丰满与愉悦。儿童的生命世界需要我们的帮助，需要我们给予他们生命的呵护与润泽。

一、何为生命教育

生命教育是以生命为基点，借助生命资源，唤醒、培养人们的生命意识与生命智慧，在保护生命不受伤害的同时，更引导人们追求生命价值，活出生命意义的一种教育形态。

人若想活着并且活得精彩，就必须学会处理人与自己、他人、自然、生命之间的关系。每一个人都应该首先学会认识、保护并欣赏自我，适时追求自己的梦想，恰当管理自己的情绪；明晓生命的成长历程，学会珍爱生命。同时，人与他人要友好相处、团结互助，还要懂得感恩与分享。人还要了解大自然的现象和规律，进而与自然万物和谐共生。

生命教育将生命之“真”、“善”、“美”集于一身，是全人教育的基础，其教育的根本就是让我们每个人都要珍惜自己的生命，发挥生命的价值，活出精彩的人生！

目前，很多发达国家和地区，如英国、德国、澳大利亚等已经把生命教育列入了国家教育的纲领性文件之中，并且在学校、社区、家庭中得到了有效实施。我国台湾地区也早在20世纪九十年代于中小学全面施行生命教育，有效帮助了儿童各方面的成长。根据国内外的发展形式以及儿童自身成长与适应环境的需求，我国已明确将生命教育列入了《国家中长期教育改革和发展规划纲要（2010—2020年）》之中，生命教育正得到社会、家庭与学校越来越多的重视。

二、以图画书为载体开展生命教育

运用图画书（绘本）进行生命教育，是当前国内外儿童生命教育的重要途径。

生命教育图画书所蕴含的丰富内容是儿童了解生命、了解人际关系、了解社会、了解自然的重要渠道，尤其是一些深奥的、深刻的、深层的生命主题，如生命认知、自我建构等问题。在此方面，欧美与台湾地区有关生命教育图画书的开发与运用，给了我们很好的启示与借鉴。我们的学校和家庭可以生命教育图画书为资源，开展多种形式的生命教育图画书教学与生命教育家庭亲子活动。

三、一本指导书看全100本生命教育图画书

这本《生命教育如何教？100本图画书告诉你》是由国内专业生命教育研究机构首都师范大学儿童生命教育与道德研究中心与海绵阅读汇联合研制的儿童生命教育指导书，作为国内首部将生命教育图画书进行系统梳理、研析的图书，其突出特点如下：

（一）本书依托于专业的研究机构，力求构建一套专业、系统、开放的儿童生命教育教学与实践教育资源。本书的研制主要依托于首都师范大学儿童生命与道德研究中心与海绵阅读汇，以儿童生命教育、儿童文学教育等相关学科知识为理论支撑构建全书体系。首都师范大学儿童生命与道德研究中心作为国内儿童生命教育专业研究机构，近年来开展了多项围绕儿童生命教育与实践的重要课题研究工作，而海绵阅读汇作为儿童文学教育研究、推广与实践的专业研究机构，从文学与教育的互联角度系统分析了生命教育图画书的文学教育价值。因此，基于这两个专业研究机构而构成的本书编委会成员中既有国内高校从事儿童生命教育、儿童文学研究的理论工作者，也有具备丰富教育实践经验的一线教师，这样由理论和实践工作者组建的研究团队，将注定研究从一开始就具有了开放性，并力求通过这样的研究行为让优秀的生命教育图画书能真正走进教育现场，让儿童图画书服务于基础教育，成为教育的重要资源。

（二）本书体例构建完备、系统，以期为一线教师及家长提供专业、多维的生命教育图画书资源。全书从目前国内已出版的大量图画书中精选了100本适合进行生命教育的代表性图画书，其中既有国外引进的经典作品、大师级作品，也有华文地区原创的体现我们母语生命教育文化的特色作品，并按照生命教育理论体系中人与自我、人与他人、人与生命及人与自然四大维度，对作品归类细分为四辑，并在每一辑开始时对本辑所系维度的理论进行详细阐释与解读，在每一辑结束时增加拓展阅读表，抛砖引玉，让读者能更多地了解、研究、运用儿童生命教育图画书，还挑选出4本代表性图画书，完整呈现了4堂生命教学课堂过程。

（三）在全书整体理论框架支撑下，对每一本图画书作品下属板块的设计充分呈现了其文学价值与教育功用。包括对图画书文本内容概要叙述的"重述故事"；以生命教育理论解读图画书、细读文本的"生命教育解读"；着眼生命教育课堂教学实践重难点分析的"教学小提醒"；及以课堂学习单、家庭活动单为形式的具有操作性实用功能的"课堂活动与亲子活动设计"。每一个板块都从不同角度对图画书的文学审美价值与生命教育实践功用进行了充分研读与教学分析。

（四）本书从内容到体例注重理论性与实践性相结合，从事一线教学的教师与年轻家长通过本书的系统阅读，既能提升生命教育的理论知识，增强儿童生命教育图画书的阅读经验，同时还能促进课堂教学实践与家庭教育的教学运用能力与亲子沟通技巧。儿童生命教育图画书的阅读与教育教学应该充分实施于学校、课堂与家庭中。

本书作为国内目前儿童生命教育教学的重要成果图书得以顺利出版，要特别感谢本书顾问刘慧教授的大力支持。刘慧教授作为我国著名儿童生命教育专家，从本书的立题规划、理论构建等方面给予充分的学术支持，在此对刘教授的帮助与指导表示由衷感谢！同时，也要感谢本书责任编辑沈岚女士，及华东师范大学出版社学前分社周颖社长，他们对本书的选题立项、内容统整等都付出了很大的努力，学术图书的出版从来都离不开专业出版人的学术理解与帮助。在此也对参与本书编写的研究人员与一线教师表示感谢，他们包括北京市朝阳区实验小学语文教师张婧雅、首都师范大学附属小学语文教师梁硕霞、北京市海淀区中吴村第三小学语文教师吕月、浙江省教育厅教研室附属小学语文教师冯璐艳、首都师范大学初等教育学院王梦、中国政法大学图书馆陈蕊、北京市海淀区中关村第一小学黄敏玲、北京市朝阳区第二实验小学陈小杰、四川省攀枝花市教育局陈云川等。

有了生命教育，儿童在成长过程中，就能正确认识自我存在的价值，学会如何与他人相处，懂得分享，学会合作，明白生命的奇妙、宇宙的伟大，敬畏万物的存在，生命教育对儿童发展极为重要。那么从一本本生动活泼、充满童趣的美丽图画书的阅读与教学开始，带领儿童体悟成长、体会生命、欣赏自然是我们每位教师与家长都可以、也应该乐于从事的一项有意义有价值的事情！

王蕾博士

推荐序

生命教育教学活动如何开展？这是内地推行生命教育十余年来的今天特别关注的问题。可以说，生命教育的理念已被人们普遍接受，但如何开展其教育教学活动还是一个难题。目前，中小学教师开展生命教育最为需要的是具体的、有效的、操作层面的指导，但这方面出版的书籍非常少，王蕾博士主创的《生命教育怎么教？100本图画书告诉你》是一个贡献。

图画书是生命教育的重要载体，好的图画书图文并茂、寓意深刻，承载着丰富的生命教育意涵。运用图画书进行生命教育，是生命教育的一种有效的途径与方式。那么，如何做呢？首先，对富有生命教育意义与内容的图画书进行分析整理是必要的，它是运用图画书进行生命教育的前提。王蕾博士带领她的团队，对百余本图画书进行分析研究，筛选出富含生命教育内容的一百本，按照人与自己、人与他人、人与生命、人与自然四个维度进行归类分析，每个维度由五个主题构成，每个主题又选择五本图画书，并通过"重述故事"、"生命教育解读"、"教学小提醒"、"活动设计"等多个板块呈现，为一线教师提供了百本可用于生命教育的图画书资源，提供了解读百本图画书所蕴含生命教育内容的一个视角，提供了运用图画书进行生命教育的一种思路、一种方式，是对教师开展生命教育的切实指导与帮助。很为之欣喜！

当然，好的图画书所蕴含的生命教育内容是丰富的、多维的，在运用于生命教育教学时不止本书所示的一个视角。因为生命教育就是以生命为基点，借助生命资源，唤醒、培养人们的生命意识和生命智慧，引导人们追求生命价值，活出生命意义的活动。作为生命教育工作者，在运用图画书进行生命教育教学时，可以结合自己的生命理解，从多个视角切入，深入挖掘、领悟图画书所蕴含的生命教育价值；并结合自己的教育教学经验，借鉴本书所示的教学提醒与设计，创造性地设计适合所教对象的图画书教学活动，为生命健康成长助力！

感谢王蕾博士对生命教育教学的用心用力，期待她下一部生命教育成果的问世！

刘慧教授

首都师范大学儿童生命与道德教育研究中心主任、博士生导师

中国陶行知研究会生命教育专业委员会常务副理事长

第1辑 人与自己

认识自己，方能认识人生。

——苏格拉底

导 言

人是从认识自己开始认识世界的，在生命教育中，如何评价自我总是最初始的命题。世界上不会有两片相同的叶子，同样，在这个广博的世界上也不会有两个相同的人，即使是双胞胎，也只是模样长得相似罢了，其内在的思想价值与理想信念也会不同。在这个大千世界，虽然每一个生命个体都有其独特之处，但当我们降生到这个明亮的世界后，色彩斑斓的外界事物会让我们眼花缭乱、应接不暇，我们往往会迷恋于新鲜的事物而忽略自身的独特。殊不知，在了解认识其他生命的独特之前，我们首先应该将目光集中在自己身上，从外貌到内心，每个人对自己都应该了如指掌，因为认识自己才是认识世界的伊始，只有清晰地认识了自己，深刻地剖析了自己，我们才能对自己作出准确的评价。

认识自己是对这个世界展开探索的第一步，我们长什么样儿，我们的生活习惯是什么，我们每天应该做什么，对这些问题的回答每个人都不一样，获取答案的同时就是认识自己的开始。

认识自己，不仅要了解自己的生活，还应该正确地管理自己的情绪。生气、恐惧、愤怒，这些不良情绪，会出现在我们每个人的成长之路上。大多数的孩子会惧怕黑夜，害怕打雷，不敢独自睡觉；当自己的要求没有被满足时，会生气、会愤怒。成人要做的就是积极地引导，以温馨的方式帮助孩子战胜内心的恐惧，将勇气与胆量带给孩子，同时，成人应该为生气、愤怒的孩子打开心灵的窗户，让明亮的阳光照进孩子的内心，将宽容与平和带给孩子。人的情绪犹如天气，有晴朗、有阴天、有刮风、有下雨，心晴的时候雨也是晴，心雨的时候晴也是雨，人的情绪总会受到外界事情的影响，但是，我们要学会调控自己的情绪，正确管理情绪，而不是时刻受到情绪的影响。

认识了自己、管理好自己的情绪之后还要有梦想，有了梦想人才能前进。人与动物最大的区别就是人能够用大脑思考，思考我们想要什么，我们的梦想是什么，因为梦想是我们不断前进的精神食粮。在我们的生命旅途中，也许我们会改变最初的计划，改变前进的方向，改变自身的习惯，但是，唯一不变的就是梦想，梦想就像夜空中那颗最亮的星，在黑夜里为我们照亮前方的道路，在迷途中为我们指引方向。人的成长之路不会一帆风顺，总会有磕磕绊绊，会有无数的荆棘阻碍着我们前进的脚步，也许，在困难来临的那一刻，我们会摔倒，内心会彷徨、迷惘，但是，梦想会成为我们隐形的翅膀，带着我们坚强地站起来继续前行。孩子有伟大的梦想，成人要做的就是帮助孩子坚持自己的梦想，无论成长之路多么坎坷，都不能轻言放弃。

认识自己，更要学会欣赏自己。我们每个人都是独立的个体，都有自己的独特之处。每一朵花都有自己的颜色，有自己的形态，所以才会形成一片姹紫嫣红、花团锦簇的花海；珊瑚正是因为形态不一、色彩丰富，所以才会让人百看不厌。然而，在生活中，人们习惯于盲从，总是羡慕他人的点滴，而否认自身的特点，忽视自己的价值。人与人的长相会不同，性格会不同，习惯会不同，思维方式更会不同，但是孩子会忽略这些不同之处，他们总会羡慕别人，总会用自己的缺点与他人的优点相比，从而使自己变得沮丧，变得更加不自信。成人要做的就是帮助孩子树立自我意识，学会欣赏自己，发现自己身上的闪光点，发现自己的独特之处。世界因各不相同而精彩，相反，如果所有的事物都是一样的，那岂不是太单调了。图画因不同的色彩而美丽，大地因不同的植物而充满生机，森林因不同的动物居住而热闹非凡，民族因不同的风俗习惯而形成地区差异。所以，万事万物没有相同的，都有各自的特点。我们要学会欣赏自己、肯定自己，同时，在欣赏自己的基础上学会欣赏他人。

认识自己、肯定自己的同时要学会保护自己。孩子对社会的认知还没有完全建立，不能准确地辨别他人言语及他人行为的好与坏。成人告诉孩子不要相信陌生人的话，不要接受陌生人给的东西，但是，当陌生人用甜言蜜语诱惑孩子，或者是用一块糖来吸引孩子的时候，孩子很难辨别陌生人的意图，而这个时候，成人的教导早已被孩子抛到九霄云外了，孩子往往会掉进陌生人设计的陷阱里，所以，孩子要学会保护自己。首先要保护自己的身体，不要让别人随便地摸自己、亲自己、欺负自己，对于自己不喜欢的行为，要勇敢地说不，而不是勉强接受，或是唯唯诺诺地躲避。当陌生人与自己说话，或是给自己东西的时候，要果断地拒绝，时刻记着成人对自己的教诲。当自己遇到困难，需要他人帮助的时候，要向警察叔叔寻求帮助，而不是随便地接受他人的给予。成人要帮助孩子构建对社会的认知，帮助他们树立保护自己的意识。

管理好自己的情绪、能够追求梦想、学会欣赏自己、加强自我保护的意识都是在认识自己，认识自己是认识整个世界的基础，我们每个生命个体因不同而熠熠生辉，因不同而绚丽夺目，因不同而绽放光彩，所以，在认识其他生命的独特性之前，我们要停下脚步，认识一下自己。

【撰写者　王蕾　张婧雅】

“人与自己”主题图画书一览

主题	关键词	书　名	出版社
认识自我	寻找我自己	《我不知道我是谁》	南海出版公司
	坚持对自己的认识	《森林大熊》	南海出版公司
	遵循自己的生活习惯	《星月》	河北少年儿童出版社
	认识自己的情绪	《脸，脸，各种各样的脸》	少年儿童出版社
	建构正确的认知	《子儿，吐吐》	明天出版社
情绪管理	生气的危害性	《生气的亚瑟》	河北教育出版社
	抛弃自己的不良情绪	《野兽国》	贵州人民出版社
	抵抗内心的恐惧	《雷公糕》	江西科学技术出版社
	战胜漆黑的夜	《魔奇魔奇树》	新星出版社
	丢掉坏脾气	《我变成一只喷火龙了！》	河北少年儿童出版社
追寻梦想	追寻自己的梦想	《我要高飞》	华东师范大学出版社
	努力实现梦想	《阿利的红斗篷》	明天出版社
	坚信自己的愿望	《胡萝卜种子》	人民文学出版社
	拥有伟大的理想	《达芬奇想飞》	湖北美术出版社
	努力实现自己的愿望	《小火龙找工作》	华东师范大学出版社
学会欣赏	保持自己独特的爱好	《爱花的牛》	二十一世纪出版社
	做最好的自己	《田鼠阿佛》	南海出版公司
	学会肯定自己	《点》	南海出版公司
	欣赏独一无二的自己	《大脚丫跳芭蕾》	河北教育出版社
	互相欣赏对方的优点	《绿池白鹅》	五洲传播出版社
自我保护	保护自己的身体	《不要随便摸我》	青岛出版社
	勇敢自信地保护自己	《别想欺负我》	地震出版社
	学会拒绝别人	《不要随便亲我》	青岛出版社
	远离陌生人的搭讪	《对待陌生人》	新疆青少年出版社
	走丢的时候	《汤姆走丢了》	海燕出版社

认识自我

关键词：寻找我自己
书　名：我不知道我是谁
作　者：【英】布莱克
绘　者：【德】舍夫勒
译　者：邢培健
出版社：南海出版公司

一、重述故事

达利B住在森林里，可它不知道自己是什么动物。它每天都在思考，自己可能是猴子、豪猪，或是无尾熊，可能住在山洞、鸟巢，或是蜘蛛网上，而吃的呢，也许是鱼、马铃薯，或者蚯蚓……可是，这些都不是让它思考最久的，最让它烦恼的是它的大脚！达利B怎么都不明白自己的脚为什么这么大，它想出了无数种可能性：让老鼠坐？给自己挡雨？

有一次，达利B看到鸟儿们都住在树上，于是它也决定住在树上，跟鸟儿们一起吃橡树果实，可即便这样，也还是没有解决它对自己脚大的困扰。直到有一天，森林里所有的兔子都跑到达利B的树下告诉它杰西D要过来的消息，所有的兔子都慌慌张张地跑来跑去，很快便跳进洞里不见了踪影，只有达利B还坐在树上安然地吃着东西。不一会儿杰西D出现了，它的牙齿非常尖锐，眼睛如跳蚤般敏捷，它迅速瞄到了坐在树上正向它招手的达利B，于是慢慢爬上树。其他的兔子都战战兢兢地注视着，忙着思考的达利B并未意识到危险临近，却好奇地向杰西D打探它到底是什么动物，杰西D慢悠悠地说道自己是一只黄鼠狼，住在森林深处，而食物就是兔子！就是达利B这样的兔子！听到这里，达利B震惊极了，原来自己是一只兔子！就在此时，虎视眈眈的黄鼠狼扑了过来，可达利B大脚一踹，像闪电一般嗖地跳开了，扑空的杰西D掉到了树下。

所有的兔子都出来了，欢呼雀跃地拥抱着。大家一齐称达利B为英雄！可是，此时的达利B又陷入了思考：咦，我还以为自己是兔子！

二、生命教育解读

“自我”是一个永恒的生命概念，在儿童生命发展的初期，他们逐渐会有“自我”的概念和对“自我”的意识，会去思考自己是谁，从哪里来，有什么特点，以及自己与这个世界的关系等等，因而寻找“自我”成为了儿童生命中的一个重要问题。

在这个故事中，贯穿着达利B对“自己是谁”的烦恼，伴随着对“住哪里”、“吃什么”、“脚为何这么大”等一系列问题的引入和思考，让我们看到了一个既执著又质朴的生命存在，在追寻自我的过程中，达利B看似是充满烦恼，但实际上，它正深刻且快乐地体验着自己的生命历程，在探索未知自己的过程中收获了无数新奇和独特的个性。故事中的达利B不只是一只兔子，它更是儿童成长过程的鲜明表现，在物质条件充裕的当下，儿童并未因看似完善的现实环境而抛下对“自我”的思考和追问。成人在关注儿童生命成长的过程中，应给予他们潺潺溪流似的鼓励和引导，成为“点拨者”：一方面，作为儿童探寻“自我”的旁观者，在适当的时候给予引导，另一方面，走入儿童生命成长的历程中，与他们一同寻找“自我”，成为他们的力量源泉。

达利B一直在追寻“自我”，但它没有为得不到答案而苦恼不已，没有因遇到危险而畏畏缩缩，相反，它成为独特的自己，成为了达利B，在未知的过程中坚定自己的追寻，在反复中保持纯真执著的心。追寻“自我”并不是最终目的，在这过程中，收获的独特风景和独一无二的自己才是我们真正应该坚持的。

三、教学小提醒

1. 黄鼠狼杰西D的出现极具转折性，危险临近中达利B发现了自己是谁，并运用自己的特殊技能成功避险。在阅读这部分时，应注意从杰西D出现前后的变化进行对比分析：达利B的疑问是否消除？在这个故事中“我是谁”已经不再是唯一的主题，与“我”相关的“为什么”同样值得探讨。

2. 达利B在经历危险后，以为终于找到“自我”，但在故事的结尾处，因为兔子朋友的一句话，达利B又陷入了沉思，这是故事的重点之一，成人需要引导孩子认识并体会达利B鲜明的个性和美好品质，感受达利B追寻“自我”的坚定、纯真简单的生活态度、探索未知世界的好奇与勇气，以及坦然面对自己的个性。

3. 达利B在寻找“自我”的过程中，认识了许多动物朋友，但也总是遇到阻碍，在每一次追问没有得到肯定答案时，达利B并没有气馁。这诠释了达利B纯真而执著的个性品质，需要让孩子着重体会分析，感受达利B坚持寻找“自我”的勇气和恒心，也一起用心享受这个过程。

四、活动设计

1. 达利B是一只什么样的兔子呢？对于“我是谁”它都有哪些想法？有哪些行动？

2. 在遇到黄鼠狼以后，达利B知道自己是谁了吗？为什么？

3. 故事中的达利B一直在寻找自己，它的脑袋中有着无数的想法。那么你呢？你是否也思考过自己是谁？请试着分享给别人。

4. 达利 B 找了好久好久，才在危险临近时发现自己是一只兔子，却在危险过后又陷入了新的思考。如果达利 B 找到你，你能帮它解决疑惑吗？请完成下面的“解谜宝典”。

达利 B 的解谜宝典	
我是谁？	
我住在哪里？	
我该吃些什么？	
我的脚为何这么大？	

5. 达利 B 有一双特别的大脚，除了故事中告诉我们的，它的大脚还会有什么作用呢？请你把你的猜测写下来。

6. 借鉴第二部分写一写中“达利 B 的解谜宝典”，给自己设计一个“我是谁”的调查问卷吧，问题在 5 个左右较为合适，设计好后，带着你的调查问卷，发放给你想询问的人，通过别人的回答更多地了解自己。

参考性问题：
- 我喜欢做什么事？
- 我爱吃什么？
- 我有什么特别的地方？

……

7. “我是谁”达利 B 反复问自己这个问题，那么你有没有问过自己同样的问题？在空闲的时候，与爸爸妈妈一起试着画一画，在画纸上设计一个心目中的自己。

【撰写者　王蕾　陈云川】

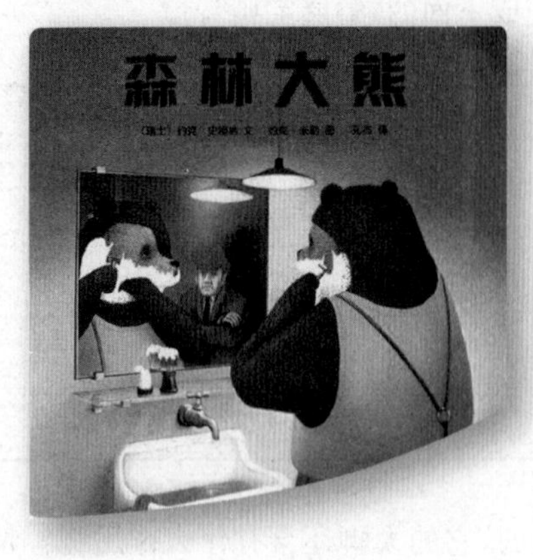

关键词：坚持对自己的认识
书　名：森林大熊
作　者：【瑞】约克·史坦纳
绘　者：【瑞】约克·米勒
译　者：孔杰
出版社：南海出版公司

一、重述故事

快下雪了，森林里的大熊钻进每年过冬的洞里。这时，人类带着工程图和各种工具，把树砍掉，在森林的中央建起了工厂。

春天来临时，大熊醒来走到洞门口，张大眼睛望着工厂。一个工作人员向他跑来，责怪他为什么偷懒不工作。大熊吓了一跳，解释自己是一只熊。管理员却嘲笑他是一条长满脏毛的大懒虫，押他去见人事主任。

大熊有礼貌地解释自己是一只真正的熊，人事主任凶狠地批评了他，领他去见副厂长，副厂长也责备熊是懒惰又肮脏的工人，不相信他是熊。最后，大熊被带来见董事长。董事长要求大熊证明给他看自己是一只熊。

他们开车来动物园，动物园里的熊猛摇头，他们说熊是不会搭车子的，熊会像他们一样住在笼子里，要不然就是住在兽栏里。

森林大熊气愤极了，董事长嘲笑他顽固，带他来到附近的马戏团。马戏团的熊表示他不是熊。因为熊不会坐在观众席上，熊是在圈里表演跳舞的。

没有人相信森林大熊，他心慌意乱，被带回了工厂。工作人员叫他把胡子剃光，拿工作服叫他穿。熊开始跟其他工人一样，站在大控制机器前开始上工。

大熊工作了很久，秋天来了，他觉得越来越累。

要下雪了，大熊早上爬不起来，工作时也会不知不觉睡着。管理员气冲冲地开除了他，他只好拿起包袱从工厂搬出来。

大熊漫无目的地走了很久，下雪了，他浑身湿透，终于走到一家旅馆前。他礼貌地解释自己需要一个房间，但职员回答道：他们不租房间给工人，更别说是熊了。大熊有点儿惊讶，他从来没说过自己是一只熊，却被认出来了。可是，旅馆职员不再理他。

大熊艰难地往山里去，一直走着，走到了一个洞口。他边想接下来该怎么办边打哈欠。他就在那坐了好久，望着天空发呆，不知不觉雪花盖满全身。

二、生命教育解读

《森林大熊》是一个关于在现代文明社会中，人类迷失"自我"和找寻"自我"的寓言。

冬眠的大熊醒来，惊讶地发现整座森林不见了，取而代之的是一座现代化的工厂。工厂管理员把大熊当作是一条长满脏毛的大懒虫，训斥他立刻工作。大熊一次次为自己认真地辩解，却换来了一次次的否定和嘲笑。于是，他自己也渐渐动摇起来，忘记了自己究竟是谁，来自哪里……

谎话说一千遍就变成了真理。还有什么比丢失"自我"，不知道自己究竟是谁而更悲哀的呢？这个看似荒诞的故事拥有着震撼的力量，促使人们也像大熊一样认真思索：在现代文明的惯性中，我们是否遗忘了"自我"？

冬天再度来临，生理的特性不能改变，虽然大熊感觉疲惫，但是已经忘记了冬眠。当工厂开除了他，重获自由时，他欣喜若狂，立即离开工厂。可是，离开了工厂他又能怎样？当无家可归的大熊像流浪汉一般，挑着自己的行李，找到旅馆想要睡觉时，他已经忘记了他的本质，忘记了他的家在哪儿。遭到拒绝后，无处可去的他才再一次本能地走进森林。他躺在洞穴口，身上覆盖着白雪，都快要冻成冰雕了，却仍旧不知道自己是来冬眠的，还对着天空发呆：我是来干什么的呢？

这个故事实际是一个现代寓言。作者从熊的视角进行写作来批判人类：大熊是无辜的，是谁剥夺了他的家园？是谁剥夺了他生存的权利？又是谁将他摧毁成这样呢？真正的凶手是我们人类。

三、教学小提醒

1. 为凸显大熊的可悲处境，绘者先后两次画了他眺望南飞野雁的场面。第一次，大熊处于画面的正中心，昂首挺胸，那时他是这片森林的主人。第二次，画面被压缩为三分之一，只有窄窄的一长条，大熊也被画到了画面的一角，只剩下半个身子，与野雁之间还隔了一道铁丝网。两幅画前后一对比，将大熊丧失森林家园的那种沮丧心情全都表达出来了。

2. 绘者故意把人类的工厂画得像设计图纸一般，僵硬的造型，没有生命力，而开头与结尾的两片森林，他却画得生气盎然，这也是一种明显的对比。

3. 结尾的一页突然没有了文字，画面安静下来，一个悲凉的故事在这里戛然而止。大熊的命运如何，全凭读者自己去猜测：也许大熊在困惑中被冻死了，因为在雪地上看得到他的一部分尸体。也许大熊终于想起自己是谁、要做什么，进到洞里去冬眠了，等到第二年春天再次回归大自然。

四、活动设计

1. 你能简要说说书中讲了一个什么故事吗？

2. 一只真正的熊该有怎样的生活？书中的大熊经历了怎样的生活？

3. 我们在生活中有没有大熊的经历？（照着别人说的做、失去天性、迷失自我的行为）

4. 读着大熊的故事，思考自己的人生。讨论：我们会不会成为“大熊”？

5. 故事中都有谁说大熊不是熊？他们说大熊是什么？他们有怎样的理由？面对大家的说法，大熊是怎么说的，怎么想的，怎么做的？

谁说大熊不是熊	他说大熊是什么	理由是什么	大熊的反应如何

6. 结合最后一幅图画和封底，猜猜大熊的结局如何？试着画下来或写下来。

【撰写者　王蕾　陈蕊】

关键词：遵循自己的生活习惯
书　名：星月
作　者：【美】珍妮儿·肯侬
绘　者：【美】珍妮儿·肯侬
译　者：阿甲
出版社：河北少年儿童出版社

一、重述故事

每天晚上，蝙蝠妈妈带着新生的宝宝——星月寻找食物。不料，有一天晚上，她们遇上了猫头鹰的袭击，星月不幸被撞飞了，之后掉进了一个住着三只鸟宝宝的鸟巢。

三只鸟宝宝见到星月用脚把自己倒挂起来，感到特别好奇。不一会儿，鸟妈妈为鸟宝宝带回了食物，星月饿得实在受不了了，无奈之下也吃了鸟妈妈带回来的那种会爬的东西(星月是一种吃芒果的蝙蝠，不吃虫子)。从此，星月开始学着做一只鸟，除了睡觉时还是保持倒挂的姿势，其他的生活习惯都跟鸟没两样，变得越来越不像一只蝙蝠了。后来，鸟妈妈还强烈要求星月完全遵守所有规矩，睡觉时也不能倒挂在外面，于是星月变得越来越像一只乖巧的鸟了。

星月跟着三只鸟宝宝一起学飞，有一天，星月独自不停地飞啊，飞啊，摔落在一棵树上，她用大拇指钩住树枝，把自己挂起来就睡着了。这时，一只蝙蝠发现了她，飞到她身边，觉得她睡觉的姿势特别奇怪，于是响亮地告诉她：蝙蝠都是头朝下，用脚挂在树上！不是用大拇指！越来越多的蝙蝠过来围观，都在议论：她的行为举止就像一只鸟！这时候，蝙蝠妈妈出现了，她认出了星月，于是就将星月带回家。蝙蝠妈妈带着星月在黑夜中飞翔，还吃了许多芒果，星月知道自己在黑暗中也能看得见，十分欣喜。因为，此时的星月，能够真真切切地做回自己，以一只蝙蝠的方式生活、成长。

二、生命教育解读

弗洛伊德曾指出，人认识自己需要经历三个过程：自我、本我、超我，这也构成了人的完整人格。心理学家皮亚杰则认为，处于3—6岁的儿童都处在自我中心阶段，也就是说这段时期是孩子认识自己的关键期。从两位心理专家的观点来看，孩子的自我认识相当重要，是成长过程的必经阶段。孩子只有正确地认识自我，了解自己的身体特点，学会一些生活习惯，才能更好地适应自己成长历程中的变化，才能更好地与他人相处。

新生的蝙蝠星月，还未能完全认识自己是只蝙蝠时，便遭遇了不幸，与自己的妈妈走散，离开了自己生活的环境。意外地进入了鸟的世界，为了存活下来，星月只能按照鸟的习性生活，她变得越来越像一只鸟，越来越不认识自己了。

后来，蝙蝠妈妈还是找到了星月，慢慢地教会她以一只蝙蝠的样子继续长大。妈妈带着星月吃了许多芒果，让她知道自己不需要吃虫子那种看起来恶心的食物；妈妈还教她在夜里飞翔，让她明白蝙蝠能在夜里看见东西。于是，星月慢慢地认识了自己，懂得遵循自己的生活习性。

故事虽然以动物角色为载体突出认识自我的重要性，对于阅读这本书的孩子来说，同样也在深刻地提醒他们：从小就要学会认识自己、了解自己，关注自己的成长。

三、教学小提醒

1. 本书最大特点是图画与文字内容紧密同步，但并不是以单页图文并茂的方式来呈现，而是先单页呈现图画，接着第二页再以文字加以描述。这样的版式设计，提供了更多元的阅读方式：可以单独读文或读图，也可以图文结合来阅读。

2. 星月与妈妈失散后，跟鸟一起生活，发生了许多变化，这部分的内容主要表达了星月离开自己生活的环境后，未能正确认识自己，变得越来越像一只鸟。需要在讨论交流中让孩子明白星月这段时间所经历的事情及其给星月带来的影响。

3. 星月妈妈重新找到星月之后，星月的生活又发生了变化，这个变化正是星月重新认识自我的过程。要让孩子重点关注星月是怎样接受并适应新生活，学会认识自己。

四、活动设计

1. 星月的成长过程中，都发生了哪些值得回忆的事呢？请你仔细读读图画书，将打乱的故事重新整理，用线连成一个完整的故事。并和同伴说一说，哪件事给你留下的印象最深？

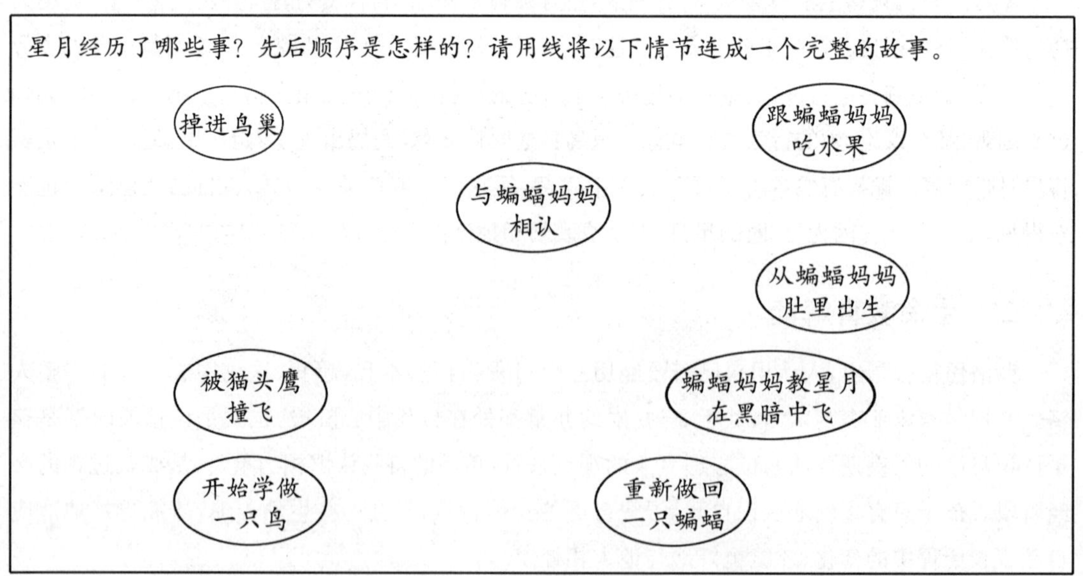

2. 通过星月的故事来认识自己。

1. 星月认识自己：

读完故事，我知道星月与妈妈重新相认之后，慢慢回归一只蝙蝠的生活，重新认识到自己，知道自己原来以________为食，还能在________中飞翔。

2. 我认识自己：

我________年出生，今年________岁，现在在________上学，读________年级；我最喜欢的科目是________，最大的兴趣爱好是________；我最擅长________。

3. 创作《星月新篇》。

蝙蝠妈妈在星月刚刚学会像鸟一样飞翔时，找到了星月，教会她重新认识自己，作为一只蝙蝠继续长大。

倘若，星月已经完全习惯了鸟的飞翔方式时，才遇到蝙蝠妈妈，她是否还能重新认识自己？又或者星月最后根本没有遇到蝙蝠妈妈，她又会如何成长？快快将你心里的想法编一个新的故事吧！

____

____

____

____

____

____

____

【撰写者　王蕾　黄敏玲】

关键词：认识自己的情绪
书　名：脸，脸，各种各样的脸
作　者：【日】柳原良平
绘　者：【日】柳原良平
译　者：小林　小熊
出版社：少年儿童出版社

一、重述故事

这是一本认知情绪的书，从认识脸上的器官开始，它用简单的图形和线条呈现出一张张不同情绪状态下的脸。

每个人的脸上都有一双眼睛，一个鼻子还有一张嘴。眼睛让我们看到周围的世界，鼻子帮助我们感受生活的气息，嘴巴可以说话，还能品尝各种各样的味道。

图画书中开心的脸粉扑扑的，嘴角向上扬起；伤心的脸是黄色的，嘴巴紧闭；笑的脸眼睛弯弯，嘴巴弯弯；哭的脸是蓝色的，眼角挂着泪珠；生气的脸有睁圆的眼睛，咬牙切齿；睡着的脸是粉红色的，平静安详；要威风的脸是橘红色的，气势逼人；苦恼的脸是蜡黄色的，充满忧愁；甜蜜的脸自然舒展，洋溢着幸福；被辣到的脸嘴巴张大，眼睛紧闭；调皮捣蛋的脸上有狡猾的笑容；一本正经的脸面容端庄，郑重其事；笑眯眯的脸上下眼皮合拢在一起；还有……还有说再见的脸，它一半藏在门后，一半露在外面。

二、生命教育解读

《脸，脸，各种各样的脸》是一本帮助孩子认识自我、认识自己各种情绪的图画书。从眼睛到鼻子再到嘴巴，图画书用最简单的图形和线条为孩子勾画出一张脸。这是一张简单的脸，通过线条、图形与色彩配合，可以生动地感受到不同的情绪状态，分辨它们之间的差别。

在学会说话之前，孩子用情绪来与他人交流情感，表达自己的意愿：他们用哭泣来寻求帮助，用恐惧来避免伤害，用好奇来探索周围的环境。即使是掌握语言之后，情绪依然是自我表达的重要方式，它帮助孩子建立自己和自己的关系，帮助孩子进入自己的内心世界，这是他们建构自己生命的一个重要途径。情绪是可以学习的，认识自己的各种情绪就是这种学习的第一步。

图画书中没有曲折的故事情节，只是一页一个场景，一页一种情绪，它不是抽象的文字解说，而是具象的图画，孩子可以直观感受到情绪带来的面部变化，进而模仿，进而学习。这既符合低龄儿童的认知特点，又为孩子发挥想象的阅读提供了空间。从开心、伤心等基本情绪，到调皮捣蛋、一本正经等更为细腻的情绪，孩子阅读的过程就是发现新情绪的过程。在孩子认识情绪之初，不必刻意回避消极情绪，不论是快乐、甜蜜还是悲伤、生气、苦恼，都是正常和健康的。

三、教学小提醒

1. 成人在介绍《脸，脸，各种各样的脸》时，应该关注图画中不同情绪的脸所呈现的形状和颜色，它们可以帮助孩子更好地认识并区分情绪。

2. 在带领孩子阅读的过程中，切忌用“正面”、“负面”、“积极”、“消极”等词语对情绪进行描述和归类，情绪没有对错、好坏之分，首先要肯定和认同各种各样的情绪。

3. 情绪必须在生活的某个特定的事件和时间里经历和体验才能被真正感知，因此，成人可以创设情境或引导孩子结合生活体验来学习。

四、活动设计

1. 说出你所知道的情绪，把它们表演出来。也可以先表演再让同伴和父母猜测你表演的是什么情绪。

2. 将情绪表情制作成卡牌，随机抽取一张，试着为这个情绪表情编一个故事，说一说什么时候会出现这个表情。

3. 生活中会产生各种各样的情绪，你喜欢什么情绪，不喜欢什么情绪？请把它写下来，并简单说明理由。

情绪	喜欢☺/不喜欢☹	理　由

4. 留心观察身边的人，收集不同的情绪表现，试着创作一本关于情绪的图画书。你可以自己尝试，也可以选择和朋友或父母一起合作。

【撰写者　王蕾　王梦】

关键词：建构正确的认知
书　名：子儿，吐吐
作　者：李瑾伦
绘　者：李瑾伦
出版社：明天出版社

一、重述故事

胖脸儿是一只脸特别胖的小猪，在一群小猪当中，每次他都是第一个被认出来。安静的胖脸儿最爱说的一句话就是“吃吧，吃吧！”，而且吃起东西来总是又快又多。

今天，胖脸儿又是第一个吃完木瓜。但奇怪的是其他小猪的桌上或多或少都有些木瓜子，只有胖脸儿把木瓜吃得一干二净，桌子上什么也没留下。这下，其他小猪都很紧张，纷纷猜测吃了子儿是否会死掉，随即大家又都一致认定将子儿吃下肚后头上会长树。原本还无所谓的胖脸儿想象着自己头上长树的样子，抽抽搭搭地哭了起来。紧接着他想到小伙伴们围观和嘲笑他的画面，哭得就更伤心了。不过，他又想到爸爸妈妈还是会觉得头上长树的自己很可爱，说不定还会觉得很威风，胖脸儿才慢慢止住眼泪，开始觉得头上长树或许也是一件好事情，因为大伙可以围着他乘凉、吃木瓜果，其他的小朋友也会明白头上长树的快乐，可能还会感谢和效仿自己。

于是，满心期待的胖脸儿跑回家，喝了很多水，还换了个床头睡觉，可是第二天早上起来后胖脸儿不仅没能如愿，还在他的便便里发现了木瓜子。不过呢，失落的胖脸儿想到万一长出来的木瓜不好吃会很糟糕，又高兴地跑出了厕所。

二、生命教育解读

人从呱呱坠地的婴儿起，就以不同的方式在感知和认识这个新奇未知的世界。世间万物，无奇不有，每个人都不可能穷尽所有的知识，了解所有的事物，这就必然导致人们会对某些未知事物不解。当我们遇到未知事物时，在探索了解的过程中需要借助一些方法。

人们往往容易为新事物茫然不解、烦心忧愁，很大一部分原因可能就是没有建构合理的认知方法。这个故事中小猪们凭借已有的认知经验，推理出既然子儿埋到土里会发芽，把子儿吞到肚子里就会长树的结论。看似顺理成章的推理背后，却是认知方法的错误应用和推导。借助已有经验来认识新事物固然是方法之一，但并不是任何时候都适用，小猪们知道种子发芽需要外部环境的支持，却忽视了自身体内情况与土壤的差异，从而作出了错误判断。此外，胖脸儿因为其他小猪认为吞子儿会长树，也就误以为自己会头上长树，结果先是伤心一次，又空欢喜了一场。究其原因，也是认知方法上的不合理导致的，即大家认为正确的答案就是对的。殊不知，普遍的认知却并不一定就是正确的，有时候，真理也可能掌握在少数人手里。

故而，建构合理的认知方法对认识新事物有重要的作用与意义，它可能会决定我们对新事物的认知结果正确与否，从而影响我们的情绪和行为。在追寻自我、认识自己的过程中也要注意避免犯这一种认知错误，综合不同来源的信息，将“自我”逐渐具象化、立体化。

三、教学小提醒

1. 听到小伙伴们说吃下子儿会长树的胖脸儿，一开始他的恐惧像背景一般黑，画面上还有许多黄色的细线在乱跳，表现出他慌乱的情绪。接下来，胖脸儿的想象由坏转好，画面背景的黑暗颜色逐渐减少，直至明亮。成人应引导孩子观察胖脸儿这时的表情变化，还可以通过画面背景色的变化体会胖脸儿情绪的转折起伏。

2. 小猪们根据已有的经验——子儿埋到土里会发芽，推断子儿吃下头上会长树；胖脸儿因为小伙伴们都这么说，也就信以为真，结果却是一场闹剧。成人可以引导孩子对此进行讨论交流，在讨论中学会正确看待这两种认知方法，并审视自身的认知方法，学会正确建构合理的认知方法。

3. 一直到图画书的最后胖脸儿也没弄清楚子儿吃下肚后为什么没有发芽长树。成人可以在这点上激发孩子的探索兴趣，引导孩子运用正确的认知方法合理解释现象背后的原因。

四、活动设计

1. 胖脸儿听说自己的头上会长树，一开始很伤心，可后来为什么又高兴了呢？

2. 读完图画书，你认为胖脸儿是怎样的一只小猪？

3. 当你不小心吞下种子时，你是否也幻想过身体里会长出一棵树来？为什么？

4. 胖脸儿在吃下木瓜子后，他和其他小猪在不清楚后果的情况下，理所当然地认为吃下种子会头上长树，结果让胖脸儿伤心一场，又空欢喜一场。生活中，当你遇到自己不清楚的事物时，你会通过哪些方法来认识了解呢？将你最常用的三个方法在下面的纸上罗列出来，并和小组成员们交流讨论其合理性。

我认识新事物的方法
方法1： 是否合理： 原因：
方法2： 是否合理： 原因：
方法3： 是否合理： 原因：

5. 胖脸儿到最后也没弄清楚吃下子儿不长树的原因，聪明的你能不能帮助胖脸儿解决这个疑惑呢？试着用你自己的方法去了解种子发芽和成长的过程，然后给胖脸儿正确合理的解释。

我采用的方法：
种子发芽和成长的过程：
胖脸儿吃下种子没有长树的原因是：

【撰写者　王蕾　冯璐艳】

情绪管理

关键词：生气的危害性
书　名：生气的亚瑟
作　者：【英】奥拉姆
绘　者：【日】北村悟
译　者：柯倩华
出版社：河北教育出版社

一、重述故事

夜深了，一个叫亚瑟的小男孩因为想看美国西部牛仔片而一直不肯睡觉，妈妈坚持道："不行，太晚了，去睡觉。"亚瑟嘟囔."我要生气啦！"可是这句话并没有让妈妈的坚持停下来."那你就生气吧！"妈妈的声音严厉而肯定，点燃了亚瑟心中的怒气，他开始生气，生很大很大的气。

亚瑟的气瞬间爆发成乌云，化作闪电、雷和冰雹，妈妈认为这已够了，可是亚瑟认为这并不够。他的气很快形成了旋风，掀走了屋顶、烟囱和教堂的尖塔，爸爸认为这也够了，可是亚瑟认为还不够。亚瑟的气变成了强劲的台风，整个城市被扫进了大海中，城市中的东西七零八落地漂浮在海面上，爷爷觉得这足够啦，可是亚瑟认为还不够。亚瑟的气波及整个地球，地球表面裂开了一条巨大的缝，连话不多的奶奶都认为这一定足够啦，可是亚瑟依然认为不够，所有的东西进入到一个更大的空间中，这就是宇宙，他的气引发了宇宙大爆炸，地球、月球，各个恒星、行星，还有亚瑟的国家、城市、街道，他的家、院子、卧室，还有所有的玩具，都一齐被刮进这个巨大的空间，零散地飘落在太空中，就连亚瑟自己也被吸附进去。

看着这个陌生的空间，就像一个黑洞，带着微弱的光，还有自己伸手触不到的东西。亚瑟安静下来，他坐在火星的碎片上，挠挠头，想了又想："我为什么这么生气呢？"此时的亚瑟已经想不起生气的原因了，他静静地睡去，睡梦中所有的东西都物归原位，亚瑟轻轻地舒了一口气。

二、生命教育解读

情绪是我们生命中永恒的主题，它以正在进行时的形式存在着，并在人的社会交往和自我管理中灵活变化。如何有效地察觉并管理我们的情绪是人类生命发展长河中的重要问题，亦是人与自我交往过程中必须直面的现实。对于情绪主题而言，拥有良好的觉察意识和调整意识是人在丰富个体生命内涵中的必要品质，不论与自我对话、与他人沟通还是与社会交往，应让良好的情绪体验能力和有效的相处方式成为一种生活信念。

对于生命的内涵，我们有太多太多的定义。生命是充满智慧的、富于体验的、满含追求的、蕴含潜能的，而“情绪”是贯穿其中并颇具影响力的触发点，尤其在人类成长的早期——儿童时期，它更是一种资源，丰富的情绪带给儿童多种多样的情感体验，它可以是开心、快乐、幸福、激动，也可以是悲伤、失望、难过、生气……情绪有太多太多种，好的情绪不一定如看起来那般，而坏的情绪也不一定让人无法理解，任何一类情绪都应放到具体的生活环境中去看待。故事中的亚瑟向我们展示了一个孩子在生气时可能产生的情绪表达，整个故事用独特的视角和夸张的手法呈现出孩子生气时的观点和感受。故事的特别之处在于，作者没有将儿童生气时成人式的反应纳入其中，反而将所有的焦点都放在孩子以及周围环境变化上，没有说教式的言语，在阶段性的情节设置中，让孩子层层体会身临其境的感受，认识情绪，表达情绪，体会情绪，并意识到“生气”的危害性。

儿童的情绪是十分丰富的，他们可能以任何我们意想不到的方式表达出来，但这恰恰是儿童心灵成长过程中的重要表现。成人若想让孩子对自己的情绪有合理的认识和表达，就要以潜移默化的方式帮助他们正确认识自己的情绪，在遇到坏情绪的时候，跳出坏情绪的表象，去探寻这些复杂情绪背后可能存在的脆弱与无助，试着理解它，接纳它，并合理地与它相处。

三、教学小提醒

1. 在亚瑟的“生气”一次比一次厉害时，他并没能很好地控制情绪，后果一次比一次严重，这个表现是图画书的重点之一，应注意让孩子分析亚瑟为何会有越来越激烈的情绪表现，用自己的语言来表达自己的观点，体会“生气”带来的深刻影响和不良情绪。

2. 亚瑟的生气呈阶段性的发展，在亚瑟的“生气”最终带来宇宙大爆炸时，所有的东西都变成了碎片，不复存在。这是故事中最为抽象的地方，成人在此处要给予孩子更多的引导，找出导致这个结果的原因是什么，将原因和结果进行对比分析，孩子才能理解过度的情绪带来的负面影响。

3. 在故事结尾处，亚瑟在一片黑暗的太空中竟忘记了自己生气的理由，这是重要的转折点。成人要注意引导孩子分析亚瑟此处的情绪转折，了解过度“生气”是不必要的，要学会用正确的方式调节情绪。

四、活动设计

1. 读完这个故事，你认为亚瑟是一个怎样的孩子？为什么？他生气的情绪合理吗？

2. 因为不能太晚看电视，亚瑟生了很大的气，"生气"的情绪影响到了他周围的一切事物，也包括他自己。如果你是故事中的亚瑟，遇到这种情况你会有什么感受？你会怎么做呢？

3. 我们经常会在生活中遇到坏情绪，产生这类情绪的时候，你会怎样释放你的情绪呢？有什么好的方法和建议？尝试着与大家说一说。

4. 亚瑟生气得越来越厉害，让周围的环境甚至是整个世界发生了哪些变化？阅读后，请试着将空白处补充完整。

亚瑟的气变成了	亚瑟生气带来的影响
一片乌云	
	掀走屋顶、烟囱和尖塔
台风	

5. 情绪分为很多种，有悲伤、难过、失望、生气，也有开心、快乐、激动、幸福，你能正确认识它们并与它们友好相处吗？请以小组为活动单位，选择一种情绪，讨论并分享你对这种情绪的观点和有过的体验。

6. 基于以上的讨论与分享，相信你对情绪有了更多的认识，请拿起你的画笔，选择一种情绪，画出你心中关于这种情绪的人物大头照吧。

7. 你有没有和爸爸妈妈一起分享过自己生气时或是开心时的内心感受呢？敞开心扉与他们说说，表达一下自己的观点。

【撰写者　陈云川】

关键词：抛弃自己的不良情绪
书　名：野兽国
作　者：【美】莫里斯·桑达克
绘　者：【美】莫里斯·桑达克
译　者：宋佩
出版社：贵州人民出版社

一、重述故事

那天晚上，麦克斯在家穿上他的狼外套，开始了没完没了的恶作剧。妈妈生气了大叫："野兽！"麦克斯回答说："我要吃掉你！"结果妈妈没让他吃晚饭，把他关到了房间里。

正是在那天晚上，麦克斯的房间里长满了一片片茂密的树林，大海上漂来了一只小船。他扬帆起航，日夜航行，过了一个星期又一个星期，几乎用了一年的时间，到了一个野兽出没的地方。野兽们发出了可怕的咆哮声，露出可怕的牙齿，转动着可怕的眼睛，伸出了可怕的爪子。"不许动！"麦克斯盯着它们的黄眼睛一眨也不眨，用神奇的魔法驯服了它们。它们全都害怕了，把他当成了野兽之王。

"现在，"麦克斯喊，"野兽闹腾开始了！"野兽们又是对着月亮大吼大叫，又是吊在树上玩耍，等闹够了，"停！"麦克斯不让它们吃晚饭就让它们去睡觉了。可是，他这个野兽之王突然感到孤单起来，他想呆在一个有人最爱自己的地方。就在这时，从遥远的世界尽头，飘来了诱人的美食的香味。

麦克斯决定不再在这个野兽出没的地方当国王了。可是野兽们追着他喊："请不要走！我们要把你吃掉！我们非常爱你！"野兽们发出可怕的吼声，磨着可怕的牙齿，转动着可怕的黄眼睛，伸出了可怕的爪子。但麦克斯还是坚持上了他的小船，和它们挥手再见了。

他又回到了他自己的房间，他发现妈妈做好了晚饭正等着他，而且饭还是热的呢。

二、生命教育解读

《野兽国》是一本承认儿童具有强烈情感的图画书。麦克斯因不听话受到妈妈惩罚后，开始用自己狂野的幻想来表达他的蛮横不讲理并发泄对妈妈的不满情绪。在麦克斯用幻想编织的"野兽出没"的地方，他是一个强者，不再是妈妈面前的弱者。作为野兽之王，他对野兽施与魔法，向它们发号施令，用各种方法驯服了野兽，并用妈妈惩罚他的方法——"不让吃饭"来惩罚野兽。

每个儿童的心中都存在着接近野性的冲动，也充满了恐惧和不安的情绪。作者将"野兽"作为这本书的意象，创设了一个彻底凌驾于现实的幻想世界，在那里赋予了儿童至高无上的权利。儿童通过阅读这本书进行一次伟大的冒险，在幻想的王国中释放自己的负面情绪，体味母爱与包容，从而心平气和地返回到真实的世界中。

童年时期，当儿童感到恐惧、愤怒、无助或者内心的想法得不到满足时，心中便会产生负面情绪，从而变身为"野兽"。这些负面情绪经常存在于他们的生活中，成为了他们破坏力的根源，同时也成为了大人们眼中最难以控制的危险力量。如何帮助儿童管理自己的不良情绪，如何帮助他们驯服心中的那头"野兽"？最好的办法就是求助"幻想"。通过幻想，麦克斯消除了对妈妈的气愤，在与野兽的玩耍之后，他感到疲惫、饥饿，然后开始想家，思念妈妈，最后心平气和地回到了真实生活中。通过幻想，儿童可以在专属于自己的空间中成就自我，主控大局，从而彻底地解除破坏力，成就创造力，在爱与平和中回归真实世界。

三、教学小提醒

1. 这本图画书里，画面的大小变化暗示着麦克斯的情绪变化，在阅读的过程中，要图文结合着来感受。书中的第一个画面，大小只占了全页的四分之一，画面四周是大量的留白，这暗示着麦克斯心情不好，受到压抑。随着妈妈对他的责备，他的情绪坏到了极点，画面也逐渐膨胀起来，到了第六页，画面占据了一整页。于是，麦克斯开始利用想象力宣泄自己的情绪。第十二、十三、十四页是整本书的高潮，没有任何文字，画面占据了整整两页，这时的麦克斯是万兽之王，他控制着所有的野兽，同时也最大限度地释放着自己的负面情绪。等到疯狂的闹腾结束之后，麦克斯的心情逐渐平静，画面也开始逐渐变小。故事的最后一页是空白页，这暗示着麦克斯借助幻想之后，消除了对妈妈的愤怒，心平气和地回到了真实世界中。

2. 作者在画书中野兽的时候，给了它们一双完全不合比例的巨大脚丫。其中还有一只野兽长着人类的脚丫，这是个非常有意思的细节，封面用的也是这个野兽，可以和孩子一起深入讨论下。

四、活动设计

1. 你在现实生活中有过什么样的负面情绪？例如气愤、恐惧、嫉妒、挫败等。

2. 你在麦克斯身上看到自己的影子了吗？你们有哪里相似？

3. 你在麦克斯的妈妈身上看到自己妈妈的影子了吗？她们哪里相似？

4. 在生活中，你会用什么办法来发泄自己的不安情绪。

5. 如果你生气时要去一个你能控制一切的地方，那会是一个什么样的地方？有些什么？你会变成什么样，又会在那里做什么？试着把你的想法画下来吧。

我生气的时候想去这样的地方做这件事。

【撰写者　陈蕊】

关键词：抵抗内心的恐惧
书　名：雷公糕
作　者：【美】派翠西亚·波拉寇
绘　者：【美】派翠西亚·波拉寇
译　者：王玲
出版社：江西科学技术出版社

一、重述故事

我外婆的农场位于密歇根州，我很害怕这里夏季的暴风雨，尤其畏惧雷声。但外婆却用她的智慧帮我克服了对雷雨的恐惧。

在暴风雨来临之前，外婆叫出躲在床底的我，要和我一起制作雷公糕。外婆教我一个测量暴风雨与我们距离的方法，我们要赶在暴风雨到达之前将做好的雷公糕送进烤箱。我一边数着雷声与我们的距离，一边和外婆去找制作雷公糕的食材。伴随着雷声的靠近，我克服恐惧，先后和外婆一起从啄人的老母鸡妮丽那取到鸡蛋——从会踢人的老蛮牛那挤到牛奶——穿过"大海藻"的树林到小仓库拿巧克力、糖和面粉——爬到高高的棚架摘番茄，到地里采草莓，并在雷声距离我们还有三里远时，将蛋糕做好放入烤箱。

等待蛋糕烤好的这段时间，外婆夸奖我在取制作雷公糕的食材的过程中表现得很勇敢，勇敢的人不怕任何声音，我一点也不怕打雷。我听着越来越近的雷声，也认为自己很勇敢。我们铺好桌布，从烤箱端出蛋糕，用巧克力奶油糖霜和草莓来装饰蛋糕。

暴风雨来临，大雨倾盆、雷声嘶吼，撼动了门窗和碗盘，但我却已经能和外婆对视而笑，安心地伴着热茶吃雷公糕。而且，从那以后，我也不再惧怕打雷。

二、生命教育解读

相信不少孩子都有过这样的经历：夏日的午后，漫天的乌云让人感觉沉闷压抑外加一点点忐忑。果不其然，不久之后，明亮刺眼的闪电撕裂黑幕，振聋发聩的雷声响彻天际，倾盆大雨也如期而至。这时候，内心恐惧的孩子可能就会躲在一个自认为安全的角落，或者寻求一个温暖的怀抱。

这本图画书中的小女孩身上就有着孩子们熟悉的影子，她也害怕夏季的雷声，每次听到都会躲在床底。但幸运的是，她有一个聪慧的外婆，在一个暴风雨到来的日子里，以制作雷公糕的方式，用一系列的活动来分散小女孩的注意力，安抚小女孩内心的恐惧。看到小女孩最终克服了对雷声的恐惧，孩子们或许也会有勇气去做到这一点。

其实，孩子们可能还会对很多事情产生恐惧：夜晚关灯后的黑暗、窗外奇怪的声音、不敢一个人在家……即使是成人也会有恐惧的时候，更何况是心智尚未发育成熟的儿童。当儿童凭借自身的力量不能抵抗内心恐惧时，成人应该适时地扮演图画书中“外婆”的角色。教师和家长需要以儿童的眼光去看待孩子内心的恐惧，以成人的聪慧去引导孩子正视这些恐惧，帮助孩子学会抵抗这些恐惧心理，顺利地度过这一阶段。当孩子克服了内心的恐惧后，也会如图画书中的小女孩一样，尽管屋外暴雨雷鸣，亦能坦然处之、无所畏惧。

三、教学小提醒

1. 故事中，小女孩听到打雷的声音就吓得躲在了床底下，瑟瑟发抖。成人可以抓住这一细节，让孩子回想自己面对雷雨时的心境，如果也同书中小女孩一样害怕打雷，自己会有什么样的反应，借此让孩子体会什么是恐惧，这样更能和书中的小女孩感同身受，建立情感共鸣。

2. 故事中的外婆是一个关键人物，正是在外婆的陪伴和鼓励下，小女孩最终克服了对雷雨的恐惧。成人应引导孩子关注外婆是如何运用智慧一步步地引导小女孩战胜自身恐惧的，发现外婆用雷公糕的制作帮助小女孩成功抵抗内心恐惧的秘密。这一部分也是图画书的重点所在。

3. 故事最后，小女孩再也不害怕打雷了。可以让孩子在探讨中去表达出小女孩不再害怕的原因，进而联系自身，从这个故事中获得勇气来抵抗自己的恐惧。

四、活动设计

1. 读完这个故事后，你认为外婆是个怎样的人？“我”又是一个怎样的人？

2. 这个故事说：“这就是我的外婆——我的‘巴布斯咖’——如何帮我克服对雷雨的恐惧的故事。”在你心中，带来“恐惧”的事会有哪些？

3. 制作雷公糕使“我”克服了对暴风雨和雷声的恐惧，拥有了勇气和信心。想一想，当你克服了对原本恐惧的事物后，会有什么样的感受？

4. 回顾你的生活经历，选择一件你曾经恐惧但最终战胜这种恐惧的事情，将这一经历写在下面的这张单子上，然后和同伴分享各自的经历。

我曾经恐惧____，
因为____
____
我这样克服这种恐惧：________________________________
____
____
克服恐惧后，我感觉__________________________________
____
我是个勇敢的人，因为我克服了内心的恐惧。

5. 图画书中提供了外婆的“雷公糕”制作方法，如果你感兴趣的话，可以和爸爸妈妈一起学习制作雷公糕。把制作雷公糕的原料从书中找出来吧。

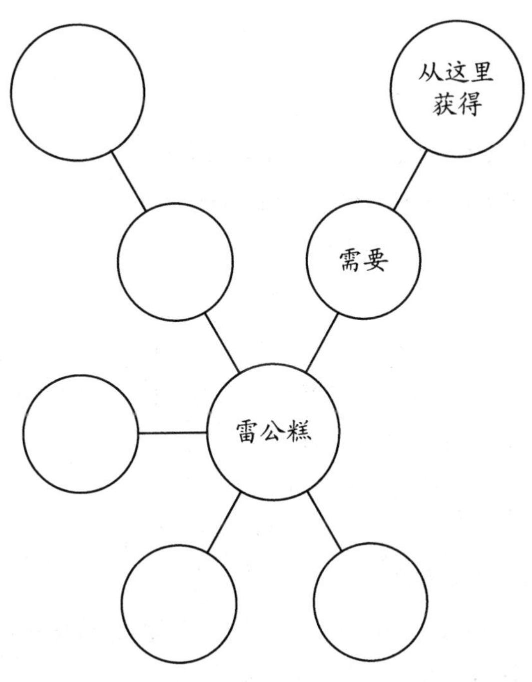

【撰写者 冯璐艳】

关键词：战胜漆黑的夜
书　名：魔奇魔奇树
作　者：【日】齐藤隆介
绘　者：【日】泷平二郎
译　者：彭懿
出版社：新星出版社

一、重述故事

五岁的豆太，曾经有个十分勇敢的爸爸，但他的爸爸遭遇不幸去世了。如今，豆太与六十四岁的爷爷相依为命，爷爷胆子大且充满活力。可是，豆太特别胆小，晚上不敢一个人去茅房，他害怕夜晚太黑，一出门，便会遇见发怒的魔奇魔奇树，像恐怖的妖怪伸出两只手吓唬他。每次夜里上茅房，豆太都会叫醒爷爷。

有一天晚上，爷爷抱起豆太，一起欣赏着美丽的夜静，还给豆太讲了这样的传说：今天晚上，山神会举办重大庆典，到时魔奇魔奇树会像着火一样亮起来，可漂亮了！每次只有一个小孩能看见，而且必须是个勇敢的孩子。豆太听完，心里矛盾起来了，他特别不愿意错过如此美景；可是他依旧怕黑，夜里不敢出来。结果，他还是乖乖回屋睡觉了。

半夜，他被爷爷的呻吟声惊醒了。呀！爷爷肚子疼得厉害啊！他赶紧从床上跳起来，穿着睡衣，光着脚丫就冲出门了，急匆匆跑着去找医生。路上还下起了厚厚的冰霜，扎着小脚丫，豆太一边忍着疼痛，一边往前跑。一路上，他仍旧会害怕，还哭了起来，但他更担心：爷爷会不会就这样死去？后来，他终于找到医生，医生背着他一起回家，给爷爷看病。到了家门口，豆太发现了一幅不可思议的景象：魔奇魔奇树亮起来了！真是美极了！

第二天，爷爷的病好了，他知道豆太看到山神的庆典了，豆太战胜了黑暗，敢一个人走夜路去找医生，已经是个勇敢的孩子了。借此，爷爷微笑着鼓励豆太：人啊，只要有一颗善良的心，就没有什么干不了的事。

二、生命教育解读

人难免都有依赖心理，心中会寻找一个自己可以依赖的寄托，可能是某个自己特别亲近特别信任的人，也或者是某件自己特别喜欢的事物。更何况是小孩，他们对身边的事物都不太了解，也未能很好地认识自己、了解自己、管理自己，当自己不适应周围环境时，不免会心生恐惧，期望有人陪伴，跟自己一起面对。

害怕黑暗的豆太，因为觉得晚上的魔奇魔奇树太可怕，夜里从不敢一个人出来尿尿，总是需要叫醒爷爷。爷爷心疼并怜惜豆太，最后以一种无声胜有声的方式帮助豆太战胜了漆黑的夜，让豆太变得勇敢，他以这种柔软的力量进行教育是对生命的理解与尊重。

夜里，豆太把魔奇魔奇树看成是恐怖的妖怪，心里产生了恐惧，自然就不敢一个人出来。爷爷充分认识到给豆太带来恐惧的具体事物，并且完全理解五岁的豆太还未有足够的力量去战胜这份恐惧。于是，他先带豆太欣赏夜景，让他从视觉上知道黑夜不仅不可怕，反而还是美丽的、有吸引力的。接着他继续讲了勇敢的孩子能看见魔奇魔奇树亮起来的传说。一系列自然的铺垫之后，豆太心里的恐惧感也就不会加剧，甚至可能减少一些。而那天夜里，豆太为了给生病的爷爷找医生，他一个人走夜路，并在路上见到了闪亮的魔奇魔奇树，就说明豆太已经勇敢地战胜了黑暗，他内心对于漆黑的夜的恐惧感也逐渐消除。

三、教学小提醒

1. 《魔奇魔奇树》中的画面大部分是黑灰色调，所表达的意思深刻又能引发人的思考。应当提醒孩子关注画面的色彩特点及其变化，进一步体会故事中豆太的内心世界。

2. 故事以豆太为什么害怕黑夜，如何战胜黑夜为基本线索进行叙述。成人可以适当地鼓励孩子带着这两个问题一边阅读，一边体会豆太的心理变化。

3. 尤其注意将豆太的心理变化与图画的变换相联系。如豆太在害怕黑夜时，看到的魔奇魔奇树是什么样子的；在战胜漆黑的夜时，又看到了怎样的魔奇魔奇树。

四、活动设计

1. 豆太的内心世界相当丰富，有时充满恐惧，有时又非常大胆。白天，他站在魔奇魔奇树下，一点也不会感觉到害怕，还经常跟爷爷在树下活动；黑夜，他只要一出门见到魔奇魔奇树，就会觉得身边特别可怕。如果你是豆太，在不同的心情下，你会有怎样的神情、动作、语言呢？请你通过表演的方式，尽情地表达出来吧！

- 担心的豆太
- 内心非常害怕的豆太
- 需要温暖和怜惜的豆太
- 勇敢又善良的豆太

2. 黑夜中的魔奇魔奇树，到底有多可怕？黑夜里，豆太一个人在走路，当时他心情如何？看到亮起来的魔奇魔奇树，豆太心里是什么感受？

3. 读了故事后，你或许会被爷爷对豆太的疼爱和怜惜感动，或许会觉得豆太能战胜内心的恐惧，不再害怕黑暗，是个勇敢的孩子。你愿意写下一两句话来抒发自己对豆太和爷爷的情感吗？也可以想想自己什么时候最勇敢，写下自己勇敢地完成了哪些事。

豆太，我想对你说：

____

____

____

爷爷，我想告诉你：

____

____

____

我也做过勇敢的事情：

____

____

____

____

【撰写者　王蕾　黄敏玲】

关键词：丢掉坏脾气
书　名：我变成一只喷火龙了！
作　者：赖马
绘　者：赖马
出版社：河北少年儿童出版社

一、重述故事

波泰是一只蚊子，他特别喜欢吸爱生气的人的血，同时也把喷火病传染给对方。

古怪国有一位爱生气的居民，他的名字叫阿古力。一天早上，波泰在阿古力脸上叮了一个大包，阿古力非常生气，他大吼一声，嘴巴和鼻子里喷出了大火，把他的家烧了一半。阿古力得了喷火病，变成了一只喷火龙，不论什么时候，他的嘴巴和鼻子里总会喷出火来。这给阿古力带来了很多麻烦，他不能吃饭、不能刷牙、不能和别人讲话，嘴巴喷出的火烧伤了他的邻居和朋友，大家被大火吓坏了，都远远地躲着他。

阿古力想了很多办法灭火，他跳进水池里，水池里的水沸腾了；他把头埋在沙子里，沙子变得滚烫；他用灭火器，他把自己装在冰箱里……结果都没用。阿古力又饿又气，坐在地上伤心地哭了起来，哭着哭着他发现，泪水和鼻水竟然把大火熄灭了。阿古力开心极了，古怪国的其他居民知道了这个消息，也高兴得手舞足蹈。

而波泰，又开始寻找他的下一个目标。

二、生命教育解读

这是一本关于情绪管理、告诉儿童要丢掉坏脾气的图画书。作者巧妙地运用夸张和想象，将阿古力生气时的怒火变成了实实在在的大火。阿古力的火不仅烧了自己的家、烧了树，还烧到了朋友和邻居——这一系列的事情让阿古力意识到，“火”是会伤人的，它让身边的人离自己越来越远。而他以前生气时所发的怒火又伤了多少人呢？

情绪没有对错之分，只有表达的方式是否被社会所接受。当儿童的情绪表达方式不符合社会规范时，需要进行适当的情绪管理，这是儿童由自然人向社会人发展的重要一步。引导儿童进行情绪管理，首先应给予儿童情感上的接纳，情绪表达的各种面貌都蕴藏着情绪转化的可能性，唯有正视情绪表达的所有面貌，健康的情绪发展才有可能。

如何丢掉坏脾气？作者在书中提供了一种好的解决办法，他让阿古力看到了“火”所带来的伤害，意识到自己的行为造成了他人的痛苦。同理心是儿童正向成长的重要基石，它有助于儿童利他行为的发展。因此，在情绪管理中发展儿童的同理心，将有助于儿童学习用适当的方式表达自己的情绪，正如故事的结尾，阿古力选择用哭泣来发泄自己。

三、教学小提醒

1. 成人在与孩子共同阅读图画书时，应引导孩子体会阿古力嘴巴和鼻子中喷出的“火”的含义，这是理解整个故事的关键。

2. 成人可引导孩子想象：当汉堡变成炭堡时，当玩具被烧坏时，当好朋友吉普拉被烧伤时，阿古力的心理活动是怎样的。

3. 为什么池水、沙子、灭火器、冰箱灭不了的大火，被阿古力的泪水和鼻水熄灭了？成人可启发孩子继续思考，这个问题没有标准答案。

四、活动设计

1. 生气时，你通常用什么样的方式表达自己？你认为哪些方式比较合适？

2. 生活中我们表达自己情感，应该遵循哪些基本的原则？

3. 波泰又开始寻找他的下一个目标，他找到了谁，又会发生什么事情呢？请你发挥自己的想象，续写一个小故事。

4. 什么是情绪管理？情绪管理的作用和意义是什么？情绪管理有哪些方法？请你围绕“情绪管理”这个大话题，选择你感兴趣的方面收集资料，做一份手抄报。

5. 把《我变成一只喷火龙了》的故事讲给你的父母听，告诉他们你的阅读收获，相信你的爸爸妈妈也一定能从这个故事中获益。

【撰写者　王梦】

追寻梦想

关键词：追寻自己的梦想
书　名：我要高飞
作　者：【法】杰哈尔丁·考莱特
绘　者：【法】克莱尔·加拉隆
译　者：张晔
出版社：华东师范大学出版社

一、重述故事

兔爸爸正聚精会神地欣赏电视节目，小兔趴在电视机上看着爸爸认真地说："爸爸，我想飞！"听到孩子的话，兔爸爸仔细思考了一会，毕竟这已不是小兔第一次这么说了。兔爸爸决定带小兔出去走走。

兔爸爸告诉小兔："兔子是不会飞的，但是我们会走路，还可以跑步！"说着，便大步向前跑了起来，小兔笑了，但是小兔觉得，飞行总是不太一样的。气喘吁吁的兔爸爸停下脚步，重新思考了一下说："小兔，你可以在森林里跑步，在草地上奔跑，你还可以翻跟头！"兔爸爸积极示范着，想要告诉小兔除了飞行以外，他们还能做许多许多事。

小兔看着爸爸，咯咯地笑着，此时，天空中飞过一只"大鸟"，小兔欢呼着："快看，爸爸，一只大鸟飞来了！不对，那不是一只鸟……"这一次，兔爸爸脱口而出："对，那不是一只鸟，那是一个人。"小兔心想，人也可以在森林中散步，在草地上奔跑，像兔子一样翻跟头，那么，兔子为什么不能像人类一样飞上天空呢？看着若有所思的小兔，兔爸爸告诉他在懂得如何飞行之前，人类经历了漫长的思考，怀抱着实现梦想的期望。

回家的路上，小兔和爸爸都心事重重的样子。快到家了，小兔告诉爸爸自己这一路想了好多好多。看着一脸纯真而执著的小兔，兔爸爸一把将他抱在怀里，轻声说道："继续梦想吧，小兔，让心里的梦想照亮你成长的路。”此时的小兔，安静而认真，他并不打算忘掉飞行的梦想，而是在与爸爸的对话和鼓励中，将梦想存于心中，轻轻拥抱它，跟着它往前走，去翱翔。

二、生命教育解读

在我们生活的世界，人类总是不断探索和追求着生命成长的价值与意义，在这个过程中，我们开始意识到生命个体独立存在的特性，开始认识人与自己，也在不断的对话和交往中更加了解何为生命。而梦想，是吸引并激励我们不断向前的特殊存在，它可以是鲜明活泼的，可以是沉着恬静的，更可以是缤纷灵动的。当我们心怀梦想，梦想之光便牵引着我们不断向前，去尝试，去坚持，去直面挫折，不论梦想最终能否实现，它都是生命发展过程中最温暖而坚韧的一抹色彩。

世间万物，不论何种生命个体，都有着拥有并追逐梦想的权利。故事中的小兔正是这样的形象，他以纯真而丰富的内心情感向我们传达着有关梦想的现实与追寻。小兔与爸爸在亲子间的活动和对话中互相理解，他理解兔爸爸的用心，也用自己对梦想的坚持感染着爸爸，而兔爸爸，在勇敢向小兔呈现梦想与现实差别的同时，看到了散步、奔跑和翻跟斗所不能给予的美妙，于是他张开怀抱，带给小兔追逐梦想的力量。现实生活中，我们总是用各种言语和行动告诉孩子，现实是可怕的、残酷的，相比现实而言，我们更应从梦想中抽身而出，殊不知，梦想所能带给孩子那隐形的翅膀，是生命在成长发展过程中最珍贵的力量。

除了父母之外，教师是与孩子有最多交流的重要群体。每一个孩子都是不同梦想的展示者与解读者，这个珍贵的角色是成人所难以拥有的，而教师作为儿童心灵成长过程中的重要角色，他们所鼓励儿童的，更多的应是对生命意义与价值的探索和追求，应是对给予生命成长重要力量的觉察意识。可以说，教师是将儿童心中的梦想照进现实并在现实中灵动存在的引导者。

三、教学小提醒

1. 小兔不止一次地告诉爸爸自己想飞起来，兔爸爸每次回答前都会思考一番，告诉小兔兔子不能飞的事实，也告诉他兔子还有许多可以做的事。这是故事发展的一个细节，需让孩子着重注意，分析体会兔爸爸为何总要思考后再回答小兔，帮助孩子理解梦想与现实的差距，同时也感受梦想之外我们可以控制的现实的力量。

2. 故事看似凌乱的画面背后是从鸟儿到鱼的梦想实现难度的层层提升，阅读活动中的重点应落在对图画的观察和分析上，尤其是小兔与爸爸外出散步时所见到的“大鸟”景象以及之后父子之间漫步的心态和对话，了解小兔和爸爸在对话过程中心态的变化，并在这些看似零散的观察分析中探寻出故事的情感主线。

3. 故事结尾处，小兔和爸爸进行了看似简单却饱含情感的对话，这是整个故事情感升华的重点，更是难点，兔爸爸在小兔表达梦想的同时，给予他最真挚的对话与鼓励。成人需通过此处让孩子了解到，梦想与现实虽有差距，但并不妨碍我们心怀梦想，并尝试实现它的努力，因为它是我们生命成长中重要的色彩。

四、活动设计

1. 故事中小兔的梦想是什么？小兔与爸爸对话前与对话后，他的梦想发生变化了吗？说说你的理解。

2. 兔爸爸对于小兔的梦想是什么反应呢？他说了些什么？又做了些什么？为什么？

3. 故事中的兔爸爸用爱和鼓励让小兔的梦想渐渐有了真实的轮廓，请说说你所理解的"梦想"是什么？在你心中，你认为梦想可以成为现实吗？

4. "梦想"一词看似抽象，却又可以具体呈现。许多人心中都有梦想，有的梦想如摘星星一般看似不可实现，而有的又如登山一样有无限登顶的可能性，那么在你内心深处，又有什么样的梦想呢？请你用你那独特的文字进行表述，分享你心中的梦想，可以是一个、两个，也可以是很多个。

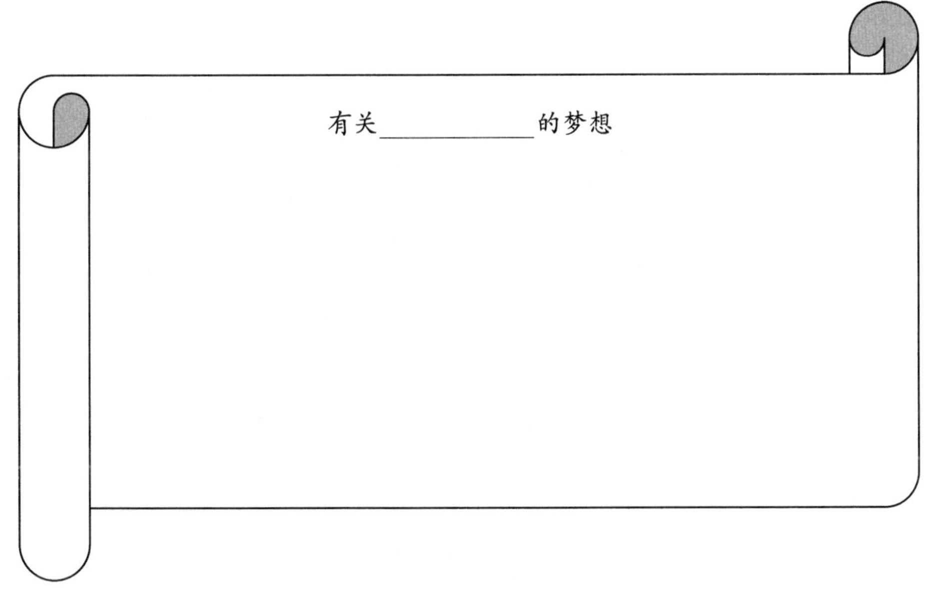

5. 梦想就像一幅画，故事中的小兔始终保有那颗飞翔的心，并让他带着自己勇敢向前，虽然梦想暂时无法实现，但这幅飞翔于蓝天的画面已经深深印刻在小兔的心中，请你尝试着也像小兔一样，为自己的梦想画一幅画，用你缤纷的画笔画出那可爱梦想的轮廓。向大家展示你的梦想画卷并解释。

6. 在老师的组织与引导下，将你的梦想写在小纸条上，折叠起来，在班级中以击鼓传花的形式，将大家的梦想纸条传递起来，当鼓声停止，传递到你手中的纸条就是你可以打开了解的一个梦想，这样每个人都能传递自己的梦想，同时也分享他人的一个梦想。

7. 梦想不是说说就可以实现，有了想法，我们更需要行动。你有没有与爸爸妈妈分享你的梦想呢？请你敞开心扉，与父母对话，在周末的时光，一起制定属于你的梦想实现计划，迈出第一步，梦想才有实现的可能。

8. 为小兔想想办法，有哪些方法可以让兔子飞起来？

方法1
方法2
方法3

【撰写者　王蕾　陈云川】

关键词：努力实现梦想
书　名：阿利的红斗篷
作　者：【美】汤米·狄波拉
绘　者：【美】汤米·狄波拉
译　者：张剑鸣
出版社：明天出版社

一、重述故事

阿利是一个牧羊人，他身上披着一件旧得不能再旧的斗篷，他实在需要一件新的斗篷。

春天到了，阿利费了好大的劲儿，才把毛从羊身上剪下来。紧接着，阿利将羊毛放到圆圆的大木盆里，仔仔细细地用清水洗干净，然后用小刷子认认真真地将羊毛梳直、晒干。晒干的羊毛，暖烘烘的，透着阳光的味道。阿利找来纺纱机，将羊毛纺成了又细又软的纱。

可是，阿利渴望得到的是一件和从前一样漂亮的红斗篷。所以，在盛夏时节，阿利赶紧长途跋涉去山里采了一些红彤彤的野果子。阿利将这些野果子放在滚烫的锅里煮烂、熬成汁，再将纱放到鲜红的果汁里。

不久，湿湿的白纱变成了干干的红纱。阿利把纱纺成线，秋天的时候又将线织成布。布织好了，阿利将它摊在长长的桌子上，开始一刀一刀小心地剪起来。终于裁好了！阿利将布一块一块地别起来，然后细细密密地缝在一起。

冬天来了，阿利终于拥有了一件自己的新斗篷。风雪中，阿利披着自己亲手制作的漂亮斗篷，自豪地站在羊群中。

二、生命教育解读

因为拥有梦想，人生才变得美丽。因为追求梦想，生命才变得精彩。

梦想是一种科学而高尚的人生理想和追求。阿利对新斗篷的向往，是对自己原有生活一个更高层次的追求，是一个可实现的生活愿望。这个红斗篷，是牧羊人阿利放牧生活中的一个重要伙伴，它陪伴阿利共同经历风吹日晒，一起承担霜打雨淋。对于阿利而言，红斗篷的价值早已超出了一般的使用工具意义，阿利对红斗篷倾注的是对生活的爱与寄托。可以说，红斗篷是一个象征，象征阿利对新生活的追求和期待。

梦想不同于幻想，它需要经历艰苦努力和勤奋付出才能最终实现，红斗篷就是阿利咫尺可及的一个梦。在实现梦想的过程中，阿利付出了艰苦的努力。从剪羊毛，到洗羊毛，到刷羊毛，到纺羊毛，再到将羊毛织成布，然后做成斗篷，阿利经历了无数的挫折与阻碍。但，自始至终，阿利都没有放弃梦想。自春天阿利播下梦的种子，到冬天阿利收获梦的果实，这个过程凝聚了阿利无数的辛勤和汗水。正如冰心女士所说："成功的花儿，人们只惊慕她现时的明艳。然而当初她的芽儿，浸透了奋斗的泪泉，洒遍了牺牲的血雨。"唯有如此，梦想结出的果实才有实实在在沉甸甸的重量。只有这样，追梦人才会倍加珍惜这来之不易的追梦成果。阿利用他的经历启迪我们：人需要拥有梦想，还需要坚持梦想，更需要为追求和实现梦想付出勤奋的努力。这样，梦想的果实才会甜美。

不觉想起一句歌词："人都应该有梦，有梦就别怕痛。淋雨一直走，是一颗宝石就该闪烁。"

三、教学小提醒

1. 本书的画面暗藏了一条重要的时间线索。阿利剪羊毛时是遍野茵茵绿草和鲜花盛开的春天，阿利为羊毛染色时是满树都是野果子的夏天，阿利骄傲地披上红斗篷时是大雪纷飞的冬天。从时间上可以推测出，阿利花费了很长的时间和很大的精力制作新斗篷，可见阿利拥有一件新斗篷是多么的不易。

2. 仔细观察图画书画面，会发现除了阿利这个主角外，还有一只灰脸小羊和一只淘气的小老鼠经常出现。在阿利追求梦想的过程中，这只灰脸小羊和小老鼠总会偶尔整出一些恶作剧，如小羊死活不让阿利剪自己身上的羊毛，再如将阿利刚刚纺好的红线用嘴拽走；而小老鼠则是把正在洗羊毛的阿利旁边的肥皂拿走，或将阿利刚纺好的纱线拖走。赏读时，成人可以引导孩子体会其中的趣味并同时点拨孩子，这些小恶作剧代表着阿利实现梦想过程中遇到的阻碍和困难。

3. 在共同赏读的过程中，引导孩子仔细观察阿利在制作红斗篷过程中不放弃的行为和动作以及阿利披上红斗篷时自豪骄傲的神态和表情。

四、活动设计

1. 拥有一件新的红斗篷是阿利的梦想。为了实现梦想，阿利付出了哪些努力？他都遇到了哪些困难？想一想，完成以下表格。

行动 时间	付出的努力	遇到的困难
春天		
夏天		
秋天		
冬天		

2. 面对困难，阿利并没有放弃自己的梦想。读过阿利的故事后，你有什么想对阿利说的？请以“阿利，我想对你说”为题，先和同伴说一说你的感受，再用笔写一写。

阿利，我想对你说：

____

____

____

3. 梦想是我们不断进步的动力。拥有梦想，我们才有更明确的生活和学习目标。接下来，请你写一写你的梦想，并思考一下你将如何实现它。

我的梦想是________________，我想通过________________________实现它。

4. 实现梦想，需要我们从一点一滴的日常小事开始做起。只有用心过好每一天，合理规划好每一天的分分秒秒，梦想才能最终和我们拥抱。现在，请你结合学校生活，写一写自己每天的生活计划吧。

我的规划		
心情短语：		
时段	具体时间	我计划做的事情
起床		
吃饭		
上午	第 1 节课间	
	第 2 节课间	
	第 3 节课间	
	第 4 节课间	
下午	第 5 节课间	
	第 6 节课间	
放学		
睡觉		

【撰写者　王蕾　陈小杰】

关键词：坚信自己的愿望
书　名：胡萝卜种子
作　者：【美】路斯·克劳斯
绘　者：【美】克拉格特·强森
译　者：大志
出版社：人民文学出版社

一、重述故事

阳光明媚的一天，一个小男孩手里拿着铁锹和一张画有胡萝卜的画儿来到庭院空地上，首先，他在土地上挖了一个坑儿，轻轻放进去一颗胡萝卜种子，然后他小心翼翼地将它埋好，并在旁边树了一个小招牌，目的是告诉别人："我在这里种下了胡萝卜种子，请你不要踩到它。"

他的妈妈看到之后，走过来弯下腰，非常认真地对他说："这颗种子，恐怕是不会发芽的。"妈妈说完之后，小男孩依旧照看着他的胡萝卜种子。可是，他的爸爸也过来对他说："亲爱的宝贝，我想，这颗种子恐怕不会发芽。"就连哥哥也指着下面的种子，一本正经地说道："它一定不会发芽的。"小男孩瞪着大大的眼睛，他一点儿也不相信妈妈、爸爸和哥哥的话。

之后的每一天，他都悉心照看这颗胡萝卜种子，按时拔掉它周围的杂草，并且给它浇水。过了些日子，它什么也没长出来，又过了好久好久，还是什么也没有。大家都不断地跑来告诉他："这颗种子是不会发芽的！"但是，小男孩依旧每天坚持给他种下的种子拔草、浇水。终于有一天，如同小男孩早就知道的那样，长出了一棵大大的胡萝卜，他将它放在小车上，高兴地将胡萝卜搬走了。

二、生命教育解读

生命是有能量的，生命需要正能量，这些能量促使生命为自身乃至整个世界创造奇迹。生命的某种意义在于追求梦想、坚信自我愿望的过程。有梦想才有动力，坚持不懈才能将梦想变为现实，在追求梦想和实现愿望的过程中，生命的价值才会得以体现。

在我们追求梦想的道路上，可能会有来自多方面的阻碍，故事中的小男孩在播种下一颗胡萝卜种子后，他的家人一一给他泼冷水，没有人相信他种下的种子会长出胡萝卜。来自别人的嘲笑与不信任会打击、摧毁我们那颗曾经坚定的心。此时，我们要做的一定是坚信自己的愿望能够实现，坚持追求自己的梦想，勇敢大步地向前走。就像故事中的小男孩一样，无论别人说些什么，他依旧坚持为胡萝卜种子除草、浇水，最终获得了他梦想中那个大大的胡萝卜。当梦想实现的那一刻，孩子将自然而然地体会到自身存在的那份价值。

儿童处于生命的成长期，他们的思维活跃，想象力丰富，创造力不受束缚。这个时期，正是他们异想天开、无所畏惧的时候，所以，我们要尊重他们的想法，给予他们足够的正能量，鼓励他们坚信自己的心愿，大胆地向前迈进。我们还要引导孩子找到自己人生的梦想，同时认同他的梦想，哪怕他现在坚持种下的是一颗胡萝卜种子，没准日后长大成人，他就会成为一名出色的植物学家。

三、教学小提醒

1. 小男孩种下那颗胡萝卜种子，不仅仅是一颗胡萝卜种子，而是孩子心中埋下的追求自己梦想的种子。通过这点要让孩子意识到，每个人都该有自己的梦想。

2. 小男孩没有因为家人的话而放弃他的胡萝卜种子，最终有了收获。成人要引导孩子感悟到，梦想的实现需要坚持不懈的努力。

3. 小男孩最后收获的那个大大的胡萝卜不只是一个胡萝卜，更象征着梦想成真后的收获，从这个细节出发，鼓励孩子去追求自己的梦想、实现自身价值。

四、活动设计

1. 小男孩听到了妈妈、爸爸和哥哥对他说的话后，他做了些什么？为什么这样做？

2. 如果你是这个小男孩，你还有什么其他的小小愿望想要实现？请说一说怎样做才能实现。

3. 请画一画胡萝卜的成长历程，写一写小男孩做些什么才能让胡萝卜种子变成胡萝卜。

胡萝卜的成长历程				
成长历程				
胡萝卜种子长成胡萝卜的方法				

4. 以小组为单位，自主绘制头饰和道具，分配角色（包括：小男孩、爸爸、妈妈、哥哥、胡萝卜），进行排练和表演，再现图画书中的故事。

5. 组织孩子在学校的种植园或小花盆中种下一颗植物的种子，并且以此为开始，每天照顾它，观察它的成长。

【撰写者　王蕾　吕月】

关键词：拥有伟大的理想
书　名：达芬奇想飞
作　者：【荷】汉斯·比尔
绘　者：【荷】汉斯·比尔
译　者：王星
出版社：湖北美术出版社

一、重述故事

小企鹅达芬奇住在寒冷的南极，他并不在意他的黄色嘴巴和其他企鹅的红色嘴巴不一样，他真正在意的是——他不会飞翔。他最大的梦想就是能飞上天空，即使没有其他企鹅和一心想飞翔还不喜欢游泳的他做朋友，这个梦想也让他十分快乐。一天又一天，达芬奇虽然一次也没有飞起来，但他还是不停地学着鸟儿拍打翅膀，练习飞行的姿势。

有一天，达芬奇认识了信天翁奥托，奥托有着一对修长的翅膀和长长的黄色嘴巴，是达芬奇见过的飞得最优雅的鸟儿。看过奥托翅膀后的达芬奇，突发奇想地仿造奥托的翅膀用树枝做了一对新翅膀，并带着它们从高高的悬崖上飞下，结果失败了。但是，达芬奇却在跌落的地方发现了一架飞机，于是他和奥托一起将飞机从雪中挖出来。

第二天早上，达芬奇穿戴上驾驶舱内的飞行装备，仔细研读了飞行手册，在奥托的帮助下，载着企鹅们飞上了天空。因为飞机的汽油用光了，达芬奇以后可能都不能再飞行，但是达芬奇依然觉得很幸福，他的梦想终于实现了！并且，企鹅们也为达芬奇喝彩。

实现飞翔梦的达芬奇又学会了他曾经害怕的游泳，还为奥托表演了从雪堆上向水中飞跃的技巧，用游泳的翅膀真正地飞了起来。

二、生命教育解读

企鹅喜欢游泳，达芬奇不喜欢，因为怕水；企鹅不会飞翔，也对飞翔没有兴趣，但是不会飞的达芬奇最大的梦想却是飞上天空，还每天进行飞行训练。所以，小企鹅达芬奇是其他企鹅眼中的怪胎，也没有朋友。其他企鹅的想法并不能说错，但是达芬奇的梦想就是错的吗？某种程度上，达芬奇的处境就是一些现实生活的投影。虽说每个人都有梦想的权利，然而有时候，当一些人的理想与其他人的理想期望差距太大时，难免会有人不支持、不理解，甚至会跳出来对这个所谓的“异端”理想冷嘲热讽。

不过呢，达芬奇并没有因为其他小企鹅的态度就放弃自己的飞天梦，虽然梦想似乎遥遥无期。直到有一天，达芬奇遇上了信天翁奥托，在仿造奥托的翅膀制作的“新翅膀”试飞失败后，他们却意外地发现了一架飞机。最终，达芬奇借助着这架飞机飞上蓝天、穿越大海，实现了他的梦想，而且顺带还捎上了其他的企鹅，让他们也体验了一次飞翔的感觉。虽然由于耗尽了汽油，这可能是达芬奇唯一的一次飞行，但他仍感到无比的满足和幸福。不仅如此，达芬奇后来还克服了怕水的心理，学会了游泳，掌握了用自己的翅膀从雪堆上向水中飞跃的技巧。

每个人的心中都曾有过梦想的种子，不同的是有的能发芽开花，有的却中途夭折。怀揣理想的你，不妨多想想克雷洛夫的这句话：“现实是此岸，理想是彼岸，中间隔着湍急的河流，行动则是架在河上的桥梁。”期待每个人理想的种子都能含苞怒放！

三、教学小提醒

1. 即使不被其他的企鹅看好，小企鹅达芬奇仍然努力坚持自己的伟大理想，最终也实现了自己的飞天梦。孩子不仅要看到达芬奇实现理想后的光彩和喜悦，也应看到达芬奇的执著努力，可以引导孩子向达芬奇学习，试着树立自己的伟大理想，并能够坚持不懈。

2. 达芬奇在驾驶飞机飞上天空时，也捎上了其他的企鹅，让他们也体验了飞翔的感觉，尽管其他企鹅曾经不理解甚至嘲笑过达芬奇的理想，从中可以让孩子感悟达芬奇的宽厚豁达。

3. 信天翁奥托一直耐心地支持和鼓励达芬奇的理想，最终也和达芬奇一起见证了达芬奇理想的实现。现实生活中，成人也应像故事中的信天翁奥托一样，不断鼓励孩子追求梦想，见证孩子的成功与喜悦。

四、活动设计

1. 达芬奇不喜欢其他企鹅都感兴趣的游泳，却一心执著于其他企鹅不感兴趣的飞翔，因而其他企鹅觉得达芬奇很奇怪。那么，你认为达芬奇奇怪吗？

2. 虽然飞机里的汽油已经不能够再让达芬奇飞上天空，这可能就是达芬奇唯一的一次飞翔，但实现了飞翔梦的达芬奇仍然觉得非常幸福。生活中，当你实现了一件你想做的事情后，你的感觉如何？

3. 图画书中，达芬奇不仅实现了他的飞翔梦，还让其他企鹅也体验了一次飞行的感觉。当其他企鹅着陆后，面对着他们曾经不理解甚至嘲弄过的达芬奇，他们心里又会有什么样的感受呢？试着揣摩其他企鹅的心理活动，将他们的感受写下来。

当我随着达芬奇飞上蓝天后，______________________________

____

____

4. 即使面对同伴的不理解、梦想长期无法实现，达芬奇仍然每天努力不放弃，最终像个真正的飞行员一般，驾驶着飞机飞越大海，实现了自己的飞翔梦。那么，你的梦想又是什么？为了实现你的梦想，你又该如何做呢？将你的想法写下来，并对照着每天一点一滴地去追求你的梦想吧！

我的梦想：
为了实现梦想，我应该：

【撰写者　王蕾　冯璐艳】

关键词：努力实现自己的愿望
书　名：小火龙找工作
作　者：【法】克里斯托斯
绘　者：【法】西尔维·克鲁瓦尔
译　者：梁依俏
出版社：华东师范大学出版社

一、重述故事

小火龙菲穆要找工作，他看到历史作家征寻珍稀物种的时候，就去尝试了，结果作家认为龙是很平常的东西，写龙的书太多了，他要给一个叉子创作故事，小火龙愤怒地离开了。

然后，小火龙菲穆去了影视圈，他认为人们一定会喜欢关于龙的电影，结果导演抱怨说观众看够了到处喷火的家伙，他要给摆造型的毛绒玩具拍电影，小火龙摔门离开了。

后来，小火龙菲穆决定去布列塔尼，因为那里的人们很喜欢听故事和传说，印着神话人物的贺卡很热卖。所以，小火龙菲穆去找了画家，画家有很多关于龙的素描，他拒绝了为小火龙画画，却为一个头戴高帽的小女孩画画，小火龙生气地离开了。

最后，小火龙菲穆觉得孩子们都非常喜欢龙，他又去给孩子们当宠物，结果孩子们对龙也不再感兴趣了，他们喜欢穿着红色紧身裤的蟑螂，小火龙再次离开了。

小火龙菲穆对找工作不再抱有希望，决定冬眠几百年，在他叹气的时候他的鼻子喷出了火苗。这一举动被小矮人看到了，小矮人聘小火龙菲穆喷火烤面包。从此，小火龙菲穆就在面包店里工作了，大家都很喜欢他，并且都对菲穆做的面包赞不绝口。

二、生命教育解读

梦想是一个人前进的动力，是一个人前进的方向。在漫漫人生路上，我们会遇到无数次的挫折，无数次的失败，我们会像故事中的小火龙一样，遭到别人一次次的拒绝，绝望、无助会一股脑儿涌上心头。但是，因为心中怀有找工作的梦想，所以小火龙坚信在冬眠几百年后，龙一定会重新被人们喜欢并且追捧，梦想就是小火龙的精神支柱，它让小火龙的内心充满希望，终于，在失望至极的时候，他遇到了肯聘用自己的小矮人，从此实现了自己的梦想。

生活中，在奋斗之初，我们每个人都是小火龙，都会受到残酷的打击，他人的漠视、嘲讽以及不屑，这些都会给我们心灵以重创，那我们该如何正确面对这些人生之路上的障碍呢？唯有像小火龙一样，在遭受到别人的拒绝后，再去别的地方寻找工作，再次遭到拒绝后，没关系，可以再换一个地方。只有具有这样愈挫愈勇、坚持不懈的精神，始终坚信自己心中那最初的梦想并且勇敢地追求它，不断披荆斩棘，最终才会实现。

摔倒了并不可怕，怕的是摔倒以后就再也站不起来了，如果小火龙在遭受到第一次拒绝后就再也不去找工作了，那恐怕小火龙这一生都不会再有工作的机会了。梦想是一盏灯，它需要我们力争上游，而不是唯唯诺诺、退缩不前，我们要让心中的梦想之灯永远闪亮，坚信只要不放弃，就会实现自己的梦想。

三、教学小提醒

1. 当小火龙菲穆被作家、导演、画家拒绝后，他脸的周围都有烟，这烟表现出小火龙的气愤，要引导孩子注意观察画面上的这一细节，从而准确地把握小火龙的情绪。

2. 这本书中，小火龙的情绪是不断变化的，在引导孩子读这个故事的时候，要注意将小火龙应聘前的充满希望的心情与被拒绝后失望的心情进行对比，要让孩子深刻体会这种心情的变化，从而读出自己的感悟，读出感情。

3. 当小火龙在面包店工作后，所有的顾客都对菲穆做的面包赞不绝口，在这页画面中，面包店门口排队买面包的顾客就是之前拒绝小火龙的人，有作家、画家、导演等，要引导孩子注意观察这张图画上的人物。此时此刻，那些曾经拒绝给小火龙提供工作的人转变了对小火龙的态度，他们都在赞扬小火龙。

四、活动设计

1. 完成表格内容填写。

小火龙找工作历程	
第一次找的工作	
第二次找的工作	
第三次找的工作	
第四次找的工作	
第五次找的工作	
小火龙前四次找工作前的心情是：________________	
被拒绝后的心情是：________________	
你得到的启示是：________________	

2. 如果你是小火龙菲穆，当被一次次拒绝后，你会怎么做？为什么？

3. 追求梦想是人一生中要做的事，它会为我们提供前进的动力，那你的梦想是什么？为了自己的梦想，今后你应该怎么做？

4. 如果小火龙在决定冬眠几百年时没有遇到小矮人，他真的去冬眠了，几百年后，小火龙醒了，他要继续找工作，那时找工作的历程中，他会遇到怎样的人与事呢？展开想象，编一编《新小火龙找工作》。

【撰写者　王蕾　张婧雅】

学会欣赏

关键词：保持自己独特的爱好

书　名：爱花的牛

作　者：【美】曼罗·里夫

绘　者：【美】罗伯特·劳森

译　者：孙敏

出版社：二十一世纪出版社

一、重述故事

从前，在西班牙有一只小公牛，他的名字叫费迪南。

其他的公牛们总是跑跑跳跳、相互抵角、斗来斗去。可费迪南不喜欢这样，他喜欢坐在牧场外那棵最爱的大树下，静静地闻闻花香。开始的时候，费迪南的妈妈担心他会感到孤单，但是善解人意的她，尊重了孩子的选择。

一年又一年过去了，费迪南长得越来越大、越来越强壮了。草原上的其他公牛们整天还是在又撞又顶。他们的目标就是被选中去和马德里的斗牛士战斗。但费迪南和他们不一样，他还是喜欢坐在树下，闻一整天的花香。

一天，五个陌生的男人来到牧场，他们想要挑选长得最壮、跑得最快、斗牛时最粗暴的公牛去斗牛场。费迪南不像其他的同伴们努力表现，他独自安静地坐在远远的地方，闻着花香。这时，他不小心被黄蜂螫到了，痛得大叫大跳，疼得横冲直撞。于是，他被误认为最凶猛的牛，被陌生人载去马德里参加其他牛争着要去的斗牛大会。

马德里举行斗牛大会的那一天，彩旗飘扬。斗牛场里，人们的欢呼声响彻整个天空。当全场热闹的观众们和斗牛士都准备要目睹激烈的对决时，费迪南注意到了熟悉而心爱的东西——女士们佩戴的鲜花。于是，它出人意料地在场中安静坐着，闻起了花香！

斗牛士无计可施，最后人们把费迪南送了回去。费迪南继续坐在他最喜欢的树下，闻着花香，做自己喜欢的事，过着幸福的生活。

二、生命教育解读

《爱花的牛》在1936年问世，时至今日，七十多年过去了，它依然在世界范围内广为流传。这是一本红色的书，封面、封底都缀满了白色的小花，还有轻盈的蝴蝶，中间画着一头健壮的牛，他如痴如醉地欣赏着这些美丽的花朵，闻着花香。这头牛，就是费迪南，一头生来就要去搏杀的西班牙斗牛，但他对人生有着自己的想法，他不像其他公牛一样爱跑、爱跳、爱抵角，他只喜欢静静地坐着，闻着花香。

《爱花的牛》这个故事为我们塑造了“一头特立独行的牛”的典型形象。故事的主题也非常明确：尊重个性，学会欣赏与众不同。

费迪南在成长的过程中从未感觉孤单，始终坚持自我，当他的妈妈建议他和大家一起玩耍，费迪南摇了摇头；当费迪南变得越来越强壮，应在斗牛场上肆意拼杀时，他还是像小时候那样，喜欢独处、安静和花香；直到费迪南离开乡村，最后又回到乡村，他依然坐在他心爱的大树下，静静地闻着花香。费迪南选择了他的人生，故事最后的一句话是：“他过得很幸福。”

费迪南妈妈一开始担心儿子的特殊性情，会使他受到同伴排挤而孤单，但是她是个善解人意的妈妈，试着了解孩子，让他去做他想做的事。母亲这样的做法实在难能可贵，可谓是理想的家长形象。

生命教育的主旨在唤醒、培养人们的生命意识与生命智慧，引导人们追求自身的生命价值，从而活出生命的意义。作为读者，很多与“别人不一样”的大人和孩子在费迪南身上都能看到自己的影子，产生内心的共鸣，从而更加坦诚地正视自我、欣赏自我、坚持自我，活出自己定义的生命价值和意义。作为社会人，我们应该向费迪南的妈妈学习，尊重身边人的个性，尊重每个人的差异，允许与众不同。

三、教学小提醒

1. 图画书的第三页中，费迪南正低下头凑近一朵花，感受它的芳香。费迪南给人的感觉是温柔、恬静、可爱的。而书的第四页写道“其他的公牛爱跑、爱跳、爱抵角”，画面中，其他的小公牛已经有了一些公牛该有的“气呼呼”的样子，近处的小牛正冲着地上的乌龟喷着气、追着蝴蝶，更远一点的，在抵角、尥蹶子。费迪南的形象与其他的小公牛形成了明显的对比，更加突出他与众不同的个性，同时，也给人一种孤单的感觉。在阅读时注意这些画面上的细节，重点讲出费迪南的特别之处，也让孩子们联系自身实际，找找自己与其他小朋友的不同之处。

2. 斗牛大赛开始之前，彩旗飞舞，乐队不停地演奏，海报上、助威旗帜上都是“费迪南”的名字，所有的人对斗牛大赛充满期待。比赛正式开始了，全副武装的骏马、骑手……嘹亮的号角似乎在我们耳边响起。首先出场的是花镖手，他们会用锋利的系着丝带的花镖去刺公牛，让他生气。接着，好几个人骑着瘦瘦的马上场了，他们会用长长的矛戳公牛，让他更生气。终于，斗牛士登场了！他得意洋洋地以最帅的姿势向女士们鞠躬。他披着红红的斗篷，手持一把利剑，准备给公牛最后一击。作者为我们渲染了一个盛大的开场，可是，费迪南在哪儿呢？在巨大的拱门里，只伸出一个脑袋，身体淹没在门洞黑黑的阴影中，有点小心翼翼，有点害怕，有点呆。大家认为他是头凶猛无比的牛，会疯狂地摇脑袋、喷气、拿角刨地。可是，费迪南轻松地坐着，闻着花香，无论别人怎么刺激他，他都一动不动，世界都变安静了。巨大的斗牛场在此时变得如此渺小，其他公牛们的人生目标其实也不过如此。在此，成人可以告诉孩子，只要我们和费迪南一样，欣赏自我、坚持自我，就能感受到内心的平静与幸福，就能活出自己定义的生命价值和意义。

四、活动设计

1. 费迪南的妈妈担心什么？为什么担心？如果你是费迪南的妈妈，你会怎么做？

2. 费迪南在斗牛场是怎么表现的？

3. 为什么费迪南拥有和别人不同的兴趣爱好，他却不会因此而觉得丢人？

4. 看完这个故事后，对于生活中每个人不同的选择，我们应该要采取什么样的态度和做法？请你试着举例写一写。

5. 在班级中，请大家先互相交流一下自己的兴趣，然后说一说当你和别人有不同的兴趣爱好时，你会有什么感觉？

【撰写者　王蕾　陈蕊】

关键词：做最好的自己
书　名：田鼠阿佛
作　者：【美】李欧・李奥尼
绘　者：【美】李欧・李奥尼
译　者：阿甲
出版社：南海出版公司

一、重述故事

阿佛是一只不一样的老鼠。他和其他四只老鼠伙伴一样，住在一个美丽的大农场旁边的一座石头围墙里。石头墙里住了五只小老鼠，但阿佛却与众不同。

冬天来临了，小老鼠们都在忙着到处收集过冬需要的麦子、稻草和玉米。阿佛却一本正经地坐在太阳底下，一丝不苟地收集暖暖的阳光。当小老鼠们兴奋地将寻找到的食物一颗一颗地朝石墙的缝隙里搬运时，阿佛却端正地坐在大石头上认真地朝远方眺望五彩缤纷的世界，他想将目之所及的颜色都尽收心底。当四只瞪着圆溜溜大眼睛的小老鼠将最后一茬小麦运往石洞的时候，阿佛却半闭着眼睛安安静静地坐在草丛里想字、想词、想故事。

冬天来临了，天空飘起了鹅毛大雪，五只小老鼠赶紧钻到了石洞里。日子一天一天过去了，小老鼠们的嘴里只剩下了麦子和玉米的香味。稻草也很快用完了，小老鼠们耷拉着脑袋，谁都不想说一句话。

这时，小老鼠们想起了阿佛曾收集的阳光、颜色和字词。大家找到阿佛，向他询问阳光、颜色和字词的事情。阿佛请小老鼠们在石缝站好，然后轻轻地闭上眼睛。阿佛将暖暖的阳光缓缓地洒在其他小老鼠们的身上，小老鼠们顿时感觉暖和多了。紧接着，阿佛将金色的稻子、红色的草莓和蔚蓝的天空说给同伴听，小老鼠们仿佛看到了五彩缤纷的田野。那么字词呢？同伴们早已迫不及待了。阿佛将储存的字词像花一样编起来，美得像一首诗。

二、生命教育解读

欣赏是怀揣着喜悦的心情去领略美好而富有情趣的事物。它是一种积极的心境，更是一种热情的态度。

真诚的欣赏如阳光，能够在寒冷的冬天散发温度和热量，阿佛凭借它为伙伴们驱走了冬日的寒意，带来了春的温暖和光亮。虽为一只老鼠，但阿佛却在用一颗虔诚的心，认真地体味生活中不同风景的独特之美。所以即便身在黑暗无色的石洞里，阿佛眼中出现的也是一个色彩斑斓的彩虹世界。阿佛用这道彩虹，帮助伙伴们赶跑了环境中的单调与苍白，为大家带来了多彩而奇妙的想象。阿佛的欣赏，实际上是对美好事物的向往和追求，每个人都期待丰富多彩的人生，每个人都憧憬绚丽多姿的生活，即便是在阴暗石缝里的小老鼠也不例外。

然而，有时我们的心会因生活的物质和琐碎而迷失，就如故事中其他的小老鼠一样。生活中，太多急功近利的地方让我们会和阿佛的伙伴一样，只专注于那些生存所需的麦子、稻草和玉米。殊不知，当我们在为物质生活而庸庸碌碌奔波之时，温暖的阳光、多彩的世界正悄悄地从我们身边溜走。秋去冬来，当小老鼠们闲下心来打算享受阳光和色彩的时候，却早已时过境迁，此时小老鼠们才发现生命中竟如此贫瘠。

聪明的阿佛，用自己一种特立独行的方式，教会了伙伴们用"心"赏读世界。每个人都需要怀揣一颗欢愉的心，真诚地欣赏周围美好的事物、美丽的景物，储存美好事物和景物的言词语句。久之，才能拥有最独特和最精彩的生命，才会成就最出色的自己。

学会欣赏自己，生活才不会苍白。懂得欣赏生活，生命才会精彩。

三、教学小提醒

1. 画面上，阿佛的眼神、表情、动作和行为都与其他四只小老鼠不同。阅读时宜鼓励孩子将阿佛和伙伴进行对比观察，在自主学习中培养孩子的观察能力和观察方法。

2. 当小老鼠们将粮食吃光感觉百无聊赖时，阿佛请小老鼠们闭上眼睛，将阳光洒在小老鼠们的身上。在讲这一故事情节时，要注意虚实手法的恰当运用。阳光既可实指给予万物生命的太阳之光，也可暗指充满阳光和温暖的事物。

3. 当阿佛将颜色洒在小伙伴身上时，小伙伴仿佛看到了一个多彩的世界。这里的颜色，绝不仅仅指故事中提到的黄色的稻田、绿色的草原、红色的草莓和蓝色的天空。它代表的是自然界一切美好的事物，是一种美的具体化。

四、活动设计

1. 因为心里有了阳光，即使是在寒冷黑暗的石洞里小老鼠们都感觉到了温暖和热量。在我们的生活中，一定处处照射着阳光。请你结合生活说一说，曾有哪些人和哪些事给你带来了阳光般温暖的感觉?

2. 田鼠阿佛用自己一双善于发现的眼睛，欣赏到了多姿多彩的黄色稻田、绿色草原、红色草莓和蓝色天空。其实，大自然的美景和色彩何止如此。在我们身边，处处可以观赏到美丽的色彩，如绿茵茵的小草、红艳艳的玫瑰、紫莹莹的茄子、蓝晶晶的矿石……赶快用你彩色的画笔，将你看到的或想到的美景画出来吧!

3. 一个人生命中最重要的一件事，就是做最好的自己。若想做最好的自己，首先必须欣赏自己，对自己有自信和期待。请你用自己喜欢的一种方式，展现一下“我过去的优点”、“我现在的优点”和“我未来的优点”，然后分享给你的同伴。

我过去的优点		
	我现在的优点	
		我未来的优点

【撰写者　陈小杰】

关键词：学会肯定自己
书　名：点
作　者：【加】彼德·H·雷诺兹
绘　者：【加】彼德·H·雷诺兹
译　者：邢培健
出版社：南海出版公司

一、重述故事

瓦士缇起初是个不会画画甚至不喜欢画画的孩子，美术课结束，她很郁闷地坐在椅子上，因为她的纸上一片空白。瓦士缇的老师微笑着让她在纸上画个线或点，于是瓦士缇愤怒地拿起笔用力地在纸上戳了一个点，老师拿起这张纸仔细研究了半天，最后决定让瓦士缇在纸上签下她的名字。一周过去了，当瓦士缇再次走入美术教室，惊奇地发现老师将她的画嵌在了画框中并挂在了墙上，从此，她受到了鼓舞，觉得自己可以画得更好。她拿出自己从未用过的水彩，不仅画出单色的小点，还将色彩混合起来变色画点，她画的点越来越大，甚至她可以不直接画点，而是营造一个点的氛围。那么多漂亮的点最后集聚到一起，被拿到学校美术展览会上进行展览，获得了大家的一致好评，甚至有个小男孩称赞瓦士缇是艺术家。当她发现这个小男孩像从前的自己一样对绘画没有自信时，瓦士缇学着她的老师引导她的样子，让这个小男孩在纸上画了一条线，并让他签上了自己的名字……

二、生命教育解读

每个从天而降的生命都有它的重量，这重量满载的是存在的价值。每一个生命个体存在的价值是永远不会丧失的，学会欣赏自己、肯定自己，才能够使得这份价值绽放最美的光彩。瓦士缇在老师的鼓励下无师自通，一点一点地通过自己的摸索和努力释放绘画的潜能，造就了很多形态迥异、意蕴深远的“点”，也由此对自己充满了信心，骄傲地站在自己的作品前接受别人的称赞。生命需要自信，需要那一份对自己的欣赏与肯定。

与此同时，我们也应该将这种自信传递下去。瓦士缇明白了老师的良苦用心，也以同样的方式去启发一个连线也画不直的小男孩，相信当那个小男孩找到遗失的自信，开始欣赏自己的时候，他离成功也就不远了。

人的很多天赋是与生俱来的，因此儿童身上散发着足够的闪光点，只是他们常常在不感兴趣或者“输”给别人，尤其是受到身边人冷漠与嘲笑的时候，认为自己缺少这方面的天赋，于是选择了放弃，就像瓦士缇最初的时候一样。此时，教师作为引导者，不要吝啬自己的鼓励，鼓励孩子去找到自己，用智慧去唤醒每一个孩子的生命价值，让他们学会欣赏、肯定自己。自信的人才会更执著于自己的追求，最终也会在生命的时间与空间中，开办一场精彩的展览。

三、教学小提醒

1. 与孩子共同阅读《点》这个故事时，应该引导孩子注意画面上瓦士缇前后表情的对比，体会她从愤怒到快乐的情绪变化，并能够在朗读的语音、语调、情感上表达出来。

2. 瓦士缇用蓝色和红色调和出了一个紫色的点，她原本不知道这样的色彩混合效果，而是自主尝试获得的。通过这个细节，要鼓励孩子在做中学，在实践中树立自信。

3. 故事最后瓦士缇让小男孩在纸上画了一条线，并让他签上名字。这一行为并非是瓦士缇在简单地模仿自己的老师，而是源于她的成长，终于明白了老师的良苦用心。

四、活动设计

1. 读完故事后，你觉得瓦士缇喜欢画画吗？为什么？

2. 你觉得瓦士缇的老师是怎样的一个人？假如你是瓦士缇的老师，看到她的纸上一片空白，你会怎么做？

3. 如果你是故事结尾那个画“线”的小男孩，看到瓦士缇为你所做的一切，你的心里会有怎样的感受？接下来你会去做些什么？

4. 请你写下或画下你想做又不敢做的事情，并说明原因。写完之后小组内分享，说说可以怎样克服困难。

请写下或画下你想做又不敢做的事情	说说不敢做的原因

5. 分组将《点》改编为情景剧进行表演，组员分工包括：剧本编写者、导演、演员、剧场设计者。

【撰写者　吕月】

关键词：欣赏独一无二的自己
书　名：大脚丫跳芭蕾
作　者：【美】埃米·扬
绘　者：【美】埃米·扬
译　者：柯倩华
出版社：河北教育出版社

一、重述故事

有一个跳芭蕾舞的女孩名叫贝琳达，她非常喜欢跳舞，每天都会去舞蹈学校认真练舞。她跳舞时姿态优雅，脚步轻巧灵活。但是，贝琳达却有双芭蕾舞者很少有的大脚，贝琳达一开始并没有意识到这有什么问题，直到她参加一年一度的芭蕾舞表演选拔时，评审委员仅仅因为贝琳达的大脚就认为她永远跳不好芭蕾舞。贝琳达为此难过了很久，最后她认同了评审委员的说法，不再跳芭蕾舞，而开始在费莱迪餐厅工作。餐厅的客人和老板都很喜欢贝琳达，贝琳达也很喜欢他们，但是她还是对跳舞恋恋不忘。

一天，"费莱迪好友乐团"在餐厅开门前试演，贝琳达伴随着乐曲忍不住跳起舞来。从此，贝琳达每天都会在客人上门之前跟着乐团的音乐跳舞，直到费莱迪先生邀请她跳给客人观看。没想到，餐厅的客人都很喜欢贝琳达的表演，还会带着他们的朋友、朋友的朋友来看贝琳达跳舞，贝琳达每天都会有很多观众捧场。大都会芭蕾舞团的指挥慕名而来，也被贝琳达的芭蕾舞所折服，还恳请贝琳达去大都会剧院表演。在大都会剧院的舞台上，评审委员们纷纷称赞贝琳达舞姿优美，根本没人再关注她的大脚。贝琳达因为可以再次跳舞而感到无比快乐，也不再在乎评审委员们的看法了。

二、生命教育解读

生活中，我们总会去欣赏他人，能时不时发现他人身上一个又一个闪光点，眼光追逐、心生羡慕。但什么时候，我们能调转目光，学着去欣赏自己呢？

欣赏自己，并不是说喜欢自己身上的一切，盲目自大，而是能发现和正确看待自己的闪光点，正视自己的缺陷和不足，自我接纳形成良好的自我感觉，有自信地生活和与他人交往相处。《大脚丫跳芭蕾》中，贝琳达非常喜欢跳芭蕾舞，舞姿也非常优美，但却因为芭蕾舞选拔赛上评审委员对她大脚的反应而一度放弃了深爱的芭蕾舞。固然，她的大脚的确在芭蕾舞者中很另类，是他人以及她自己眼中的不足，但她优美的舞姿、对芭蕾舞的喜爱和执著却是她身上的闪光点。贝琳达正是因为过于重视外人的评价，没能正确地看待自己、欣赏自己，才会做出这种忍痛割爱的举动。不过幸运的是，贝琳达在费莱迪餐厅工作的经历让她重新审视自我，学会肯定和欣赏自己，又开始跳起了芭蕾舞。并且，当她再度站到舞台上时，受到了包括当初批评她的评委在内所有人的赞许。

卡耐基曾说过："发现你自己，你就是你。记住，地球上没有和你一样的人……在这个世界上，你是一种独特的存在。"每个人都是独一无二的存在，不孤芳自赏，也不唯我独尊，但应该学会肯定和欣赏自己，奏响自己独特的生命乐章。正如大脚丫的贝琳达，不再伤神于外界对她的大脚甚至她的芭蕾舞的评价，自我的肯定和欣赏让她内心安定幸福。

三、教学小提醒

1. 贝琳达先是放弃心爱的芭蕾舞，之后又重跳芭蕾舞，这个转变是故事的重点，需要让孩子着重体会为什么贝琳达会有这样的变化，帮助孩子明白肯定和欣赏自己的重要性，从而能够学会正确地审视自身，能正确看待自己的优点和不足。

2. 评审委员先后两次不同的评价，对贝琳达造成了不同的影响。孩子可能会对这两次截然不同的评价有自己的看法，成人可以进行适当引导，联系故事中其他人对贝琳达芭蕾舞的反应和评价，帮助孩子正确对待他人的看法，学会正视自身。

3. 费莱迪餐厅的老板、乐队和客人们对于贝琳达芭蕾舞的喜爱，给了失落的贝琳达以自信，还让贝琳达有了登上大舞台表演的机会，相信贝琳达内心会对他们充满感激。同样，也需要让孩子学会感恩，感激那些曾经帮助和支持过自己、为自己的梦想鼓掌的人。

四、活动设计

1. 你认为贝琳达是个什么样的人？

2. 如果你是贝琳达，热爱跳芭蕾舞的你会怎么看待你的一双大脚？

3. 每个人都会有自己的梦想和坚持，但却不是都能得到他人的支持和肯定。想一想，当别人对你的梦想和坚持说"不"时，你内心会是什么感受？又会怎么应对？

4. 故事中，评审委员们前后两次对贝琳达的芭蕾舞作出过评价，两次的评价有什么不同？贝琳达的反应分别是什么样的？试着和小组成员一起讨论得出促使贝琳达转变的原因。

<table>
<tr><td>第一次
评审委员的评价
____
____
贝琳达的反应
____
________________</td><td>第二次
评审委员的评价
____
____
贝琳达的反应
____
________________</td></tr>
<tr><td colspan="2">思考：贝琳达转变的原因是什么？</td></tr>
</table>

5. 大脚丫贝琳达最终学会了肯定和欣赏自己，不再在意他人的眼光，勇敢地追求自己的梦想。读完这个故事，你对自己又有了哪些新的发现和想法呢？下面，就以书信的方式将你的所思所感告诉和你一样重新看待自己的贝琳达吧。

<table>
<tr><td>致贝琳达的一封信
________的贝琳达：</td></tr>
</table>

【撰写者　王蕾　冯璐艳】

关键词：互相欣赏对方的优点
书　名：绿池白鹅
作　者：林良
绘　者：陈美艳
出版社：五洲传播出版社

一、重述故事

有一片池塘叫“绿池”，绿池边的小竹林里住着一只白鹅。清晨，许多孩子耐心地等待着白鹅出现。每天早上，白鹅像穿了白袍的国王，从竹林中走出来，孩子们兴奋地坐在草地上，白鹅看见可爱的孩子们，心中充满感谢。

白鹅走到池边，张开翅膀，阳光下羽毛白得叫人心动，孩子们边惊叹边称赞。白鹅身姿轻盈，在水上漂浮，并绕了个圈，孩子们激动地欢呼着。“这个表演是答谢你们的。”白鹅用很轻的声音对岸上的孩子们说。孩子们从来不用手去碰白鹅，因为最美丽的东西是不能用手去碰的。白鹅表演完，上了岸，用很轻的声音对孩子说：“再见了。”之后缓慢地走进了竹林。孩子们也散了。

不久绿池又来了一只白鹅，他很友善亲切，孩子们都很喜欢他。孩子们跟他亲热，他也跟孩子们亲热。第一只白鹅看到第二只白鹅非常爱孩子们，于是鼓起勇气想去认识一下他。第二只白鹅觉得第一只白鹅很受孩子们尊敬，鼓起勇气，也想去认识一下第一只白鹅。两只白鹅都很谦虚，并且都怀着欣赏的目光。

他们的目光相遇了，在对方的眼神中他们互相看到了亲热、和气、友爱、敬意、谦虚还有真挚。于是他们张开翅膀，拥抱起来。两只白鹅相互欣赏着对方的优点，第二只白鹅把第一只白鹅当作哥哥，于是每天两只白鹅都会一起出现在孩子们的面前。孩子们也突然意识到了一件事情，最快乐的事情就是与好朋友手牵手一起玩耍，像两只白鹅一样。

二、生命教育解读

欣赏是一种人的修养。学会欣赏他人，就是在尊重他人。

我们要学会去寻找并发现别人身上的优点，包括性格上的、心灵上的、言行举止上的、待人接物上的，这些优点也许是自己所不具备的。我们要发自内心地去赞扬他人，虚心学习别人的长处，学习别人身上好的习惯。

欣赏也是一种互补，一种相互之间的促进。只有学会欣赏、懂得欣赏才会让自身得到提高。

就像图画书中的两只白鹅一样，第一只白鹅认为第二只白鹅亲切、和气、有爱，第二只白鹅认为第一只白鹅谦虚、真挚、受人尊敬。他们彼此间相互欣赏、相互学习、共同进步，从而成为了要好的朋友。

欣赏他人会让自身得到升华，并且获得自身价值的一种满足感与自身价值的一种实现。从心理学角度来看，这种被他人尊重与欣赏的感情得到满足后，会促使个体追求更高层次的需要，努力进行自我实现，使自身达到更高的要求，以实现自身的目标，从而逐步提升自我。

当然，除了要学会欣赏他人，我们还要学会欣赏自己。我们每个人在世界中都是独一无二的，这个独特的“我”，既有优点，也有缺点。一个人只有充分地接受自我，懂得欣赏自己，才会产生好的自我感觉，才能自信地与他人交流相处，就像故事中的两只白鹅，他们有各自的优点，但却缺乏对自己的一种肯定、一种欣赏，因此会胆怯，认为自己没有对方优秀，而去羡慕别人，不敢去认识对方。欣赏自己并不是孤芳自赏，而是一种对自身的激励，一种相信自己的动力源泉。

学会欣赏，还能收获友谊。两个人在彼此充满真挚的赞美中，会逐渐了解，逐渐成为相互学习的对象，共同进步，成为挚友。

欣赏者充满快乐，被欣赏者充满幸福。爱人者人必爱之，学会欣赏他人，才能让自己得到提升，收获快乐，当然也不要忘记在欣赏他人的同时关注自身，欣赏自我。

三、教学小提醒

1. 故事中有很多对于白鹅行为动作、语言以及环境的文字描绘，有些语句很优美，比如：“白鹅昂头挺胸，缓步走到水边”，“然后张开翅膀，片片雪白的羽毛在阳光下白的叫人动心”，“池水碧绿，白鹅的羽毛像雪，白鹅静静的，睡莲静静的”，“绿池在暮色里笼罩上一张浅黑色的网”等。可以提醒孩子注意积累这些优美的语句。

2. 两只白鹅都有各自的特点，第一只白鹅充满着尊敬、谦虚、真挚的情感，第二只鹅亲热、和气、充满友爱之情。在让孩子分别总结的同时，要注重对比，对比两只白鹅不同的性格特点以及不同的行为，这样才能突出两只白鹅的优点以及他们在孩子心目中不同之处。对比总结是学习的一个重点，需要成人关注并给予指导。

3. 两只白鹅都是在鼓起勇气后与对方交流，“鼓起勇气”是故事的一个重点，也是孩子理解上的一个难点。鼓起勇气意味着两只白鹅内心都充满了胆怯、犹豫、不自信等因素，这些都是孩子应该重点体会分析的地方，要帮助孩子分析、体会两只白鹅的内心感受。

4. 孩子在阅读这个故事时会比较容易忽略“欣赏自己”这一层面，因此要适当给予提示，引导孩子在体会欣赏别人的同时明白欣赏自己的重要性，将两者结合起来共同感知。

四、活动设计

1. 故事中的两只白鹅有着各自的优点，请根据你所看到的内容试着总结一下两只白鹅各自的优点。

第一只白鹅的优点	第二只白鹅的优点

2. 你一定有好朋友，他在你眼中也一定有很多优点，也许连他自己都没有发现，作为好朋友的你帮他发现一下他的优点，也让他知道他在你心中是怎样的一个人。

我的好朋友的样子	我的好朋友的优点
好朋友给我留下印象最深的一件事：	

4. 每个人眼中都有一个独特的自己，相信你也一样。试着写出你自己的独特之处。

5. 把对自己独特之处的理解给你的爸爸妈妈读一读，看看爸爸妈妈对你的看法是否与你自己的一样。

【撰写者　王蕾　梁硕霞】

自我保护

关键词：保护自己的身体
书　名：不要随便摸我
作　者：【美】珊蒂·克雷文
绘　者：【美】茱蒂·柏斯玛
译　者：刘敏
出版社：青岛出版社

一、重述故事

每晚睡觉前吉米和妈妈都有很多的话要聊。有一晚，妈妈搔搔他的肚子，抱抱他，又咬了咬他的耳朵，弄得吉米边笑边说："妈妈，不要。"等妈妈停下来，吉米央求妈妈再玩一次，妈妈却决定跟他谈谈有关触摸的事。妈妈给吉米讲了一个故事，邻居叔叔邀请小女孩到家里看刚出生的猫咪，当女孩进门后，叔叔却要求她坐到自己的腿上，这种不舒服的感觉，让她想要回家，但邻居叔叔却将手伸进了她的内裤。女孩立刻逃出了门，将发生的事情全都告诉了爸爸妈妈。吉米并不理解为何有人会对小女孩做这样的事情，但妈妈说，这些事是会发生的，如果大家都能勇敢地讨论这类事，那孩子们就会懂得如何保护自己了。

很多人会遇到如刚才小女孩般的事情，也会产生类似的心理感受，所以当自己与他人交往，感觉不舒服的时候，一定要加倍小心。妈妈告诉吉米，我们的身体从头到脚都是属于自己一个人的，身体上的一些部位是特别私密的，就像游泳时泳衣遮住的地方，除非有正当理由，否则绝不能允许他人触摸那些地方。有时候如果遇到身体部位疼痛的时候，可以请爸爸妈妈或者医生、护士帮忙检查。当别人想要触摸你让你觉得不舒服的时候，要敢于说"不要"，就像刚才吉米对妈妈说的一样。

夜深了，和妈妈的交谈随着吉米困意的来临而结束了，他做了一个梦，梦里的吉米学会了如何更多地保护自己，如何避免不必要的身体接触，如何在遇到困境的时候与爸爸妈妈勇敢交谈。

二、生命教育解读

在儿童与他人交往的世界中，我们讨论了个性发展、同伴力量、人与自然等不同维度的成长话题。在广义的社会交往中，儿童作为完整的个体发展更为全面，但在狭义的人际交往中，对"肢体接触"这一话题的忽略，引发了现实生活中大量与儿童有关的自我保护问题。每个孩子都需要爱，并在一定的人际关系中不断成长、认识自我、了解自我、学会保护自我，而在此过程中，成人引导意识的缺失与儿童认知意识的模糊带来了冲突，这好似一个敏感地带，在成人避免"尴尬"的背后，"自我保护"成为一个隐性话题，"如何保护"更缺乏关注。

生命个体的发展应是完整、有序、全面的，儿童在逐渐社会化的过程中，有能力自我保护是其完善主体意识的必要前提之一。"自我保护"不仅应体现在儿童与社会、与他人的社会交往中，更应体现在身体接触上。在"身体接触"这个话题上，儿童始终有着自己的认识和思考，但往往会从成人的察觉中流失。故事中的吉米勇敢地与妈妈展开对话，在与妈妈谈心的过程中尝试倾诉、分享、学习和实践，而故事中的妈妈也是一个鲜明的角色，是成人世界的典型，在与儿童的对话中对其适时引导，创造舒适且不尴尬的氛围，潜移默化地给予鼓励和支持。

面对"自我保护"的问题，敞开心扉是儿童与父母或教师应共同学习的课题。

三、教学小提醒

1. "触摸"行为是儿童生活世界中偶有发生却总被隐藏的存在，如何认识这类行为和现象是儿童必须学习的课题，在阅读中要重点关注吉米与妈妈交流中的案例选择，以及阅读这些案例时不同儿童的态度和思维方式，在此基础上进行阅读指导才会更加符合儿童的个性特点。

2. 妈妈讲述"小女孩"案例之后，告诉了吉米保护自己身体的方法，这是引导阅读的关键之一，是将孩子的阅读感受与现实结合起来的契机，在读到此部分时，要注意让孩子更多地了解并懂得如何在遇到相应问题时采取正确的处理方法。

3. 故事的结尾非常具有延伸性，以吉米的梦作为结束，这是故事潜在的拓展阅读的重要环节，需要注意在孩子阅读处于意犹未尽之时，潜移默化地将其拉回现实中，引导孩子即时体会自我保护的重要性，学会合理的处理措施。

四、活动设计

1. 故事中的吉米是个怎样的孩子？他对于"自我保护"有哪些认识？

2. 在吉米与妈妈的对话中，妈妈提出了哪些保护自己的方法？

3. 读完这个故事，你认为小朋友应该怎样做才能避免故事中的遭遇？

4. 在妈妈给吉米讲的故事中，小女孩遇到了让她很不舒服的事情，你认为小女孩的做法正确吗？你还能帮她提出别的好建议吗？开动你的脑筋想一想。

5. 保护自己有许多方法，生活中，如果你遇到类似的“触摸”行为，你会采取哪些行动来保护自己呢？请以小组为单位，每人在一张小纸条上写上一条小建议，在班级活动中将纸条打乱，通过抽签的方式分享他人提出的好方法。

【撰写者　陈云川】

关键词：勇敢自信地保护自己
书　名：别想欺负我
作　者：【德】伊丽莎白·崔勒
绘　者：【德】达柯玛尔·盖斯勒
译　者：康萍萍
出版社：地震出版社

一、重述故事

吉姆背上了新书包，迫不及待地想赶到幼儿园。

突然，大个子奥雷和讨厌鬼卢卡，挡住了吉姆的去路。他们在班上总是想充老大，经常在老师不注意的时候，欺负其他的小朋友。他们俩看上去比吉姆高大很多，也强壮得多，吉姆害怕极了，停下了脚步。

终于，吉姆鼓足了勇气想走过去，并低声恳求了他们。但是，奥雷和卢卡不但龇牙咧嘴向她做鬼脸，还毫不客气地动起手来，威胁她交出新书包。吉姆害怕得像只小老鼠，发不出一丝声音，蹲在地上呜呜哭了起来。就在这时，一个大男孩帮助了吉姆，他安慰吉姆，吓得雷奥和卢卡逃跑了。

到了幼儿园，吉姆感觉温暖极了。布鲁默老师拥抱了她，小朋友们围上来争着要看她的新书包。但是，那两个讨厌的家伙又冒出来了，吓得小朋友们都害怕地躲了起来。这时，布鲁默老师组织孩子们上课了。今天的课程的主题是让每个人找到自己的优点。

布鲁默老师鼓励小朋友们自信一些，勇敢地找到自己的优点。大家都非常开心，头头是道地和同学们分享自己的优点。在欢声笑语中，老师弹起了吉他，小朋友们也手舞足蹈地唱起了《优点歌》。最后，大家以画画、写作、手工等各种不同的方法展示自己的优点，情绪高涨极了。

趁布鲁默老师没注意，雷奥和卢卡又想欺负吉姆了。虽然吉姆害怕极了，但是她想到了自己也有很多优点，自己也十分强大。于是，她拿出了无穷的勇气，站直了身子，大声地训斥了他们。雷奥和卢卡被吓傻了，乖乖地躲到了角落里。

布鲁默老师发现了这件事，安慰并表扬了吉姆。吉姆也知道了：自己是个很棒的孩子，她为自己感到骄傲！

二、生命教育解读

对于未成年人的儿童来说，“自我保护”应该作为生命教育中非常重要的一部分内容。自我保护是一种责任、一种习惯，同时也是一种对生命的最基础的呵护与关怀。尤其在社会形势十分复杂的今天，帮助儿童增强自我保护的意识，提高自我保护的能力，学习自我保护的方法是生命教育的重中之重。

《别想欺负我》是一本培养儿童自我保护意识的图画书。书中塑造了吉姆这个典型的人物形象，以孩子的视角，模拟了真实的生活场景，绘声绘色地描述了吉姆在单独面对比自己强大的人物和不公平的事件时，是如何采取正确的自我保护方法，是如何变得更加勇敢、更加自信、更加积极的。

相信自己并拿出勇气其实很不容易。书中的吉姆为孩子们树立了良好的榜样，可以激发起孩子对抗外在伤害的勇气。吉姆在老师和同学们的鼓励下认识到：自己是一个很棒的孩子，应为自己的优点感到骄傲。另一方面，儿童的心灵纯洁无暇，他们很容易被生活中的琐事影响，本书基于此点还教会孩子：当单独面对外在的不公平时，保护自己的最好办法不是一味地蛮干逞强，而应积极地面对，内心的强大才是真正的勇敢。

本书以“培养儿童的自我保护意识”为主旨，帮助儿童提高警惕性，避免伤害的发生；培养儿童拥有强大的心理素质，学会正确的处理方式，将伤害产生的危害降到最低！

三、教学小提醒

1. 注意图画书中的第一页和最后一页，那里有作者为孩子们提出的帮助他们变得更强大、更勇敢的守则和办法。这些守则和办法，都是在儿童单独面对不公平事件、危险和伤害时，能够增强他们心理素质的切实可行的办法，也是符合儿童年龄特点的有效办法。可以帮助孩子记住这些办法，教会他们正确的处理方式。

2. 注意吉姆在这个故事中的动作表现(语言、行为等)，还有其相对应的心理活动及变化过程。吉姆最开始面对两个坏孩子的威胁时是非常恐惧的，同时她的行为表现也是胆怯的，她低着头不敢出声，想找个洞钻进去，但是随着老师的鼓励，她逐渐产生了变化。她鼓起勇气，相信自己，大声拒绝了坏孩子的欺负，甚至最后批评了他们的行为，表现出了正义的一面。在分析吉姆的心理时，应注意到这本图画书所描绘的情景在孩子平日的生活中一般也都会遇到，也许所呈现的事情不同，但本质是一样的。通过阅读，孩子可以了解吉姆的心理变化，在生活中如果遇到相类似的事，至少他们会知道这样的事情不是只有他一个人才会遇到，有个叫吉姆的孩子也遇到过，也害怕过，也矛盾过，也鼓足勇气斗争过。有了故事的滋润，孩子们的心里不会觉得孤单，同时还会以吉姆为榜样，鼓起勇气去面对。

四、活动设计

1. 当雷奥和卢卡两次欺负吉姆时，她分别是怎么做的？

2. 读了这个故事后，当你以后被别人欺负时，你会采取什么样的做法？

3. 完成《校园欺负行为小调查》，填写表格并在班中交流调查结果。

校园欺负行为小调查

调查对象：　　调查人：　　调查时间：

项　目	内　容
你今天看到的欺负行为的次数有多少？	
你平时看到的欺负行为有哪些？	
你受到过欺负吗？	
你被欺负时的感受如何？	
你受到欺负时是如何做的？	
通过调查与阅读这个故事，针对“校园欺负”这个问题，你有什么建议？	

4. 参考图画书中的做法，在班级中也开展一次用不同的方法展示自己的优点的活动。

【撰写者　陈蕊】

关键词：学会拒绝别人
书　名：不要随便亲我
作　者：【德】佩特拉·敏特尔
绘　者：【德】萨比娜·威默斯
译　者：刘敏
出版社：青岛出版社

一、重述故事

莱娜不喜欢常常来家里做客的那些人，因为他们总是对她又抱又亲，亲得吧唧作响，把她的脸弄得又湿又黏。

星期一，来做客的奥尔加阿姨嘴巴里总有一股难闻的蒜味，莱娜觉得奥尔加阿姨的亲吻最可怕；星期二，客人埃尔文叔叔总是满脸扎人的胡子茬儿，被亲吻的莱娜会觉得脸像被砂纸擦过一样；星期三，登门的佩尔兹奶奶总是围着一条让莱娜害怕的假狐狸皮围巾，被亲吻的莱娜却得脸贴着那只“狐狸”；星期四，喜欢抽雪茄而牙齿发黄的皮克叔叔，总是满身雪茄味儿地拜访莱娜家；星期五，面对爸爸的老板施马贝恩先生，因为妈妈的特别嘱咐，莱娜只好勉强接受他的亲吻。但是这些可怕的“亲吻”常常会让莱娜晚上做噩梦，莱娜决定要想个办法摆脱目前的这种状况。

某个星期六恰好是爸爸的生日，大家都来到莱娜家做客。莱娜一直躲在自己的房间里不出来，直到她想到大家估计都不敢亲吻高大威猛的大象，于是莱娜就变成了一头大象走下楼，果然大家都不敢亲吻她了。莱娜趁机要求大家以后不能随便亲吻自己，客人这时候也才明白原来莱娜并不喜欢被亲吻，都同意了莱娜的要求。莱娜又变回以前的可爱模样，并且学会了能够勇敢地对自己不喜欢的事情说“不”，同时莱娜也非常清楚自己想要拥抱和亲吻的对象。

二、生命教育解读

人作为一个独立的个体，因为不同的性格、经历或其他的原因，会有各自不同的喜恶，不同的人对同一事物可能就会出现喜爱和厌恶两种截然不同的态度。这个故事中，对于“亲吻”这个举动，莱娜和来访的客人就出现了矛盾：客人们喜欢莱娜而乐于亲吻她，莱娜却非常厌恶客人们的亲吻。生活中也常常会有这类事情发生，当他人也许并非出于恶意却让我们必须接受或者实施一些违背本意的事情时，我们内心往往会非常抗拒。

有时，我们在顺从和满足他人的意愿时，忽略和漠视了自己内心的抗拒和压抑，即使正视了自己的主观感受也不敢轻易地去拒绝他人。每个人或许都能例举出自己不能拒绝他人的理由，只能让自己受煎熬。莱娜为了保护自己不再受“亲吻”的噩梦困扰，最终化身大象向客人说出了自己的心声，拒绝客人随便对她亲吻，她的合理要求也被客人们认可。所以，当我们遇到类似困扰的时候，不妨向莱娜学习，爱护自己，遵从自己内心的声音，学会勇敢地拒绝他人。

所以，有时候他人的想法和行为与你的意愿相左而令你苦恼时，不如尝试着和对方沟通交流，苦恼的根源可能就是由于双方想法的偏差导致的。学会和他人沟通也是拒绝他人的有效途径之一。当然，并不是说为了遵从自身意愿就可以随意拒绝他人，这一点也需要注意。

三、教学小提醒

1. 书中画面上一开始是莱娜荡秋千的快乐身影，但接下来客人的到来却让莱娜失去了笑容，她会做出躲在门后和桌底、咧嘴、满脸创可贴、熏倒等反应。图画书是图文兼顾的一种图书形式，要引导孩子关注莱娜不乐意被亲吻时的神情和动作，感受莱娜当时内心的抗拒，也让孩子体会到画面的生动性和丰富性。

2. 莱娜的身边总会跟着一只小花猫，这只小花猫可以说是莱娜的另一个化身，与莱娜表达着同样的喜怒哀乐，小花猫会和莱娜一起躲避客人、一起被熏倒。尤为传神的是星期五施马贝恩先生来访时，小花猫被施马贝恩先生的狗吓得躲在高高的柜子上，惊恐地弯着脊背，很好地彰显了当时莱娜内心的恐惧与抗拒的情绪。

3. 莱娜最后终于忍受不了客人对她的亲吻，化身大象来对客人传达她的不满，最终成功拒绝了客人的亲吻。孩子不仅可以从中学会拒绝别人对自己做出的不合理的事情，同时也会明白与人沟通的重要性，知道和他人沟通也是拒绝他人的有效途径之一。客人们自认为“善意”的亲吻，却是莱娜“噩梦”的来源。或许莱娜不需要变成大象，只需要和客人们说明自己的不情愿，“亲吻”事件也是可以得到解决的。

4. 莱娜从最开始享受荡秋千的快乐，到中间饱受亲吻噩梦的折磨，以及最后成功拒绝亲吻后再度和心爱的小花猫享受快乐时光，孩子可以从中感受到莱娜的痛苦和快乐。应该适时引导，帮助孩子学会拒绝别人，拥有对自己不喜欢的事情说“不”的勇气。

四、活动设计

1. 读完这本图画书后，你知道莱娜为什么会变成大象吗？

2. 仔细观察图画书中莱娜被客人亲吻时的神情和动作，结合图画想象：如果你是莱娜，当客人们想要亲你时，你心里会想什么？

3. 生活中，当他人要求你做一些你不情愿的事情时，你会怎么做？请举例说明。

4. 图画书中，莱娜向客人说出不愿意被随便亲吻的心声后，客人们同意了她的要求，于是莱娜摆脱了这场被亲吻的噩梦。另外，莱娜从此以后也能够对自己不喜欢的事勇敢地说“不”。当你们成功地拒绝了一件你不喜欢的事情后，你们又有什么感受和收获呢？写下来和同伴分享一下吧。

> 我曾经拒绝了____
> ____，
> 因为____
> ____
> ____。
> 成功拒绝后，我觉得（我得到了）__________________________________
> ____。

【撰写者　冯璐艳】

关键词：远离陌生人的搭讪
书　名：对待陌生人
作　者：【美】斯坦·博丹
绘　者：【美】简·博丹
译　者：张德启等
出版社：新疆青少年出版社

一、重述故事

熊王国的一个小树窝里，住着可爱的熊哥哥和熊妹妹。他们俩有许多相像的地方，但在对待重要事情上，比如对待陌生人，哥哥小心谨慎，而妹妹毫无戒心，过于随和，无论遇见谁，都热情打招呼。哥哥担心妹妹被伤害，就劝道："别和陌生人说话，那样可不好，会有危险。"妹妹不明白哪里会有危险，哥哥也没法清楚地回答出来。

于是，他们问熊爸爸。爸爸一脸严肃地告诉他们："不能轻易和陌生人说话，不要接受陌生人给的东西，更不要跟陌生人走！"接着，爸爸还给妹妹看了熊王国报纸，光是看到新闻标题《陌生人拐骗小孩》、《失踪孩子找到了》……妹妹就目瞪口呆了。睡觉前，爸爸还讲了《狡猾的狐狸和愚蠢的鹅》的故事。整个晚上，妹妹都难以入眠，脑海里浮现着这些可怕的画面。

第二天醒来，熊妹妹发现整个世界都变得凶巴巴的。连窗外的树、猫头鹰、乌鸦都是恶狠狠的，她感到害怕极了。白天，她跟着哥哥去草坪玩扔飞盘的游戏。回来后，她告诉妈妈，草坪的陌生人太多了！她觉得青蛙、蝴蝶都不像平时那样可爱了，变得凶巴巴的。

妈妈便给她讲了好苹果坏苹果的故事，听完后，熊妹妹才懂得不是所有的陌生人都是坏人，而且不能光看表面去判断是好人还是坏人。此时，她的心情放松了许多，也知道该怎么对待陌生人了。后来，她还跟哥哥一起制定了"孩子守则"。

二、生命教育解读

孩子的内心总是单纯善良的，他们更愿意相信世界的万事万物都是美好的，本能地就以一种友好的态度去对待一切人一切事。熊妹妹刚开始便是如此。然而，后来听了爸爸的教诲，看到了陌生人拐骗儿童、孩子失踪的新闻，还有狐狸和鹅的故事，忽然觉得世界是如此黑暗，顿时生出恐惧感，觉得世界变了样，周围都是恶狠狠的模样。

熊爸爸的教育方式是理性的，极其客观又直接地暴露了世界的黑暗面，试图让妹妹知道轻易相信陌生人是会有危险的。相比之下，妈妈讲的故事也让妹妹知道不能轻易跟陌生人接触，明白如何保护自我，同时以更为柔和的方式让妹妹懂得不是所有的陌生人都是坏人，妹妹的心情轻松了，更容易接受这样温和又不乏力量的教导和劝诫。

故事提醒孩子们在看到世界美好的同时，也留意身边一些不好的事物，知道怎么去对待陌生人，学会保护自己。父母需要给予孩子正面的教育，同时也应当以正确的方式教育他们感知非正面的社会，引导他们正确认识和对待世界上一些非正面的事物。

三、教学小提醒

1. 熊妹妹听完熊爸爸的话、看了报纸之后，为什么觉得周围的一切都变得凶巴巴的？妹妹的这个心理变化，需要孩子特别注意，只有充分理解熊妹妹当时的想法，才能更好地读懂故事。

2. 熊妈妈给熊妹妹讲的故事是理解这本图画书内容的难点，其中蕴含的道理较为深刻，需要孩子细细体味熊妈妈所说的话以及当时熊妹妹听完故事之后的感受。

3. 熊哥哥跟熊妹妹一起去外面玩时，遇到了陌生人，当时妹妹和哥哥分别以不同的态度对待陌生人。应着重让孩子从两者的不同态度中，思考如何对待陌生人才能更好地保护自己。

四、活动设计

1. 图画书中，大部分图画都是情景对话的好资源。你可以选择有意思的情景，跟小伙伴一起来编个情景剧吧！

2. 故事围绕着熊爸爸、熊妈妈以不同方式让兄妹俩知道如何对待陌生人。你知道他们分别用了什么方式吗？你更喜欢谁的方式？

熊爸爸的方式	
① 讲苹果的故事 ②看关于孩子失踪的报纸 ③讲《狡猾的狐狸和愚蠢的鹅》的故事 ④严肃地说：“不能随便跟陌生人说话，不能跟陌生人回家，也不能拿陌生人的东西。”	
	熊妈妈的方式
我更喜欢________的方式，因为____________________________________	

3. 熊哥哥和妹妹一起制定了“孩子守则”，提醒自己如何对待陌生人，怎样保护自我。读完故事，让我们也联系自己的相关生活经历，写下新的“孩子守则”。

4. 请你回家与爸爸妈妈一起阅读这本图画书，读后跟爸爸妈妈交流应该如何对待陌生人，也可以跟他们说说自己遇到陌生人时，心里会有什么感受。

【撰写者 黄敏玲】

关键词：走丢的时候
书　名：汤姆走丢了
作　者：【法】克斯多夫·勒·马斯尼
绘　者：【法】玛莉·阿丽娜·巴文
译　者：梅莉
出版社：海燕出版社

一、重述故事

一天，兔妈妈带着小兔子汤姆去买裤子，她要为汤姆买一条两边都有裤兜的裤子。来到商店门口，兔妈妈告诉汤姆：商店里人多，一定要跟在妈妈身边不能乱跑。

商店里人头攒动，在兔妈妈为自己挑选衣服时，汤姆发现了自己要买的裤子。汤姆目不转睛地盯着裤子，拉着妈妈往前走，一回头才发现拉错了人，而妈妈已经不在身边了。汤姆十分慌张，在人群中跑来跑去。突然，他看见妈妈的红色大衣，汤姆快步跑过去，却发现是一位不认识的阿姨。周围有很多阿姨都穿着红色的上衣，唯独没有自己的妈妈，汤姆着急地哭了。一位老先生问他为什么哭，汤姆害怕地跑开了。汤姆想起爸爸对自己说的话，跑到收银台寻求帮助，可是收银阿姨正在和别人说话，而收银台太高，完全挡住了汤姆。一位和善的阿姨抱起汤姆把他放在了收银台上，大家围着汤姆议论纷纷。

一位穿制服的叔叔把汤姆带到了广播室，广播室的阿姨让汤姆一边画画一边等妈妈。突然，门开了，妈妈含泪站在门口，汤姆一头扑进了妈妈的怀里。为了安慰汤姆，妈妈不仅为汤姆买了带口袋的裤子，还买了玩具。

二、生命教育解读

这是一本告诉孩子在走丢时如何自我保护的图画书。相对于成年人，未成年人在生理和心理上都处于弱势。平时，孩子有父母、亲人、老师等成年人的照顾与保护，但这种保护并不是万无一失，一旦出现父母“鞭长莫及”的情况，孩子的自我保护意识和自我保护能力就显得尤为重要。因此，任何的保护措施都离不开自护。

汤姆走丢后的一系列反应——慌张、哭泣、害怕，生动地再现了孩子走丢时的一般表现。汤姆发现自己走丢了，他慌张地在人群中跑来跑去寻找妈妈，却越找越着急。这一情节告诉孩子：本能的慌张、哭泣、害怕并不能帮助我们改善处境，冷静是处理危机的第一步。生活中，孩子如果走丢了，应尽量待在走丢的地方而不是乱跑，以便父母能够第一时间找到自己。在汤姆寻找妈妈的过程中，爸爸曾经的嘱咐起到了关键作用，这提醒成年人：自我保护教育一定要渗透在日常生活中，只有形成了自我保护的意识，孩子才能在危急的时候做出正确的判断和应对。找收银台阿姨，跟着穿制服的叔叔去广播室，汤姆接下来的应对为孩子提供了正确的处理方法：向可靠的成年人寻求帮助。

自我保护教育不能简单地说教，需要成年人通过讲故事、场景模拟等活动和游戏在日常生活中进行不断渗透。

三、教学小提醒

1. 汤姆在发现自己走丢后，采取了很多应对措施，在与孩子一起阅读这本图画书时，可以与孩子逐一讨论，并进行总结。

2. 成人应当提醒孩子：面对危机，盲目采取行动并不可取，首先需要冷静。

3. 简单地说教很难增强孩子的自我保护意识，应从实践出发，设计活动或游戏来帮助孩子知道应该怎么做。

四、活动设计

1. 你认为汤姆走丢后哪些行为值得我们学习？

2. 如果走丢了，你会用什么样的方法保护自己？

3. 汤姆走丢后，他的妈妈会有怎样的心理活动，会做些什么来找到自己的孩子呢？请你发挥想象，从汤姆妈妈的角度来写一写这个故事。

4. 请你和自己的伙伴一起，将《汤姆走丢了》改写成一个剧本，并表演出来。

5. 和父母一起出门，试着自己在前面领路，带爸爸妈妈回家。

【撰写者　王蕾　王梦】

课堂实录 《阿利的红斗篷》

教学目标

1. 了解斗篷制作的过程，感知阿利为实现梦想而付出的努力，体会阿利实现梦想的不易。

2. 通过对画面上“灰脸羊”和“小老鼠”行为细节的关注，感受图画书的趣味性，感知阿利实现梦想的不易。

3. 通过对画面上阿利表情的细心观察，体会阿利拥有新斗篷后的自豪感和成就感。

教学重难点

重点：(1) 感知阿利追逐梦想的过程，了解斗篷的制作方法。

(2) 学会观察人物的神态表情，在观察中能够对人物的心情做出简单推测。

难点：关注“灰脸羊”和“小老鼠”行为举止的细节，从中感知阿利实现梦想过程的不易。

教学准备

相关图片、课件、录音。

教学过程

一、 歌曲导入，营造氛围

1. 歌曲导入

师：上课之前，先请大家听首歌。(播放奥运歌曲和PPT$_{1奥运图片}$)

师：还记得这首奥运歌曲的第一句歌词吗？

生：有一个梦，由我启动。

师：你们听得真认真！没错，这首歌是专为庆祝我们申办奥运成功而创作的，歌声中唱出了我们每一个中国人的奥运梦想。为了这个梦想，我们挥洒汗水，战胜困难，终于将梦想变成了现实。

2. 揭示主题

师：今天我们就来一起赏读一个关于梦想的故事，故事的名字是《阿利的红斗篷》(板书)，请齐声朗读故事名。

师：请看(PPT2封面)，这就是斗篷。斗篷是一种没有袖子的大衣，它可以抵御风雪。看着图片，请你试着猜一猜，阿利是做什么的？

生：我猜他是放羊的，因为他周围有许多小羊。

师：你真善于观察和推断，阿利就是一个牧羊人，请带着你的发现，大声地读出故事名吧。

师：谁再猜猜，故事的主人公是谁？他的梦想是什么？

生1：主人公是阿利。

生2：他想要一件斗篷。

师：他想要一件蓝斗篷？

生2：不对，他想要一件红斗篷！

师：从你们的猜测中，老师知道了主人公阿利的梦想是想得到一件红斗篷。

让我们带着这样的猜测一起走进这本图画书，去看一看阿利的梦想吧！

【设计意图：课前播放学生熟知的歌曲，使学生放松心情，为学生开始阅读提供心理环境。通过故事名，请学生猜测故事内容，提高学生的阅读热情和兴趣。】

二、倾听故事，整体感知

1. 倾听故事

师：请大家闭上眼睛，边听边思考以下两个问题：

(1) 阿利的梦想是什么？

(2) 他为什么想得到一件新斗篷？

(播放故事录音和PPT3阿利图片)

阿利是一个牧羊人，他身上披着一件旧得不能再旧的斗篷，他实在需要一件新斗篷。

春天到了，阿利费了好大的劲儿，才把毛从羊身上剪下来。然后，阿利将羊毛放到圆圆的大木盆里，仔仔细细地用清水洗干净，紧接着用小刷子又认认真真地将羊毛一片一片地梳直，晒干。晒干的羊毛，暖烘烘的，透着阳光的味道。阿利找来纺纱机，将一片一片的羊毛纺成了又细又软的纱。

可是，阿利渴望得到的是一件和从前一样漂亮的红斗篷。所以，在盛夏时节，阿利赶紧长途跋涉去山里采了一些红彤彤的野果子，然后将这些野果子放在滚烫的锅里煮烂，熬成汁，再将纱放到鲜红的果汁里。不久，湿湿的白纱变成了干干的红纱。阿利把纱纺成线，秋天的时候又将线织成布。布织好了，阿利将它摊在长长的桌子上，开始一刀一刀小心地剪起来。终于裁好了！阿利将布一块一块地别起来，然后细细密密地缝在一起。

冬天来了，阿利披着自己的红斗篷，自豪地站在风雪中。

2. 整体感知

师：读过故事，你知道了阿利的梦想是什么？

生1：想要拥有一件新斗篷。

生2：阿利的梦想是想要一件新斗篷。

生3：阿利的梦想是想要一件新的红斗篷。

师：他为什么想要一件新斗篷呢？

生1：他的旧斗篷实在太破了！

生2：他的旧斗篷没法用了。

生3：他的旧斗篷没有(掉)颜色了，不漂亮了。

【设计意图：听故事前提出明确要求，引导学生带着疑问倾听，以提升阅读过程中的质量。在回答过程中，引导学生用完整语言表达。】

三、精读绘本，理解感悟

1. 阅读故事，填写表格

师：假如你是阿利，需要一件新斗篷，你想怎么得到它？

生1：我可以去商场买。

生2：我想卖掉羊，然后去买。

生3：我会让妈妈给我做，我可以帮她。

师：你们有这么多想法，真不错。那么，我们故事中的主人公阿利是怎样做的呢？接下来，就让我们走进故事一探究竟吧！

(播放故事录音和PPT)

阿利特别想要拥有一件新的红斗篷。

春天到了，阿利把羊身上的毛剪下来，洗干净，再用刷子把羊毛梳直，然后又把毛纺成纱。(PPT$_{4图片}$)

但是，阿利想要一件红斗篷，所以趁着夏天还没过完，就去摘了一些做染料用的野果子回来，放在锅里煮。(PPT$_{5图片}$)完成后，阿利把纱放在野果子熬成的汁里，染成红色，然后晒干。(PPT$_{6图片}$)等到纱干后，阿利就把纱纺成线，装在织布机上。(PPT$_{7图片}$)

秋天的晚上，他又忙着把线织成布。(PPT$_{8图片}$)一切准备好后，阿利把布摊开来放在桌上，用剪刀剪成一块一块的，然后把裁好的布用针别在一起，缝起来。(PPT$_{9—12图片}$)

冬天来了，阿利终于拥有了一件新的、漂亮的红斗篷。(PPT$_{13—14图片}$)

师：再次读过故事，你们一定对“红斗篷怎样做成的”有了自己的认识。其实，红斗篷完成的过程，也是阿利付出努力的过程。现在，请你结合我们上面的阅读，先在自己的文本材料中用直线画出表示时间的词语，再用波浪线画出阿利所做的努力，然后认真地填一填手中的表格。(PPT$_{15表格}$)

时间＼行动	付出的努力
春天	
夏天	
秋天	
结果：	
心情：	

2. 同桌探讨，小组汇报

师：填好表格的同学，可以小声地和同桌交流一下你的想法。

生：交流想法，取长补短。

师：请用最简洁的语言说一说阿利都付出了哪些努力，可以先在心里组织好语言，然后再向大家展示你们的学习成果。

生1：春天里，阿利(先)剪下羊毛，然后洗干净，再用刷子将(羊)毛梳直，(最后)把羊毛纺成线。

生2：夏天，阿利弄(煮)野果子，然后将纱放进野果子(汁)里染成红色。

生3：阿利得先摘野果子，才能煮。

师：把你们两个的回答放在一起，就更全面了。阿利在秋天做了些什么呢？

生4：秋天，阿利忙着把纱纺成线，再把线织成布。

师：还有补充吗？

生4：还有阿利将布剪成一块一块的，然后别在一起，缝起来。结果，阿利终于拥有了一件新的红斗篷。

师：刚刚听到他用到了一个非常好的词语“终于”，想听听你的想法(转向生4)。你是怎样想到这个“终于”的？

生4：他做成一件新斗篷(时间)真是太慢(漫长)了！

师：你真细心！从红斗篷制作的时间上，就体会出了阿利拥有一件新斗篷的不易。

【设计意图：通过了解斗篷的制作步骤，让学生体会阿利在制作斗篷的过程中付出的努力和汗水。在填表格的过程中，逐渐培养学生提取信息的能力。借助小组讨论的形式，使学生发现自我的不足，在同伴的交流中取长补短。】

四、细读观察，品味细节

师：可是，阿利的付出决不仅仅如此。他的身边始终有两只淘气的小动物，总是想尽主意阻挠阿利。赶快在图中找一找，它们藏在哪里呢？

(学生再次阅读绘本，寻找和发现细节)

师：谁找到了？可以和大家分享一下你的发现。

生1：剪羊毛时，灰脸小羊到处跑，不想让阿利剪自己身上的毛。

生2：洗羊毛时，小老鼠把香皂(洗衣皂)给拿走了。

生3：羊毛纺成纱后，灰脸小羊将毛披在自己身上，小老鼠将纱偷走了。

……

【设计意图：图画书中对“小老鼠”和“灰脸羊”的细节安排，是整个故事最有趣的亮点之一，十分符合学生的阅读心理和兴趣。阅读中，教师给予学生适度的“小提醒”，将两只小动物的捣乱行为和阿利追梦途中遇到的困难相联系，以激发学生的发现意识和表达愿望。】

五、深化主题，课后拓展

师：虽然困难重重，但阿利始终没有放弃。通过观察画面，你们对阿利追逐梦想的过程一定有了更深刻的认识。故事读完了，老师有一个问题想问问大家：阿利为什么非要自己千辛万苦地亲手做红斗篷呢？

生1：因为阿利得放羊，没有时间(去买斗篷)。

师：你们的想法和他一样吗？你是怎么想的？

生2：我和他的一样，我也觉得阿利是放心不下他的羊。

生3：我和他们的不一样，我认为可能是阿利喜欢自己动手做东西。

生4：还可能是阿利没有钱，买不起新的斗篷。

生5：阿利自己亲手做，羊毛是真的，穿着暖和。

生6：红斗篷是阿利的梦想，(只有)他自己亲手实现，才开心。

……

师：同学们真善于动脑筋，说出了这么多合情合理的想法，让我们把掌声送给刚刚那些勇敢发言的同学吧！

(学生掌鼓)

师：也许，对我们而言，斗篷仅仅是一件抵御寒冷的衣服。但对于牧羊人阿利来说，与他朝夕相处的红斗篷就是阿利的一个梦。为了这个梦，阿利付出了艰苦的努力，并最终实现了梦想。快看看，现在他的表情——(PPT16图片)

生：他闭着眼睛，微笑着。

师：他还挺直胸膛，高昂起头，感到……

生1：高兴。

生2：十分开心。

师：还有一份发自内心的骄傲！

生：自豪！

师：面对困难，阿利并没有放弃自己的梦想。读过阿利的故事后，你有什么想对阿利说的？请以“阿利，我想对你说……”为题，和同伴说一说你的感受。

（小组成员间互相探讨，一人说一人听）

生1：我觉得阿利很勇敢，虽然做斗篷很麻烦，但他仍能坚持。

师：你想对阿利说……

生1：阿利，你很勇敢，虽然做斗篷很麻烦，但仍能坚持。

生2：阿利我想对你说，你很了不起，努力实现梦想。

【设计意图：通过提问的方式，了解学生对主题的把握程度，以做适度的引导。在引导过程中，尊重学生多元化的理解，同时强调本课“追求梦想”的阅读主题。最后，以“阿利，我想对你说……”的形式，培养学生对他人评价的能力。】

六、拓展延伸，付诸实践

师：从故事中，我们感受到了梦想是我们不断前进的动力。拥有梦想，我们才有更明确的生活和学习目标。接下来，请你写一写你的梦想，并思考一下你将如何实现它。

我的梦想是________，我想通过________________实现它。

（学生汇报展示）

师：听别人的故事，悟出我们自己的道理，并将这个道理应用到我们的生活中，这就是我们听故事的收获。老师给大家布置一个小任务，请大家回去后写一写“我的规划”，下次班会课一起交流。

<table>
<tr><th colspan="3">我 的 规 划</th></tr>
<tr><td colspan="3">心情短语：</td></tr>
<tr><th>时段</th><th>具体时间</th><th>我计划做的事情</th></tr>
<tr><td>起床</td><td></td><td></td></tr>
<tr><td>吃饭</td><td></td><td></td></tr>
<tr><td>上午</td><td>第 1 节课间</td><td></td></tr>
<tr><td></td><td>第 2 节课间</td><td></td></tr>
<tr><td></td><td>第 3 节课间</td><td></td></tr>
<tr><td></td><td>第 4 节课间</td><td></td></tr>
<tr><td>下午</td><td>第 5 节课间</td><td></td></tr>
<tr><td></td><td>第 6 节课间</td><td></td></tr>
<tr><td>放学</td><td></td><td></td></tr>
<tr><td>睡觉</td><td></td><td></td></tr>
</table>

[附] 板书设计

阿利的红斗篷

时间	春天	夏天	秋天
行动	剪羊毛	摘野果子	捻成线
	洗羊毛,将毛梳直	煮成汁	织成布
	纺成纱	把纱染成红色	把布缝起来

结果:阿利终于得到了一件漂亮的红斗篷。

心情:阿利很开心,很自豪!

【执教者　陈小杰】

“人与自己”主题图画书·拓展阅读

主题	关键词	书名	出版社
认识自我	了解自己的情绪	《各种各样的脸》	华东师范大学出版社
情绪管理	丢掉不必要的担心	《我好担心》	河北教育出版社
追寻梦想	做自己喜欢的事	《青蛙王子历险记》	湖北美术出版社
学会欣赏	学会欣赏自己	《我喜欢自己》	河北教育出版社
自我保护	不要随便跟陌生人走	《我不跟你走》	地震出版社

你还知道哪些类似的图画书，将它们的信息填入下表中。

第2辑

人与他人

人生的快乐有一大半要建筑在人与人的关系上面。只要人与人的关系调处得好，生活没有不快乐的。许多人感觉生活苦恼，原因大半在没有把人与人的关系调处适宜。

——朱光潜

导 言

人不能单独生存在这个宽广而博大的地球村，从呱呱坠地的那一刻起，人就来到了一个温馨的集体——家，在这里，有爸爸妈妈无私的关怀，有爷爷奶奶祖辈的疼爱，在这个充满温暖与爱的地方，我们渐渐成长。有一天，我们来到了另一个集体——学校，在这里，有老师，有同学，我们又组成了一个新的大家庭，在这个温馨如家的生活环境里，我们共同学习、共同进步，与同学成为了形影不离的好朋友，同学之间情如手足，每个同学都是这个大家庭里重要的一员。慢慢地，我们离开了学校，离开了教师、同学，挥泪告别之后，突然发现，其实我们并不孤单，因为，我们又来到了一个新的集体——社会，在这里，会有同事，会有为理想共同奋斗的人，会有追梦的人，大家可以一起成长，为了目标而努力。所以，无论你身处何方，无论你在做什么，无论你年龄大小，人始终都生活在集体中，始终都与他人一起在生命的旅途中前行。

我们与他人生活在同一片土地上，所以，友好相处必然就成为了维系人与人之间关系的纽带。人与人生活在一起，也许会有磕磕绊绊，会有争得面红耳赤的时候，矛盾、冲突这些不快乐的事情是不可避免的。但是，当发生了这些事情后，唯有心中存有友好相处的交往之道，才会有"对不起"、"我错了"等美好的词语出现，这些朴实的词语也恰恰展现了人性最真诚、最善良的一面，同时，也会使人与人之间的关系得以缓和。蓝天、白云、绿树、红花、小鸟、羊群，还有人类，或许只有友好相处，才能形成一幅和谐唯美的图画。

友好相处是人与人交往的纽带，尊重他人是人与人交往的前提。尊重，说起来容易做起来难，每个人都知道，在与他人相处的时候，要尊重他人的想法、尊重他人的意见、尊重他人与自己的不同。但现在的孩子，大多数都以自我为中心，习惯以自己的想法来要求他人，所以，教师要将尊重的甘露滴进孩子的内心，让孩子知道只有尊重别人，才会受到别人的尊重。每个人都有自己的独特性，每个人都是独一无二的。尊重他人，打开心灵之窗，让和煦的阳光照进我们的内心，同时，也让我们内心的阳光照耀他人。

人与人交往的时候，分享与给予会让你变得更加美丽。当你陷入逆境，当你遇到麻烦的时候，或许，别人的一时援手，在平时看来一个普通的举动都会给你很大的慰藉与帮助，这就是给予的力量。当你摔倒后，一只伸向你的手会让你的内心充满感激；当你伤心时，一句开导你的话会让你的内心敞亮；当你开心时，一张与你同样很快乐的笑脸会让你感到温暖与幸福。“只要人人都献出一点爱，世界将变成美好的人间”这句歌词道出了分享的真谛，也肯定了奉献的价值，分享会让人间变得更加美好，同时，奉献也能让人变得美丽。分享与奉献架起了一座人与人心灵之间的彩虹桥，分享与奉献能够化干戈为玉帛，能够让人的心灵变得更加纯净。分享爱、奉献爱、给予爱，唯有人人都做到了，和谐之花才会处处绽放。

人总会生活在一个团体之中，不能单独生存。只有很多小草生长在一起，才能绵延成绿油油的草坪；只有很多水滴融合在一起，才能汇聚成波澜壮阔的大海；只有沙石堆积在一起才能形成巍峨高耸的山峰。人也一样，只有团结在一起才能组成集体。一颗明星难以展现星空的璀璨，一棵大树难以展现森林的茂密，个体难以展现集体的力量，哪怕这个单独的个体非常强大。一个集体，所有的成员只有劲儿往一处使、心往一处想，才能凝结成强大的力量，只有团结在一起，互帮互助、相亲相爱，才能形成强大的团体。对于孩子而言，团结互助只是他们脑海中的一个空泛的概念，教师要帮助孩子赋予“团结互助”真正的内涵，让孩子感受到团结的力量、集体的力量，只有这样，孩子才能真正地融入班集体，才能将团结互助的精神发扬光大。

在与人相处时，我们会认识同学、认识朋友，然而不要忘了，我们最先认识的是我们的亲人。出生是我们生命进程的起点，听到我们第一声啼哭的是我们的家人。在生命成长过程中，会有很多改变，如习惯的改变、性格的改变、与朋友的聚散离合、与他人关系的亲疏远近等等。但是，始终陪伴我们永远不会发生改变的是亲情，血浓于水，血缘关系永远不会发生改变，父母对我们深沉的爱永远不会改变。当你开始了人生的旅途，当你走到了异国他乡，始终牵挂着你的是父母，儿行千里母担忧，亲情的厚重没有什么可以与之相比。所以，当你脚步匆匆的时候，当你忙得焦头烂额的时候，停下脚步，放下手中的工作，给亲人带去一句问候。孩子是父母的掌上明珠，教师更要让孩子懂得亲情的可贵与美好。

友好相处是连接人与人之间的纽带；尊重他人是与人相处的前提；分享与给予会让你的生命更有价值；团结互助会使人与人之间的关系更加亲密；感悟亲情，体会人间最美好的情感。人与他人，在交往过程中总会形成一种关系，如何与他人更好地交往呢，或许，只有以诚相待。

【撰写者　张婧雅】

“人与他人”主题图画书一览

主题	关键词	书　名	出版社
友好相处	诚恳地对待他人	《狐狸和大熊》	华东师范大学出版社
	友好地与他人相处	《坏脾气的格拉夫》	中央编译出版社
	不要与人为敌	《敌人派》	湖北少年儿童出版社
	珍惜美好的友情	《我有友情要出租》	中国和平出版社
	主动承认错误	《对不起》	中央编译出版社
尊重他人	学会宽容他人	《小羊和蝴蝶》	明天出版社
	尊重对方很重要	《南瓜汤》	明天出版社
	尊重别人的看法	《谁是第一名》	明天出版社
	尊重是交友之先	《不是那样，是这样的！》	二十一世纪出版社
	保守别人的秘密	《嘘！这是秘密》	浙江少年儿童出版社
奉献与分享	分享的快乐	《左左和右右》	浙江人民美术出版社
	分享自己的礼物	《艾薇的礼物》	湖北少年儿童出版社
	感悟爱人的快乐	《石头汤》	南海出版公司
	分享与合作的快乐之情	《古利和古拉》	南海出版公司
	讲述生命的价值	《彩虹色的花》	二十一世纪出版社
团结互助	团结的力量	《蚂蚁和西瓜》	二十一世纪出版社
	共同战胜敌人	《小黑鱼》	南海出版公司
	互帮互助互相配合	《警官巴克尔和警犬葛芮雅》	河北教育出版社
	凝聚在一起	《阿秋和阿狐》	南海出版公司
	我们在一起生活	《好朋友》	明天出版社
感悟亲情	体会美好的亲情	《忘了说我爱你》	外语教学与研究出版社
	母爱的距离	《猜猜我有多爱你》	明天出版社
	“逃”不出的母爱	《逃家小兔》	明天出版社
	深沉的母爱	《永远永远爱你》	二十一世纪出版社
	浓浓的隔辈情	《小西有棵外婆树》	华东师范大学出版社

友好相处

关键词：诚恳地对待他人
书　名：狐狸和大熊
作　者：王蕾
绘　者：布克布克
出版社：华东师范大学出版社

一、重述故事

一天，狐狸邀请大熊一起种地，大熊不假思索地答应了。春天到了，狐狸找来种子。大熊翻土挖地，没多久，嫩芽就钻出了地面，狐狸主动和大熊商量起分配的问题。在狐狸的提议下，地上的部分归大熊，地下的部分归狐狸。每天，大熊都不忘给植物浇水、施肥和捉虫。

太阳照，风儿吹，雨儿浇。收获的季节如期而至。按照约定，大熊拿走了地上的茎叶。而狐狸呢？收获的全是地下粗粗壮壮的土豆！

没过几天，狐狸再次邀请大熊一起种地，大熊依旧毫不犹疑地答应了。在狐狸的提议下，这次地下的部分归大熊，地上的部分归狐狸。太阳照，风儿吹，雨儿浇。转眼，收获的季节又到了。狐狸得意洋洋地笑咧着嘴将满地绿油油的卷心菜叶子抱回家，大熊却望着满地干巴巴的菜根傻了眼。原来，这次狐狸找来的是卷心菜的种子。

大熊决定好好教训一下狡猾的狐狸。

春天到了，大熊主动邀请狐狸一起种地。这次，大熊找来种子并提议：只有果实里而归自己，其余都归狐狸。狐狸听了，满口答应。太阳照，风儿吹，雨儿浇。大熊兴高采烈地抱着满满一口袋大豆回家了，地里只剩下气得两眼发直的狐狸和一地的豆荚、豆秸秆。

没能占到便宜的狐狸自然不甘心，他绞尽脑汁谋算，可都被大熊一一识破。大熊将计就计，又一次狠狠地教训了狐狸。

二、生命教育解读

曾听过一句极好的话“野花的美永远是仿真花无法比拟的，尽管它们的叶子是那样的瘦小，它们的花色是那样的单一。但，它们才是花，才是真正的花。生命，永远有着无可替代的美的魅力”。起初，只以为是赞美野花之言。后来，却渐渐觉悟：原来，野花之美，贵在真实，拥有真实，才不枉生命的存在。

世间万物皆如此。人与人相处，最重要的是真诚相待，不隐瞒、不欺骗。可在《狐狸和大熊》的故事中，憨厚老实的大熊诚诚恳恳地对待狐狸，暗藏心计的狐狸却总是欺骗大熊。虽然狐狸的花言巧语一时哄骗住了别人，但日久天长还是被看穿了。为此，狐狸付出了惨痛的代价。他不仅最终一无所获，更失去了别人的信任。狐狸自以为聪明，常用些小心机算计别人，最终害了自己。与狐狸不同，大熊却是诚恳憨厚的形象。他话语不多，心思简单，做事实实在在，性格老实厚道，正如生活中的一些人，虽不善花言巧语，却能给人一诺千金的重量感和信任感。这不正是言“诚”心“恳”待人的结果吗？唯有诚恳待人，才能活出生活的真实，唯有活出自己生活的实实在在，生命才是沉甸甸的。

其实，狐狸和大熊种地的经历，又何尝不是其各自播种品格的过程。大熊播种诚恳和厚道，最终收获累累硕果。狐狸播种虚假和欺骗，最终落得自食苦果。在生命体验中，狐狸饱尝了利用欺骗不劳而获的一时快感和最终自食其果的苦涩。与人相处只有做到以诚相待，才能赢得他人的真心。只有诚恳待人，真情的种子才能生根发芽，情谊之花才愿结出香甜硕果。

三、教学小提醒

1. 在共同欣赏《狐狸和大熊》这个故事时，一定不要让孩子空谈“诚实待人”的含义，而需要引导孩子结合狐狸和大熊的语言、行为、动作等细节来感知“诚实”与“虚假”的表现。

2. 赏读故事的过程中，一定不要将焦点仅仅单纯地定格于狐狸的狡猾或大熊的憨厚，而要整体把握故事脉络，通过对比狐狸和大熊的形象，重点体会狐狸如何对待大熊，大熊又是如何对待狐狸的。

3. 在《狐狸和大熊》的故事中，作者在多处巧妙地安排了对比的写作手法。如总起句狐狸的“聪明”对应大熊的“老实”，种地过程中狐狸的“偷懒”对应大熊的“勤恳”（结合图画观察），收获时狐狸的“得”对应大熊的“失”。要引导孩子结合文字与图画，在对比观察中体会狐狸和大熊言行背后的为人处事方式。

四、活动设计

1. 看过故事，狐狸和大熊一定在你心里留下了深刻的印象吧？请你拿起手中的画笔和彩纸，凭着感觉画一画他们的样子吧！

2. 读过故事，你对狐狸和大熊对待别人的做法一定有了自己的认识。请你先填一填下表，然后用几个词语或一句话，将你对狐狸或大熊的评价写在刚刚画的图画下面。

	狐狸的做法	大熊的做法	结果
种土豆			
种卷心菜			
前两次种地，大熊的心情：			
种大豆			
种桃子			
后两次种地，狐狸的心情：			

3. 狐狸因为待人虚情假意，而且处处计较和算计，最终失去了别人的友好和信任。请你结合学校生活或校外生活中身边的点滴小事，举例说一说怎样才能和别人友好相处。

4. 狐狸得到教训之后，如果再次和大熊一起种地，又会发生什么故事呢？请充分发挥你的想象，续写一个小故事。题目自拟，200 字以上。

转眼间，春天又到了！柳枝吐出了嫩芽，迎春花张开了手臂，蝴蝶在花丛中飞舞，蜜蜂在花间忙着采蜜。这时，狐狸又盘算起了种地的事情……

【撰写者　陈小杰】

关键词：友好地与他人相处
书　名：坏脾气的格拉夫
作　者：【英】斯莫尔曼
绘　者：【英】毕斯科
译　者：禹田
出版社：中央编译出版社

一、重述故事

一只郁郁寡欢、脾气粗暴的大棕熊格拉夫，他独居的洞穴陈旧且缺乏打扫，到处是灰尘和霉斑。没有朋友来看望他，他总是孤零零的一个人。格拉夫出行时，其他小动物都躲着他，叫他“坏脾气的格拉夫”，但是格拉夫总是对此表示出不在乎。

一天早上，坏脾气的格拉夫经过森林，帮助了一只困在树上的小兔子。得救的小兔子送了颗星星给格拉夫，格拉夫将星星带回家放在了壁炉台上，还第一次擦了壁炉台，扫掉了很多蜘蛛网。

又一天，坏脾气的格拉夫来到河边钓鱼，又将同一只小兔子从漂浮在水里的木头上救回岸上。小兔子夸奖格拉夫善良，并拜托格拉夫帮她照看一颗星星。格拉夫把那颗星星放在壁炉台上，并第一次把地板打扫干净。

可是，望着干净整洁却空荡荡的洞穴，格拉夫突然感到自己的内心也同样空虚，他开始觉得悲伤和不安。这时，那只小兔子带着满满一车坠落的星星来找格拉夫求救，然而坏脾气的格拉夫却将小兔子吼哭了。坏脾气的格拉夫想了各种方法哄小兔子都没用，直到他向小兔子道歉，小兔子才破涕为笑，格拉夫也第一次开心地笑了！

成为好朋友的格拉夫和小兔子度过了愉快的一天，临走前两人还约好了下次再见面。格拉夫躺在星星铺成的床上，长久以来，他第一次感觉到快乐。

二、生命教育解读

在我们所生活的这个星球上生活了几十亿的人口，如此庞大的人数导致我们所生活的世界丰富多彩，同时也会有不少的矛盾隔阂出现。只有人与人之间友好地共处，不断地消除隔阂、相互亲近，我们所处的这个社会、这个世界才能和谐运转，我们的生活才会更加美满。因而，与他人友好相处，是我们每个个体都应该努力做的事。

这本图画书中的坏脾气的格拉夫，开始因为脾气粗暴、不善待人，所以总是独来独往，不仅没有朋友来拜访他居住的洞穴，就连他出门时，其他的小动物也是避之不及，格拉夫总是一副郁郁寡欢的模样。直到一只小兔子的突然出现，格拉夫才逐渐学会了如何与人友好相处，从而他的生活也拥有了明亮快乐的色彩。

哈佛大学的心理学教授斯塔利·米尔格兰姆曾提出“六度分隔”理论，简单说就是在人际交往中，最多通过六个人我们就能够认识任何一个陌生人。基于这个理论，试想如果我们每天尝试和每一个认识的人友好相处，通过人脉与人脉之间的相互传递，我们就可以结交更多朋友，我们的生活可能也会因此而不同。我们可以试想坏脾气的格拉夫发生转变后，通过小兔子格拉夫会慢慢和森林里其他的小动物成为朋友，他的生活也不会再寂寞冷清。

三、教学小提醒

1. 坏脾气的格拉夫一开始郁郁寡欢、没有朋友，最后结交了小兔子这个朋友，变得很快乐，这其中的转变是图画书的重点，需要让孩子着重体会这种转变背后的原因，帮助孩子认识到与人友好相处的重要性。

2. 格拉夫两次帮助小兔子的时候，都是嘴里说着不愿意帮忙，却还是伸出了援助之手，这让格拉夫自己也感到很诧异。应引导孩子关注这个细节，让孩子分析交流格拉夫这种矛盾的言行说明了什么。

3. 小兔子为了感谢格拉夫的帮助，推了一车星星上门，却被格拉夫吓哭了，两人的友谊之芽可能就此中断，但所幸格拉夫意识到自己的粗暴，想方设法哄好了小兔子，两人最终成为了朋友，度过了愉快的一天。应该让孩子明白与人友好相处是相互的，正如力的作用是相互的一样，只有双方都懂得如何与人友好相处并能身体力行，二者之间的关系才会融洽；反之，如果有一方不能做到与对方友好相处，二者之间的关系就有可能濒临破裂。

四、活动设计

1. 这个故事中，格拉夫从最开始的一只“郁郁寡欢”的熊，到最后成为一只“快乐”的熊。是什么让坏脾气的格拉夫发生这么大的改变呢？请再一次读这个故事，按照格拉夫的四个“第一次”完成下面的表格。

2. 读完《坏脾气的格拉夫》后，你觉得格拉夫是一只怎样的熊？最后他还是森林里小动物们所说的“坏脾气的格拉夫”吗？

3. 能够跟小兔子友好相处的格拉夫，当他再次出门的时候，遇上了以前躲着他的啄木鸟，这时他会怎么做呢？发挥你的想象，假如你是这时候的格拉夫，你会做什么？

4. 生活中，如果他人对你不友好，你是什么感受？同样的，如果你不友好地对待他人，他们也会有这样不好的感受。为避免这种不良情绪的感染，生活中，我们应该友好地与他人相处。

坏脾气的格拉夫变形记

郁郁寡欢
↓
快乐

一开始，格拉夫郁郁寡欢、脾气粗暴，他的洞穴很少打扫，到处都是灰尘和霉斑。森林里小动物对格拉夫的态度：________

↓

格拉夫第一次擦洗壁炉台、打扫蜘蛛网，是因为________

↓

格拉夫第一次清理洞穴里堆积的松针，将地板打扫干净，是因为________

↓

格拉夫第一次开心地笑，是因为________

↓

格拉夫第一次感觉到快乐，是因为________

5. 生活中，有一些人就像现实中的坏脾气的格拉夫，不能很好地处理与他人的关系，不能融入身边人的圈子里，没有朋友，常常独来独往。但是，他们可能也只是像格拉夫一样，不知道如何友好地与他人相处，在某一契机下也能学会如何友好地与他人相处。当你身边有这样的人的时候，你是否愿意做故事中的那只小兔子，尝试着和他(她)交朋友，让他(她)感受到与他人友好相处的快乐呢？请说一说你会怎么做。

6. 学习完《坏脾气的格拉夫》后，可以在家尝试和爸爸妈妈一起进行角色扮演。在表演的过程中，不妨发挥想象力适时加入格拉夫的心理活动，还可以对故事进行拓展，想象坏脾气的格拉夫学会友好地与他人相处后，格拉夫的生活可能发生的变化。

【撰写者　冯璐艳】

关键词：不要与人为敌
书　名：敌人派
作　者：【美】德瑞克·莫森
绘　者：【美】泰拉·葛拉罕·金恩
译　者：萧平　萧晶
出版社：湖北少年儿童出版社

一、重述故事

这个暑假棒极了——妹妹不在家，爸爸给“我”盖了一间树屋，“我”还参加了镇上最厉害的棒球队！可是，一切好像没有想象的那么完美，一个叫杰米的家伙搬来了镇上，“我”不喜欢他，因为他曾嘲笑“我”，而且他的“蹦床派对”也没有邀请“我”。于是，他成了“我”的敌人名单上唯一的名字，“我”把敌人名单钉在树屋中，杰米休想进来。

爸爸知道后，拿出了他对付敌人的独家秘方——“敌人派”，“我”以为这个派里会放有杂草、毛毛虫等脏兮兮的材料，可是根本没有，做好的派甚至还香喷喷的。若想让“敌人派”发挥作用，“我”必须与敌人杰米友好相处一天，于是“我”鼓起勇气去找他，他也同意了我的邀请。我们一起玩儿蹦蹦床、丢水球、打篮球、他还教“我”玩儿回飞棒，我们彼此处处谦让，最后，我甚至同意他进入“我”的树屋玩耍，当然，那个名单要先撕掉。

我们在树屋里玩了很久，也很愉快，直到爸爸叫我们吃晚饭才下去。这一天，“我”发现杰米其实是个很棒的朋友，“我”一点儿也不想给他吃“敌人派”，可是爸爸还是端了上来，“我”竭力阻止无效，杰米开心地吃了起来，意外的是，这个派很好吃，吃完不会掉头发，嘴巴也不会变臭，“我”实在不明白这个派的用处，但“我”的头号敌人却消失了。

二、生命教育解读

生命本身的特征告诉我们，生命是整体性与关系性的存在，孤立的生命是无法生存的。人与他人的联系就是生命与生命之间的相互联结，我们生活在一起，为了能够使生命走向真善美，就要秉承和睦相处、友善相待的原则。

人际关系的处理是每个人所要面临的一大难题。在孩子成长的过程中，他们总要经历一段以“自我”为中心的特殊时期，故事中“我”的小木屋，没有“我”的命令别人是不能进入的。这段时期孩子比较敏感，若与别人发生一点点的不愉快，就会把那个人当作自己的“敌人”，并且常常为自己增加很多烦恼，就像故事中那个被杰米嘲笑、忽略过的“我”一样。然而这段时期却是孩子独立个性养成和与人交往的关键期，只有帮助孩子与其他小朋友和睦相待、友好相处，才能保证他们健康、快乐地成长。

帮助孩子与他人友好相处的教育是智慧的教育。故事中的爸爸没有用语言来帮助孩子与小伙伴化解矛盾，而是利用“敌人派”的诱惑，让孩子们在相互交流的过程中产生友谊，化干戈为玉帛。儿童在学校的群体生活中，很容易产生矛盾，孩子如果不能够正确地处理，就无法很好地融入到集体之中。因此，教师要潜移默化地让孩子认识到，只要与人坦诚相待，友好、和睦地相处，他们身边多的是朋友，而非敌人。

三、教学小提醒

1. “敌人派”真的仅仅是一个“派”吗？在化解“我”与杰米的矛盾中，这个“派”起到了很重要的作用，要引导孩子去领悟爸爸做“敌人派”的实际用意。

2. 当“我”去找杰米，他打开门的时候，两个小朋友的表情都略显尴尬，从画面上的这一细节可以看出，孩子内心是单纯的，根本没有“敌人”意识，只要有人首先打破僵局，他们就能和平共处。

3. 当杰米想进入“我”的小木屋时，“我”很为难，这为难不仅是因为“我”在考虑杰米还是不是敌人，而且因为那个写有敌人名单的纸还钉在墙上。透过这个心理活动要让孩子意识到相互友好才能和谐相处。

四、活动设计

1. 你认为这是一个完美的暑假吗？为什么？

2. 爸爸做的“敌人派”与“我”想象中的有什么不同？利用它消灭敌人的前提条件是什么？“我”又是怎么做的？

3. 吃了“敌人派”以后杰米并没有消失，可是“我”为什么说“我”的头号大敌人已经不存在了呢？

4. 完成表格，然后相互交流讨论。

《敌人派》故事发展
1. 请完成“我”对杰米态度变化的图示。 __________ → __________ → __________
2. “我”对杰米态度变化的原因是什么？ ____________________ ____________________

5. 生活中，你是否也存在这样的“敌人”？那么，在小组内说一说产生这个“敌人”的原因，接下来要怎样对待这样的“敌人”？

6. 每个人可以发挥想象画一个代表友谊的“派”，在上边写一句最想说的话，送给自己的朋友或者曾经的“敌人”。

【撰写者　王蕾　吕月】

关键词：珍惜美好的友情
书　名：我有友情要出租
作　者：方素珍
绘　者：郝洛玟
出版社：中国和平出版社

一、重述故事

从前，有一只寂寞的大猩猩，他没有朋友。

于是，大猩猩在树上贴了片叶子，写着“我有友情要出租，一小时五块钱”，然后坐在树下等得都快睡着了。这时候，小女孩咪咪骑着脚踏车来了。看到叶子，咪咪就问：“什么叫友情出租？”大猩猩告诉咪咪，就是给五块钱，他陪着咪咪玩一个小时。尽管咪咪只有一块钱，大猩猩还是高兴地收下一块钱，开始用沙漏计时，陪咪咪玩。

他们先玩猜拳踩脚的游戏，就是出“剪刀、石头、布”，谁输了就让对方踩一脚。大猩猩只会出“布”，咪咪就总出“剪刀”，结果大猩猩被踩了一脚又一脚，第二天，大猩猩已经琢磨出握紧拳头出“石头”了，咪咪出“剪刀”自然要输了。大猩猩高高抬起脚，咪咪吓得缩成一团，可是大猩猩踩下来一点也不疼。

咪咪每天都来租友情，咪咪和大猩猩玩木头人游戏，还给大猩猩讲故事。咪咪做作业，大猩猩会安静地在一旁守候着，即使这样大猩猩也觉得非常幸福。

这一天，大猩猩只带了一包饼干，到树下守候，可是等了很久咪咪也没来。最后载着咪咪的汽车过来了，咪咪要走了。大猩猩一边喊着“我还没有学会出剪刀耶”，一边追赶着汽车。咪咪还是离开了。

大猩猩又在树上贴了片叶子，上面写着“我有友情免费出租”，可是直到叶子都褪色了，大猩猩还在等待下一个好朋友。

二、生命教育解读

友情是人们在交往活动中产生的一种特殊情感，是一种来自双向关系的情感。友情以亲密性为核心成分，这种亲密性表现在：能够向朋友表露自己的思想感情和内心秘密，对朋友充分信任，被朋友所尊重。《我有友情要出租》中，大猩猩一个人太孤独，想找一个朋友来和他一起玩耍，后来遇到了同样一个人的小女孩，两个人一起玩耍，产生了友情，两个人有了自己的游戏、自己的约定和秘密。

友情的产生其实很简单，对于孩子来说更是如此，孩子间的友谊很单纯，就是在玩耍与交流中产生的，一个游戏就能让两个孩子成为很好的朋友，他们会有自己的暗号，自己的秘密，会分享他们认为最好的事物，友情就这样很自然地产生了。友情产生后，彼此间的友情就需要两个人共同来维护，需要两个人之间相互交流、信任，这样友情才会更加牢固。

对于友情来说，并不是所有的孩子都能够轻易获得，现在孩子多为独生子女，比较以自我为中心，缺少主动去结识新朋友的经验，很多孩子都不知道如何去认识新的朋友。就像故事中的大猩猩一样，很孤独，但却不知道如何获得友情，于是选择出租的方式来获取。而在小女孩离开后，大猩猩将牌子改为友情免费出租，突出了友情是不能用金钱买来的，需要的是勇气与真心的付出。

所以，友情的建立需要真心的付出，并且还要掌握正确合适的方法，只有这样才能获得一份珍贵的友谊。

这本图画书鼓励孩子，也教会孩子如何去获得一份友谊，帮助孩子了解友谊的真谛，通过勇敢地表达自己去获得友谊。

三、教学小提醒

1. 大猩猩开始用钱来交换友情，最后变成了免费出租，这之间的变化是故事的重点之一，需要让孩子着重体会为什么会有这样的变化，帮助孩子理解友谊的真谛。

2. 画面上出现了很多其他小动物在身后望着大猩猩却不敢上前的场景。这是一个细节，需要让孩子进行分析感悟，提出自己的看法，要进行适当启示，让孩子勇于迈出获得友谊的第一步。

3. 小女孩只有一元钱，但大猩猩也很高兴地答应了，并与小女孩玩得很开心，忘记了时间。这里面有着大猩猩对于友谊的渴望，注意让孩子体会其中包含的情感，帮助孩子理解友情是不需要金钱作为交换的，需要用真挚的付出来获得。

4. 对于小女孩的离开，孩子可能有自己的看法，这份小女孩与大猩猩之间的友谊同样如此，可以听听孩子对于这份友谊的想法，从而揭示出友谊的真谛。

四、活动设计

1. 请给大家介绍一下你的好朋友，以及你们平常在一起玩的游戏或者发生的趣事。

2. 大猩猩为什么要出租自己的友情？是为了赚钱么？为什么最后又变成了“我有友情免费出租”？试着想一想，和同学讨论一下，并把自己的想法写下来。

3. 好朋友间收获的友谊是相互的，付出也是相互的。相信你一定有很深的感触，就请你想一句最能够表达你对好朋友的深厚友谊的一句话，并真诚地对他/她说出来。

4. 回到家后问问爸爸妈妈，他们小时候和现在都和自己的朋友玩什么游戏、做什么事情？并与他们分享、交流发生在你和你的朋友之间的故事。

【撰写者　梁硕霞】

关键词：主动承认错误
书　名：对不起
作　者：【英】诺伯特·兰达
绘　者：【英】蒂姆·沃恩斯
译　者：禹田
出版社：中央编译出版社

一、重述故事

小兔子和小熊是好朋友，他们吃住在一起，小兔子会做酥炸蘑菇，小熊会做蜂蜜蛋糕，晚上，他们睡在双层床上，小兔子睡在下边，小熊睡在上边。

小屋的上面有一座树屋，夏天，他们会住在凉爽的树屋里，小兔子喜欢给小熊讲故事，他们为能够互相成为好朋友而开心。

一个夏天的早上，小兔子发现了一个在阳光下闪闪发光的东西，他们好奇地向那个东西跑去。从那个东西里，小熊看到了自己的照片，上面有一对毛茸茸的耳朵，小兔子凑上去说是自己的照片，因为上面有一对漂亮的长耳朵。

然后，两个人为这件事争吵了起来，拉拉扯扯，最后亮闪闪的怪东西被撕成了两半，他们各拿着一半气冲冲地走了。回到自己屋里，他们一边欣赏着自己的耳朵，一边互相埋怨着对方。可是到了晚上，他们谁也睡不着，都很孤独、悲伤，互相想念着对方，小兔子和小熊也都不再生气了，相反，他们为白天的事后悔。最后，两个人都拿着亮闪闪的东西去找对方，向对方道歉，说对不起。终于，小兔子和小熊又和好了，他们依偎在一起，当小兔子和小熊看向那个亮闪闪的怪东西的时候，他们看到了两个人的合影。

二、生命教育解读

人与人之间会互相交往，就像故事中的小兔子与小熊似的，成为好朋友，总会互帮互助，即使出现了矛盾也会互相道歉。所以，人人都应该以一颗友好、善良之心来对待对方，让和谐成为人与人之间的主旋律。

晶莹的露水能够与小草友好相处，所以每天早上它会亲吻小草的额头；蝴蝶能够与小花友好相处，所以它会站立在小花的身上，与它对话；土壤能够与大树友好相处，所以它会不断滋养大树，为它提供生存的营养；人与动物、植物能够友好相处，所以会有我们美丽的家园；小兔子与小熊能够友好相处，虽然吵架了，但他们内心想的还是对方，所以，在那个亮闪闪的怪东西上面才会出现两人的合影。

友好相处是交往中最崇高的境界，也是最真诚、最朴实的状态，它不需要任何外界事物的帮助，只需要保持那颗真诚的心。就像小兔子与小熊似的，虽然他们因为亮闪闪的怪东西吵架了，互相埋怨对方，但是在他们的内心深处，小兔子与小熊还是互相想念着对方，还是想要与对方友好相处的，在抛开一切顾虑之后，他们开始为白天的事情后悔，终于，他们同时走出家门，互相说出了"对不起"三个字，小兔子与小熊和好如初了。

有的时候我们会因为一点小事与朋友争吵，但不能因为争吵而抛弃友好相处的交往原则，友好相处，是我们永远的交友之道。

三、教学小提醒

1. 画面上有许多细节，例如小兔子与小熊在吵架之前，他们的关系很好，会一起睡在双层床上，小兔子喜欢给小熊讲故事等。吵架时，小兔子与小熊的面部表情很生气，如紧急的眉头和肢体的动作。可以引导孩子关注这些细节，以便更好地体会小兔子与小熊的情感变化。

2. 当小兔子与小熊一起看亮闪闪的东西时，他们看到了两个人的合影，这里，两个人的合影所表达的不仅仅是两个人和好了，更重要的是透过这个亮闪闪的东西，可以看到两个人彼此关爱、思念对方的心。可以让孩子深刻体会"两个人的合影"，感悟小熊与小兔子的友情。

3. 本书故事情节简单，主要是将小兔子与小熊的行为对比着讲述的，如小兔子会做酥炸蘑菇，小熊会做蜂蜜蛋糕；小兔子生气地回到自己的屋里，想着不再搭理小熊，小熊也气冲冲地回到自己的屋里，不想再有这样的朋友；当小熊悄悄地要给小兔子道歉的时候，小兔子已经在门口等着小熊了……本书所讲述的故事情节都是这样来叙述的，可以采用对比的方法进行教学，让孩子分别体会小兔子与小熊的心理情感。

四、活动设计

1. 完成表格填写。

<table>
<tr><th colspan="2">《对不起》故事发展</th></tr>
<tr><td colspan="2">小兔子和小熊争吵之前</td></tr>
<tr><td>小兔子的行为和态度
____
________</td><td>小熊的行为和态度
____
________</td></tr>
<tr><td colspan="2">吵架的原因
____
____
____
小兔子和小熊争吵之后</td></tr>
<tr><td>小兔子的行为和态度
____
________</td><td>小熊的行为和态度
____
________</td></tr>
<tr><td colspan="2">结果
________</td></tr>
<tr><td colspan="2">小兔子和小熊和好的原因是：
你得到的启示是：好朋友之间应该________相处。</td></tr>
</table>

2. 如果你是小兔子或者是小熊，在与朋友争吵后，你会怎么做？为什么？

3. 生活中，你与你的朋友有没有遇到过像小兔子与小熊之间发生的这样的事？你是怎么与你的好朋友处理的？

4. 小兔子与小熊和好了，他们又愉快地生活在一起了。动动脑筋，展开想象，在接下来的日子里，他们又会遇到什么事呢？想象一个他们共同遇到的事情，将故事续编下去。

【撰写者　王蕾　张婧雅】

尊重他人

关键词：学会宽容他人
书　名：小羊和蝴蝶
作　者：【美】艾诺·桑卡德
绘　者：【美】艾瑞·卡尔
出版社：明天出版社

一、重述故事

小羊问蝴蝶："你的妈妈在哪里？"蝴蝶说："不知道，妈妈和我往相反方向飞。"

蝴蝶飞到一朵蒲公英上，小羊跟过去问蝴蝶家在哪里。蝴蝶说："世界就是我的家。"

蝴蝶又飞到一朵南国蓟上，小羊跟过去问蝴蝶晚上睡哪里。蝴蝶说："飞到哪里睡哪里。"

蝴蝶继续往前飞，飞到一朵罂粟花上，小羊跟过去问蝴蝶为什么拍着翅膀啪嗒啪嗒地飞。蝴蝶反问小羊："为什么我不啪嗒啪嗒地飞？"小羊告诉蝴蝶："我们就不这样，我们走直线，一只跟着一只。"蝴蝶说："我不跟着别人走，我想往哪里飞就往哪里飞，我要飞出这片草原。"

蝴蝶又飞到一朵向日葵上，小羊想让蝴蝶留下来陪他。小羊说："我的妈妈可以照顾你。"蝴蝶说："我不用别人照顾。"说完就飞向了天空。

突然下雨了，小羊发现蝴蝶不见了。小羊妈妈叫小羊回到她身边。小羊妈妈也觉得蝴蝶很可怜。小羊妈妈发现蝴蝶在小羊背上，正在晾干自己的翅膀，太阳出来了，蝴蝶恢复了体力，并准备向南方飞去，蝴蝶对小羊说："我留在这里会被冻死。"

小羊这一次不再挽留蝴蝶，默默地回到了妈妈身边。

二、生命教育解读

不同的生命有着各自不同的特点、不同的生活方式、不同的思维方式、不同的世界观以及价值观。这些个体上的差异是我们无法避免的，因为这是长时间环境的熏陶以及其他原因所造成的。因此，我们无法要求每个生物都一样，所以我们就要学会去包容、尊重世界上不同的生命，接受别人与自己的不同之处。

我们不要去强求他人和自己一样，不强求别人必须和自己同步，要给彼此空间，让每个人都能得到尊重，都能自在地做自己，拥有自己独特的一面。

学会接纳与包容是我们的必修课，也是我们在生活中与他人的一种相处之道。对于世界而言，也正是这种差异性使得世界多姿多彩，充满了独特的个性。

对于尊重他人，其实包括很多方面。尊重他人的习惯、尊重他人的人格、尊重他人的生活方式、尊重他人的思想观念等。

尊重他人是一种高尚的美德，是个人内在修养的外在表现，是人的自我内涵的表现。尊重他人的同时就是在尊重自己。世界上的每个人也都希望得到他人的尊重。就像小羊与蝴蝶，他们各自都有不同的生活方式和习惯，蝴蝶不可能像小羊一样总是待在妈妈的庇护下，也不可能跟着小羊一起过冬，而小羊也不可能像蝴蝶一样到处飞舞，一直居无定所。所以通过这本图画书，我们要向小羊学习，尊重他人，尊重个别差异。

三、教学小提醒

1. 引导孩子在阅读时，通过比较分析，发现小羊与蝴蝶不同的生活方式以及不同的个性。

2. 小羊希望蝴蝶留下来陪他，但蝴蝶却一直不同意，蝴蝶对小羊说“请别怪我不领情”，重点体会蝴蝶这句话的意思，帮助孩子理解蝴蝶不留下来的原因，引导孩子发现个体的差异。

3. 小羊最后明白了蝴蝶与自己的生活方式与习惯是不一样的，因此不再强求蝴蝶留下。重点让孩子体会小羊的思想转变以及小羊所明白的道理，让孩子明白尊重他人、尊重个体差异的重要性。

四、活动设计

1. 通过阅读这本图画书，请你总结一下小羊和蝴蝶的对话，小羊都问了蝴蝶哪些问题？小羊又是怎样回答的呢？

小羊的问题	蝴蝶的回答

2. 故事最后，小羊不要求蝴蝶留下来了，因为小羊明白了一个道理。相信你也明白了这个道理，请同学们相互讨论，说一说你从中体会出了什么？

3. 通过阅读这篇故事，相信你一定收获了许多。试着写出你的感受，之后再与你的伙伴们分享交流一下，看看有没有什么新的发现。

4. 这本图画书很有意义，请你回到家把它介绍给爸爸妈妈，并和他们分享你今天所领悟到的道理，再认真听一听爸爸妈妈们的想法，相信你还能收获更多。

【撰写者　王蕾　梁硕霞】

关键词：尊重对方很重要
书　名：南瓜汤
作　者：【英】海伦·库柏
绘　者：【英】海伦·库柏
译　者：柯倩华
出版社：明天出版社

一、重述故事

树林里有一间古老的小白屋，里边住着三个好朋友：猫、松鼠和鸭子。屋子里平静和谐，他们负责各自的工作，开心地生活在一起。奏乐的时候，猫吹风笛，松鼠弹琴，鸭子唱歌；做饭的时候，猫切南瓜，松鼠搅拌汤，鸭子放盐；睡觉的时候，猫缝被子，松鼠绣花边，被子里装满了鸭子柔软的羽毛。但是，天下间就没有永远的完满，不开心的事情就这样发生了。

一天早上，鸭子开始不甘心于煮汤时只放盐的工作，他拿来了松鼠的汤勺，想要搅汤做大厨！松鼠当然不愿意了，使出全部的力气拼命地抢回他的汤勺，猫也来帮忙，凶巴巴地要求按照原来的分工合作。于是，平静和谐的小白屋充满了激烈的争吵和喧闹。最后，鸭子觉得委屈极了，哭哭啼啼地把行李装进推车，戴上帽子，摇摇摆摆地离家出走了。

最初，猫和松鼠都没在意，他们甚至嘲笑鸭子，而且都坚信鸭子消气后自己会回来。可是，他们等过了早餐、午餐、晚餐，等了很久很久，鸭子还是没有回来，他们开始焦急地哭了起来。于是，他们决定外出寻找鸭子，甚至连悬崖下面也找遍了，可是森林里黑漆漆一片，四处不见鸭子的踪影。他们变得焦急起来，担心鸭子遇到危险，甚至设想了很多可怕的场景和猜测，心里可能还有一种被抛弃的酸涩。

猫和松鼠失望极了，拖着沉重的步伐走回家，开始后悔当初对鸭子所做的一切，害怕失去鸭子这个最好的朋友。就在这时，他们看到小木屋亮着灯，他们激动极了，尖叫着跑回了小木屋。

他们三个又在一起做汤了。鸭子搅汤的时候，猫和松鼠一句话也没说。哪怕他搅得满地都是，哪怕锅子已经烧了起来也不责怪。结果，这一锅汤，还是世界上最好喝的汤。

二、生命教育解读

近年来，要求重视和加强对儿童进行生命教育的呼声越来越高。生命教育的内涵极为丰富，它包含对儿童进行自爱、关爱他人和其他生命的教育，其中让儿童学会尊重他人、理解他人、关爱他人是生命教育的重要内容。

《南瓜汤》中的三位朋友——猫、松鼠和鸭子，住在一起。玩耍的时候、做南瓜汤的时候、睡觉的时候，他们都有自己的分工，生活非常和谐美满。但是，矛盾总会产生的，鸭子不再甘心于只在煮汤时放放盐，他要像松鼠那样搅汤！松鼠不干了，他要夺回自己的汤勺，猫也前来帮忙，小屋里打成一团。最后，鸭子赌气出走了。这是孩子之间很典型的冲突，在他们的成长过程中常常会发生，起因是小孩子想尝试与了解身边的新鲜事物。当然，这也是成长的动力，能推动他们快快学习新的本领。

猫和松鼠从开始时的生气、不以为然和嘲笑，演变成后来的着急、担心和外出寻找，直到鸭子回来后，他们的欣喜和对他毫无原则的忍让，这一长段心理过程，都体现了他们发自内心对友谊的重视与珍惜，同时，这也是故事的高潮部分。

对孩子来说，协调和美满只是暂时的，冲突永不可避免。但是，冲突并不可怕，只要朋友之间有着深深的爱与友谊，只要当遇到不愉快的时候，我们懂得尊重与理解他人，一切问题都可以解决。

整本书没有一句说教，但它所暗含的与人相处的道理和感人力量，会长久留在孩子们的心中，悄无声息地影响他们今后的人生。

三、教学小提醒

1. “勺子”是故事中一个重要的实物线索，它与矛盾的产生与解决有着密切的关系。应注意有关勺子的图画细节，例如“鸭子偷偷拿勺子”的细节，可以放大鸭子拿勺子时的动作，让孩子观看鸭子拿勺子的情景并模仿，从而获得充分的体验，理解鸭子的心情。

2. 注意故事的最后部分，三个好朋友一起做南瓜汤时，鸭子用勺子搅汤，猫和松鼠的动作和表情：猫的手中紧握灭火器，松鼠用手盖着眼睛，但是他们一句话也没说。这里表达了猫和松鼠尊重、包容鸭子的行为表现。

四、活动设计

1. 在生活中，有的人像鸭子，有些特殊的想法和举动，打破了原有的规律，朋友不认同他们；有些人又像猫和松鼠，因为别的小伙伴突发奇想，扰乱了他们正常的生活而生气。你在和小伙伴们相处时，你的行为一般是像鸭子还是像猫和松鼠呢？请举例说一说。

2. 当鸭子因为对猫和松鼠不满而离家出走时，猫和老鼠的心理活动经历了哪些变化？

3. 你认为故事中的三个主人公以后还会发生矛盾吗？他们会怎么解决？

4. 在我们的生活中，与朋友相处之时，也常常发生不愉快的事情。读完这个故事后，在以后面对朋友之间的冲突时，你会采取什么样的行动呢？

5. 为什么故事的最后说“这一锅汤，还是你喝过世界上最好喝的汤”？

6. 你以前或现在有没有和你的朋友闹过矛盾？请你学习故事中的猫和松鼠对鸭子的理解、尊重和宽容的好品质，为你的朋友写一封信吧。

【撰写者　王蕾　陈蕊】

关键词：尊重别人的看法
书　名：谁是第一名
作　者：萧湄羲
绘　者：萧湄羲
出版社：明天出版社

一、重述故事

一个叫大饼的小朋友很会画画，他参加了很多比赛，得了很多奖状，他跟别的小朋友说自己是世界上最会画画的小孩，大家都没意见。可是大饼总是改其他小朋友的画，他认为别人的画应该跟自己的一模一样，大家很不喜欢大饼这样的做法，但是又不敢说。

一次，大饼被邀请当一个画画比赛的评审，他想着第一名画的画肯定也跟自己的一样，大饼喜欢太阳，他认为所有的参赛者都应该画太阳。

小狗画的太阳是黑色的，大饼很不解，原来小狗是红绿色盲，不知道红色与绿色，大饼吓了一跳，因为他从来不知道还有这种事。蜻蜓的画是一点一点的，大饼觉得很奇怪，他不知道蜻蜓有28 000个眼睛，看到的东西是一点一点的。蜜蜂的画是一个个小方块，因为它有5 000个眼睛，大饼也不知道这个。鱼画的公园、蚂蚁画的家、毛毛虫画的花跟大饼心里想的都不一样。

大饼明白了，虽然大家画的不是自己最喜欢的太阳，但每个人都画出了自己认为最美的图画。所以，他给每位参赛者评的都是第一名，大家都很开心。大饼还是很喜欢画太阳，但是，他再也不改其他小朋友的画了，因为每个人看到的世界都是不一样的。

二、生命教育解读

尊重，一个简单的词语，一种重要的行为方式，一个基本的交往原则，尊重别人，别人才会尊重自己，尊重是维系人与人之间良好关系的纽带，人与人的交往要建立在尊重的基础之上。文中的大饼没有尊重其他小朋友，他总是按照自己的想法来修改其他小朋友的画，使得大家对大饼有意见但又不敢说。虽然表面上大饼与大家相处得很和睦，实际上因为大饼对其他小朋友的这种不尊重的行为，大家对大饼很有意见。

一千个人眼中有一千个哈姆雷特，每个人看问题的角度不同，看世界的眼光也不同，人们的性格千差万别，所以做事的风格更不同。而在生活中，人们经常会站在自己的角度来看问题、想问题，常常会忽略他人的想法与感受，就像大饼似的，总是喜欢改其他小朋友的画，总以自己画画的标准来要求他人，喜欢看到别人画的画与自己心里想的一样。当大饼当评审的时候，他才意识到自己的这种想法并没有尊重参赛者，也没有认识到个体差异，所以，在大饼幡然醒悟之后，他给每一位参赛者都评了第一名。

尊重对于孩子来说只是口头语，他们习惯生活在自己的世界里，习惯用自己的眼光来看待周围的事物，教师要让孩子学会尊重他人、理解他人、尊重个体差异、敞开心扉接纳他人，就像大饼，学会接受他人的思想，接受别人不一样的绘画方式。

三、教学小提醒

1. 图画中当大饼将其他小朋友的画改了以后，有两个小朋友流下了眼泪，这是一个很重要的细节，要为孩子指出来。虽然故事中的小朋友对于大饼的做法敢怒不敢言，但透过这两滴眼泪可以感受到小朋友们很伤心、很委屈。

2. 大饼当评审的时候，脸是正常的红色，当大饼看到小狗画的太阳是黑色的时候，大饼的脸都变成黑色的了，因为他特别吃惊，也很不理解，认为小狗画的肯定是错误的。在这里要引导孩子注意观察大饼脸色的变化，讨论大饼心情变化的原因。

3. 小狗、蜻蜓、蜜蜂、鱼、蚂蚁、毛毛虫画的画都是它们自己所看到的景象，因为自身的原因，所以大家看到的世界都不一样，如因为蜻蜓有 28 000 个眼睛，所以它画出的画是一点一点的。可以再补充一些关于蜻蜓的知识，蜻蜓是世界上眼睛最多的昆虫，它的视觉很灵敏等，从而开拓孩子的视野。

四、活动设计

1. 完成下表的填写。

参赛者的作品			
参赛者	作品名称	作品特点	大饼的不解
小狗			
蜻蜓			
蜜蜂			
鱼			
蚂蚁			
毛毛虫			
大饼得到的启示是：			
你得到的道理是：			

2. 大饼最后的评审结果是什么？以后的生活中，大饼的行为与之前有什么不同？他的行为为什么会有这样的改变？

3. 如果你是大饼，看到参赛者画的画与自己心中想的不一样时，你是什么感受？

4. 生活中，你做没做过用自己的想法来要求他人的事情？说一说，学完了这个故事，今后你会怎么做呢？

5. 大饼改变了，那他以后会与小朋友们怎么相处呢？如果有其他的小朋友与大饼一样，也喜欢改其他小朋友的画，大饼会怎么做呢？充分发挥你的想象力，试着续编一个小故事。

【撰写者　张婧雅】

关键词：尊重是交友之先
书　名：不是那样，是这样的！
作　者：【瑞】卡琳·谢尔勒
绘　者：【瑞】卡琳·谢尔勒
译　者：陈绮
出版社：二十一世纪出版社

一、重述故事

森林里发生了一段小风波：建了一半的高楼突然倒了，獾的腿被咬了一口，熊也跑了过来……七嘴八舌的争吵让原本充满乐趣的游戏中断了。獾、狐狸、熊、松鼠都激动地讲述着事情的经过，可他们说的都不一样。于是，一番关于"不是那样，是这样的"争吵开始了，大家都在喋喋不休的吵闹声中吐出自己的不快。

獾委屈地说当他正和熊搭高楼时，狐狸突然过来踢倒高楼，他心疼地大叫"啊"，狐狸便咬了他，此时熊过来帮他，就是这样。

狐狸奋力辩驳道，当时獾和熊正在搭高楼，可是搭歪了，他想过去教他们，不料高楼突然倒了，獾还冲狐狸吼，熊也跑过来打狐狸。

熊抖擞了精神，淡定地说，当他和獾在搭高楼时，狐狸不请自来，过来一起搭，还用尾巴掀倒了高楼。于是惹怒了獾，獾就大叫，狐狸便咬了獾的腿，他才去帮助獾的。

这时，站在树上的松鼠，洪亮地喊了声"停"，和气地说道，狐狸想帮忙搭高楼，可是找石头时，尾巴不小心碰倒了高楼，獾就大喊起来，狐狸便咬住獾，熊接着就过去打狐狸。獾、熊、狐狸依旧吵个不停，松鼠默默地搬石头拦水，獾、狐狸、熊看见了，很乐意参加，一起欢快玩耍。最后，他们才懂得朋友间需要互相尊重、互相理解，一起玩才更有意思。

二、生命教育解读

同伴玩耍时若发生争吵，出于本能，各自都会争强好胜，为自己辩护说理，保护自己。这是生命个体情绪的真实表现，正如故事中，獾、熊正在开心搭建高楼，狐狸见了，也想参与其中，不料，无心碰倒了高楼。于是，激怒了獾，他可惜自己搭得这么辛苦，狐狸一来就搞破坏，在这样的情绪下，獾就大叫起来，狐狸则不甘示弱地动手，咬伤了獾，熊作为獾的好友，出于仗义，也加入其中。接着，争吵越来越激烈，场面越来越混乱。

好朋友之间，相互理解并懂得尊重彼此，才能更好地维系同伴关系。尤其在朋友之间发生误会时，理解与包容显得更为重要。因为多一份理解，彼此之间才能以更为平和的心态进行沟通，才能以最温和的方式来面对问题、解决问题；同样，多一份包容，朋友之间的感情才会越来越牢固。故事中，獾与同伴争吵、喋喋不休、互不相让，都是由于他们不懂得尊重是交友之先，不能理解对方，也不会尊重彼此，才会以争吵打闹的方式让矛盾更加尖锐。书中巧妙地安排了和气、通情达理、善解人意的松鼠来调和这场争吵。松鼠的劝诫话语，客观又清楚地陈述了獾与同伴争吵的基本过程，还以身教——“搬石头拦水”的方式去引导大家明白：理解尊重朋友，一起玩才会更自在更快乐，这种柔软又不失深刻的力量引领着他们成长。

故事提醒孩子们，与同伴相处时，应该学会为对方着想，尊重对方的意愿，有问题要及时沟通，这样，朋友之间才能建立信任，才会更快乐。

三、教学小提醒

1. “不是那样，是这样的！”是书名也在故事中反复出现，“那样”指的是什么，“这样”又代表什么。需要孩子能较为清楚、完整地梳理出来，为更深刻地理解图画书做好准备。

2. 獾、熊、狐狸三者为自己辩护时，都说了“不是那样，是这样的！”这句话贯穿了他们争吵的整个过程，也突出表现了他们内心所想及对于朋友的态度。需要让孩子结合图画观察他们当时的神情，体会他们内心的想法。

3. 松鼠的发言相当关键，他以“和事佬”的身份去平息喋喋不休的争吵，只有充分理解并体会松鼠的话语，才能发现朋友间应当懂得相互尊重、相互理解的深刻主题。

四、活动设计

1. 从以下词语中进行选择，连成几句话来复述故事内容。

搭高楼　踢倒　咬住　帮忙　不小心　狐狸　獾　熊　松鼠　搭歪了　这样　那样

我选择________________________________

2. 你喜欢故事中松鼠的做法吗？为什么？

3. 读完故事，想一想：如果你亲眼目睹了这场争吵，你会对獾、狐狸和熊说什么、做什么？

4. 你跟你的好朋友争吵过吗？请简单说说你们争吵的经历。

【撰写者　王蕾　黄敏玲】

关键词：保守别人的秘密
书　名：嘘！这是秘密
作　者：方素珍
绘　者：施佩吟
出版社：浙江少年儿童出版社

一、重述故事

森林里住着一只小乌鸦，他每天早早起床寻找食物。

一天，小乌鸦在一棵大树的树洞里发现了很多苹果，他高兴极了，躺在装满苹果的树洞里盘算："这可是一个天大的秘密，千万不能告诉别人。"出了树洞，小乌鸦看见了经常陪他聊天的小松鼠，因为两个小动物是朋友，所以，小乌鸦就把秘密告诉了小松鼠。并且嘱咐他："这是秘密，千万不能告诉别人。"小松鼠点点头，保证不开口。一会儿，猫头鹰来找小松鼠，他们是好邻居，于是小松鼠把这个秘密告诉了猫头鹰，并且对他说："这是秘密，千万不能告诉别人。"猫头鹰拍拍胸脯，保证不开口。回家的路上，猫头鹰看到了一只营养不良的小兔子，为了救他，猫头鹰告诉了小兔子这个秘密，并且提醒他："这是秘密，千万不能告诉别人。"小兔子点点头，嘴里念着："这是秘密，不能告诉别人。这是秘密，不能告诉别人……"老虎听到了小兔子的自言自语，他质问小兔子："什么秘密？快说！"小兔子吓坏了，把秘密告诉了老虎。

知道秘密的小动物都去树洞找苹果，却发现苹果不见了。他们互相质问、互相责备，甚至大打出手，只有狐狸躲在树后哈哈大笑。原来，在大家传秘密的时候，苹果早被狐狸拿走了。

二、生命教育解读

这是一本关于尊重他人、保守他人秘密的图画书。秘密是不能对外公布的事物或资料，一旦说出口，秘密便不能称之为秘密。保守他人秘密是一种美德，体现了一个人的诚信以及对他人的尊重。

故事中，小松鼠、猫头鹰、小兔子都曾保证不把秘密告诉其他人，由于各种各样的原因，他们都没有信守自己的承诺。因为秘密的扩散，苹果被狐狸拿走了，更为严重的后果是，小动物们之间开始互相质问和责备，原本的好朋友、好邻居因此失去了信任和尊重。因此，面对别人托付给自己的秘密，最佳的处理方式是守口如瓶。

故事设计了一系列两难的选择题，对小松鼠来说，是保守秘密与分享苹果的选择；对猫头鹰来说，是保守秘密与救助他人的选择；对小兔子来说，是保守秘密与保护自己的选择。如果不善于保守他人的秘密，那么就学会在听到秘密之前拒绝。承认自己不能够保守秘密，选择离开现场，至少分享秘密者会感激你的坦诚。如果已经成为一个秘密的知情者，在把它告诉别人之前，想象一下泄露秘密的后果——失去朋友的信任，友情中断，这样你会作出更为明智的选择。

三、教学小提醒

1. 在与孩子共同阅读图画书时，应引导孩子明白，保守他人秘密是对他人的尊重，也将赢得他人的信任。

2. 故事设计了一系列两难的选择，可组织孩子一起讨论：在保守秘密与分享、保守秘密与救助他人、保守秘密与保护自己之间，应该作何选择？

3. 可进一步引导孩子思考：我们应该如何对待自己的秘密？

四、活动设计

1. 请你任选《嘘！这是秘密》中的一个小动物，对他说几句话。

2. 当你心里有秘密时，你会选择怎样做？你有什么好的方法推荐给大家吗？

3. 一天清晨，小乌鸦在一个树洞里发现了很多香蕉，这一次，小乌鸦会怎样做？请你发挥想象，写一个小故事。

4. 有了秘密，到底该不该与朋友分享呢？分享了，秘密很可能被他人知道；不分享，在心里藏着又难受。请你和几个小伙伴一起就这个话题举行一场小型的辩论会。

正方：应该分享。 理由： __________ __________ __________ __________	反方：不应该分享。 理由： __________ __________ __________ __________

【撰写者　王梦】

奉献与分享

关键词：分享的快乐
书 名：左左和右右
作 者：施欢华
绘 者：施欢华
出版社：浙江人民美术出版社

一、重述故事

一对孪生小姐妹——左左和右右，她们性格不同、生活习惯不同，但有着完全一模一样的喜好，爱吃甜甜圈，喜欢吃长面条，爱看动画片《九色鹿》，喜欢幼儿园的小月老师……

刚开始，她们经常争吵，一直为好吃的、好玩的，甚至于多得到妈妈的爱和关注而吵闹。左左生性文静，是个慢性子，做什么事情都慢吞吞的，还喜欢睡懒觉；右右机灵活泼，爱美，还喜欢看图画书，却是个急性子，总是哇啦哇啦地喊，常常惹得左左呜呜哭鼻子。她们的争吵让妈妈感到无奈又伤心。

直到有一天，右右生病了，不再和左左争夺玩具、书本，可左左却感觉缺失了什么。于是，她不再慢吞吞，也不哭鼻子了，还给右右带回了甜甜圈，她们一起看图画书，“哧溜哧溜”地吸长面条，别提多高兴了！她们的妈妈也特别欣慰，因为姐妹俩学会了分享，也得到了更多的快乐。

二、生命教育解读

每个人的成长过程中，都需要学会如何为人处事、待人接物。人与人相处，尤其要学会奉献与分享，彼此之间都要真心付出。对方忧愁时，懂得分担；自己愉悦时，也能学会分享。

左左和右右，为了争得美味的甜甜圈、有趣的图画书等她们认为世界上美好的事物，而尽情地哭闹争吵。哭哭闹闹，本就是她们鲜活生命的特性。童真烂漫，截然不同的脾性，才更使得她们自由表达真实情感、充分宣泄内心深处的情绪。左左和右右从刚开始任性又让人束手无策的争吵，再到学会分享并能体会共享的喜悦。争吵在整个生命过程中极其珍贵，试想倘若没有那些出自于好胜的吵闹，她们最后不会体会到，分享原来能得到更多的快乐，也就不会懂得珍惜共享的时光和美好的事物。

左左和右右的成长过程中，姐妹俩争吵打闹时常有，然而，就母亲来看，不讲道理、随心所欲似乎是幼稚孩童与生俱来的专利，谁也不能专制武断地干预她们去哭、去闹、去争、去抢。所以，母亲既无丝毫偏袒之心也不带半点厌烦和倦怠，而是温柔地接受、包容她们的无理取闹和任性，以细细的声音、宽广的胸怀、温馨的爱抚去影响她们、教育她们。这样一种温暖的教育方式——生命影响生命，生命陶冶生命，或许是作为母亲最伟大的奉献和分享：以生命为本，遵循生命之道，开发生命潜能，以生命影响生命，促进个体生命的健康成长。

三、教学小提醒

1. 在姐妹俩还未懂得分享之前，左左经常表现得不高兴，哭丧着脸。需要孩子体会此时左左不快乐的原因，让孩子知道不懂得分享会让心情不舒畅。

2. 故事中出现了不少表示声音的词语，如“哇啦哇啦喊”、“呜呜哭”、“哧溜哧溜”等充满着生命活力的声音，可以提醒孩子用自己特有的童声将这些声音活灵活现地表达出来。

3. 右右生病后，左左从幼儿园回来，从口袋里掏出了留给右右的甜甜圈。这个细节就是姐妹俩学会分享的美好开端，尤其注意让孩子去体会右右看到甜甜圈时的心情。

4. 右右生病后，左左和右右各自的性格、习惯都发生了变化，慢慢地，姐妹俩才开始学会分享。从喋喋不休的吵闹到懂得互相理解、共同分担，是姐妹俩共同成长过程中的一大转变。需要孩子了解右右生病后姐妹俩一起所做的事情以及她们之间发生的变化，感受她们学会分享后的愉悦。

四、活动设计

1. 左左和右右，从一开始经常争吵，到后来慢慢学会互相照顾，一起快乐成长，姐妹俩生活习惯发生了变化，心情也发生了较大变化。你能发现她们的这些变化吗？请你用心体会她们的心情，并完成下面的“心情晴雨表”。

左左和右右的心情晴雨表				
	原来的她们		后来的她们	
	习惯	心情	习惯	心情
左左				
右右				
提醒：心情可以用词语概括，也可以画笑脸、哭脸等表情来表示。				

2. 读完故事后，想一想左左和右右从什么时候开始懂得分享的？是什么原因让她们不再争吵？

3. 在生活中，你是否也会分享？分享时，你有什么样的感受呢？

4. 你可以跟家人开始一次小小的分享行动，如邀请他们跟你一起品味图画，体会分享的愉悦或者你主动帮家人做家务，跟他们说说你今天发现的有趣的人和事。

【撰写者　黄敏玲】

关键词：分享自己的礼物
书　名：艾薇的礼物
作　者：【澳】芙蕾雅・布雷克伍德
绘　者：【澳】芙蕾雅・布雷克伍德
译　者：林昕
出版社：湖北少年儿童出版社

一、重述故事

艾薇是个十分可爱的小姑娘，她最喜欢做的事情就是将礼物送给别人。但是有时候，她送给别人的礼物仿佛不那么合适——她会送给蜗牛一只大大的鞋子，可是蜗牛要它有什么用呢？她送给家里的狗儿一副老花镜，哦，狗儿才不需要它呢。她把看起来好吃的东西端给母鸡，谁知道，这对母鸡来说太奇怪了，简直难以下咽。她还常常抱起小花猫，将自己弟弟的奶瓶送给它，看看小花猫厌倦的眼神就知道了，它根本不喜欢奶瓶。甚至有时候，她会把自己的裙子送给奶牛，把它套在奶牛头上的样子真是滑稽极了。艾薇送出礼物后，总会搞得家里一团混乱，爸爸找不到鞋子，奶奶找不到老花镜，弟弟没有奶瓶……

然而有时候，艾薇的礼物也可以送得很棒呦！她会把奶瓶送给弟弟，弟弟才真的需要它呢。她将好吃的端来给妈妈，妈妈别提多开心了。奶奶有了老花镜，就什么都能看清楚了。至于那只大大的鞋子嘛，送给爸爸才是最合适的。有时候她也会把漂亮的裙子送给自己。艾薇最喜欢做的事情，就是给别人送礼物了，当她也收到大家的礼物的时候，她又会毫无保留地将自己最好的礼物送给别人。

二、生命教育解读

生命的内涵是多层次的，生命有价值、有智慧、有追求，因此个体生命在共同空间里存在有着普遍的意义，生命的一部分意义在于奉献和分享，在生命间的相互交错和联结中，奉献和分享就像生活的蜜，在别人获得甜美幸福的同时，自己也将拥有一份快乐。艾薇收到礼物，同时也会将最好的礼物送给别人，分享是共同体验的幸福。

孩子的世界是单纯的，当有了正确的引导后，他们会毫不吝啬地将自己最好的东西给别人，或许生活中，有时候孩子们送给别人的礼物会不那么合适，就像艾薇一样，把奶奶需要的老花镜送给了狗儿，抑或将爸爸的大鞋子送给了蜗牛。可是那又怎样，看到这般场景，我们应该感到的是欣慰，因为那毕竟是孩子用心挑选的礼物，况且当他们一点点成长起来，逐渐认知事物之后，也会学着艾薇将奶瓶送给尚未断奶的弟弟，把好吃的送给妈妈，送出最合适、最棒的礼物。

三、教学小提醒

1. 图画书的前半部分，每当艾薇送出下一个礼物的时候，旁边都会有个人表情迷茫。当孩子发现这一点时，要引导他们认识到艾薇送出的礼物似乎不那么合适，进而思考这份礼物应该送给谁。

2. 故事中的艾薇无论是衣着还是发型后来都发生了变化，实际上，这是两个不同年龄段的艾薇，预示着付出与给予让艾薇逐渐成长起来。

3. 无论艾薇送的礼物合不合适，她从心底喜欢送给别人礼物，通过这一点要让孩子体会到，与人分享是一件快乐的事情。

四、活动设计

1. 画一画艾薇的礼物都有什么，她分别把礼物送给了谁，用线把它们连起来。

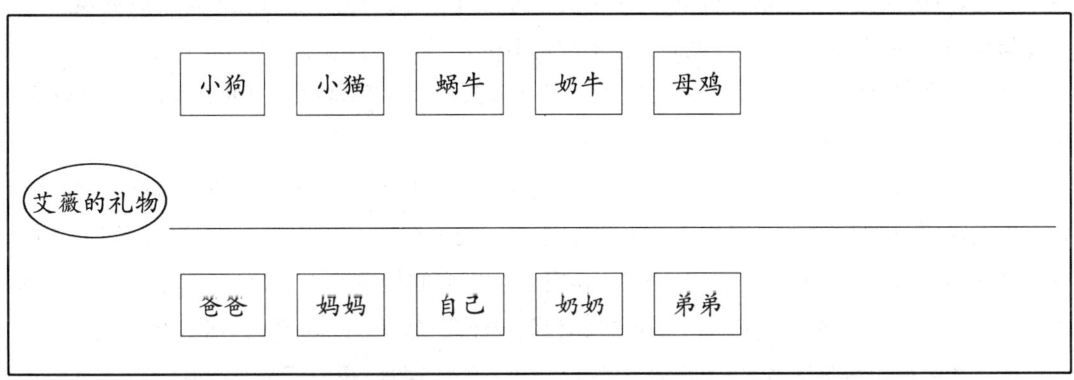

2. 故事中说有时候艾薇选择的礼物不那么合适，有时候却很棒，说说这是为什么？

3. 艾薇最喜欢做的事，就是送别人礼物，猜想一下，艾薇为什么喜欢送别人礼物呢？（提示：她给别人送礼物时的心情是怎样的？）

4. 如果你也有很多礼物，并且愿意与人分享，你会把什么样的礼物送给谁？说说你的理由。

5. 每个人发挥自己的想象力与创造力，做一份首先让自己觉得很喜欢的小礼物，然后全班同学互相交换，感受给予和获得的双重快乐，学会奉献与分享。

6. 在圣诞节或新年等特殊节日，建议家长和孩子共同在家中组织一个有意义的家庭聚会，家庭成员之间把最美好的礼物和祝福送给彼此。

【撰写者 吕月】

关键词：感悟爱人的快乐
书　名：石头汤
作　者：【美】琼·穆特
绘　者：【美】琼·穆特
译　者：阿甲
出版社：南海出版公司

一、重述故事

阿福、阿禄、阿寿三个和尚在山路上游走，寻找着使人幸福的方法。他们打算去往山脚下的一个村庄，可谁知这个村庄饱经饥荒、洪水和战争等苦难，村民们长年累月在困苦中煎熬，心肠日益变得坚硬，村民之间很少往来，他们更是不相信陌生人。

和尚们来到村庄后，村民们都躲在家中，紧闭门窗，甚至在和尚们敲门的时候，熄灭了灯火。和尚们为了让村民找回失落的幸福，决定在村庄里煮石头汤。

和尚们忙碌着架起装满水的小锅，燃起了火。此时，一位小姑娘出于对和尚们行为的好奇，前来帮助他们，她先是从院子里找来三块石头，然后又给他们换了一口大锅。和尚们煮石头汤的这一举动不仅招来了小姑娘一家人的围观，还吸引了更多的村民。为了让这一大锅的石头汤变得美味，村民们纷纷贡献了自己家中的调料、胡萝卜、洋葱、蘑菇、芋头、豆腐等丰富的食材。

此时的村民们慷慨好施，当美味的汤煮好后，还拿来了面食，端来了香茶。他们亲如一家人，一起欢宴，载歌载舞，还争先恐后地邀请和尚们到家里寄宿。送别和尚的时候，村民们领悟到，幸福就是与人分享的喜悦。

二、生命教育解读

在我们生存的这个世界上，孤立存在的个体生命黯淡且悲伤，而奉献与分享恰恰是连结不同生命个体的一条重要纽带，它可以扭转生命从黑暗走向光明，从悲伤走向喜悦。人与他人的交往常常建立在爱与被爱的基础之上，奉献爱、分享爱，当我们把奉献与分享当作是一种生活的信念，我们也就明白了生命的价值，明白了存在的意义。

山脚下的村民们因为饱经苦难与饥荒，变得吝啬而孤立，他们对这个世界充满了不信任，猜疑与恐惧更是让他们逐渐忘却了人与人之间要如何交往，村民们的冷漠将一颗颗原本跃动的心冷却成了一块块冰冷的石头，从而也使他们的生命变得灰暗而凄凉。然而，当和尚们用一锅暖暖又充满爱的“石头汤”打开村民心中枷锁的一刹那，村民们愿意奉献家中的所有，与大家一起分享，幸福与喜悦也正是在这个过程中冉冉升起的。

每一个人在生命成长的过程中，都需要光明的照耀与幸福的陶养，这样生命才会变得有滋有味。教师若想让孩子真正感受到幸福，就要帮助他们用奉献与分享搭建一座与人交往的友善桥梁，将美好的自己留在他人的心中，用最真的心对待彼此。和尚从村庄走出后，留给村民们的或许是对幸福真谛的感悟；教师从教室中出去后，留给儿童的应该是合作的力量以及生命间相互奉献与分享的喜悦。

三、教学小提醒

1. 当和尚们点火烧水的时候，出现了一个小女孩，这个小女孩是一个关键人物，她勇敢地迈出了与人分享的第一步，她的举动不只是出于好奇，更源于她本来就有一颗帮助别人的心。

2. 煮石头汤之前，村民们无论何时，表情都是凝重的，与之相对比的是，和尚们即使数次被拒之门外，脸上都洋溢着笑容。这个画面细节提示我们，幸福源于内心，要怀抱一颗友爱之心与人交往。

3. 当大家奉献自己的食材、趴在锅边共同熬制一锅汤时，脸上露出了久违的笑容，此时，村民们共同熬制的并非仅仅是一锅汤，更是人与人之间相互奉献与分享的喜悦。

四、活动设计

1. 读完图画书后，填一填故事图。完成后小组内讨论，相互解决问题，然后每个小组综合出一份故事图。

《石头汤》故事发展		
煮汤之前 和尚们的行为和心情 __________ __________ 村民们的行为和心情 __________ __________	石头汤 食材：________ __________ __________ __________	煮汤时和煮汤后 和尚们的行为和心情 __________ __________ 村民们的行为和心情 __________ __________
思考：村民们行为和心情产生变化的原因是什么？（对原因进行合理解释）		

续表

启示与疑问：

2. 读完这个故事后，你认为和尚们是怎样的人？村民们又是怎样的人？

3. 和尚们临走的时候说："幸福就像煮石头汤那么简单。"你觉得幸福简单吗？说说你是怎样理解"幸福"的？

4. "石头汤"不仅仅是美味的汤，更是人与人之间的信任、关怀与爱。想一想，当你给予或者获得别人爱与关怀时，你内心会是怎样的感受？

5. 和尚们走了之后，村民们在一起会怎样生活、怎样相处？如果村里再次来了陌生人，村民们会怎样对待他们？以小组为单位创作一份小剧本，一起演一演。

6. 生活忙碌的今天，人和人相处得越来越少，周末的时候，试着和自己的爸爸妈妈一同做些特色小吃，带着它们到邻居、朋友家串串门，与他人一起分享美食，享受快乐时光。

【撰写者　王蕾　吕月】

关键词：分享与合作的快乐之情
书　名：古利和古拉
作　者：【日】中川李枝
绘　者：【日】大村百合子
出版社：南海出版公司

一、重述故事

有一天，田鼠古利和古拉提着大篮子到树林里去，他们一边走一边唱。走着走着，忽然发现路中间有一个很大的蛋！于是他们决定用这个蛋做一个从早上吃到晚上也吃不完的大蛋糕。

可是，怎么才能把鸡蛋弄回去呢？鸡蛋太大，篮子装不下。抬着走的话，鸡蛋太光溜，会从手上滑下去，会撞到石头上碰碎。于是他们决定把锅拿来，就在这里烤。

古利和古拉急忙跑回家去准备东西。最大的平底锅、面粉黄油、牛奶、砂糖、大碗、打蛋器、两条围裙、火柴，还有旅行背包。锅太大，背包装不下，只能拖着走。东西准备齐全后，古利和古拉先系上围裙，古利挥起拳头向鸡蛋砸去，鸡蛋很硬，最后他们只能用石头把鸡蛋敲开了。

古利把鸡蛋打到大碗里，放上糖，用打蛋器搅拌，然后又加进了牛奶和面粉。古拉用石头搭起灶台，又捡来柴火，他们在锅里涂上黄油，把大碗里的面糊倒进去，盖上锅盖，把锅架到火上。之后他们一边唱歌，一边等着蛋糕烤好。很多小动物都来了，一起等着蛋糕。

古拉掀开锅盖，金黄色的蛋糕又松又软。大家都瞪圆了眼睛，高兴得不得了，一起分享了大蛋糕。最后剩下的，只有大锅和鸡蛋壳。古利和古拉用蛋壳做了一辆汽车。他们一边唱歌，一边开着蛋壳汽车回家了。

二、生命教育解读

这篇故事突出了分享的重要意义，古利和古拉两个人用发现的鸡蛋做了大蛋糕，与森林中的其他动物们分享了美味的蛋糕，大家在一起，非常开心。

分享是一种美德，一种博爱的心境，也是一种生活的追求。这种分享可以是精神上的，也可以是物质上的。我们可以与他人分享自己的零食，分享自己的书籍，分享自己的玩具，还能与他人分享自己的快乐和美丽的心情。我们在与他人分享自己认为美好事物的同时，不但会使他人感觉到温暖，自己也会感觉到快乐，还能收获宝贵的友谊。

除了分享，合作也是非常重要的。古利和古拉发现鸡蛋后，两个人合作，一起想办法，一起做蛋糕，这之间两个人遇到一些困难都相互帮助，共同想办法去克服，而且，两个人有很明确的分工，使得蛋糕的制作非常顺利，这就是合作的魅力。几个人分工明确，目标清晰，共同完成一件事情，并且相互之间交流帮助，最终完成任务，这种合作可以增强团队意识，提高做事的效率。

分享与合作是我们生活中必不可少的情感交流方式，也是我们需要去学习的美德，我们会在分享中收获快乐，在合作中发现不足，两者都非常重要。朋友之间更是如此，大家一起分享秘密，分享快乐甚至是悲伤。

有了分享与合作，我们在完成事情的时候就会感觉更加轻松、更加快乐，效率也会更高，所以，我们要学会如何与他人分享合作。

三、教学小提醒

1. 书中详细写了古利和古拉制作蛋糕的过程，古利和古拉的分工非常明确，制作的步骤也很清晰。在这之中，重点让孩子关注制作蛋糕时，两者是怎样合作分工的，突出合作的重要意义，同时提醒孩子在做事情的时候要有条理、步骤清晰。

2. 古利和古拉将做好的蛋糕分享给了很多小动物，大家一起开心地吃蛋糕。让孩子从此处感悟分享带来的快乐，以及学会如何去分享。

3. 书中古利挥起拳头向鸡蛋砸去，由于鸡蛋太硬古利疼得直流眼泪。但他们没有放弃，最后用石头把鸡蛋成功敲开了。此处重点让孩子体会坚持的精神，遇到困难不要轻易放弃，而要学会想办法解决问题。

四、活动设计

1. 如果你是小田鼠，突然发现路上有个鸡蛋，你的第一反应是什么？你会用鸡蛋做些什么呢？

2. 事前准备一些你喜欢的零食或者有趣的玩具，带来和你的好朋友一起分享。请记录下你分享的东西以及你得到的东西。

分享给他人的	从他人处收获的

3. 通过阅读这本图画书以及你之前的分享经验，试着说一说与他人分享后你的感受。

4. 回到家中与爸爸妈妈一起搜集一些有关奉献与分享的小故事，制作成故事卡片，回到学校与同学们分享你找到的小故事。

【撰写者　王蕾　梁硕霞】

关键词：讲述生命的价值
书　名：彩虹色的花
作　者：【日】麦克·格雷涅茨　原作：细野绫子
绘　者：【日】麦克·格雷涅茨
译　者：蒲蒲兰
出版社：二十一世纪出版社

一、重述故事

一轮红日要将积雪全都融化，把原野照得亮亮的，猛然间，她发现昨天还是一片积雪的原野上，竟然开着一朵花，这就是彩虹色的花。彩虹色的花在泥土里度过了漫长的冬季，再也等不及了，所以，早早地，她钻出了土壤，她想跟每个人分享自己的快乐。

要去奶奶家的蚂蚁从花儿的身边走过，由于雪融化了，原野中间有一个很大的水洼，他被困住了，彩虹色的花让蚂蚁摘走自己身上的一片花瓣试试看，果然，蚂蚁划着花瓣船过去了。

要去参加宴会的蜥蜴没有合适的衣服，好心的彩虹色的花让蜥蜴摘走一片与自己颜色相配的花瓣做衣服。

夏天，呼哧呼哧地喘着气的老鼠从花儿的身边走过，在闷热的天气里，老鼠多想要一把扇子，彩虹色的花让老鼠用自己的花瓣做扇子。

秋天来了，鸟妈妈的女儿要过生日，她着急地选着礼物，彩虹色的花儿将自己彩色的花瓣送给了她。

乌云遮住了天空，天气变冷了，眼看着要下雨，还没有遮雨工具的刺猬很担心，彩虹色的花将自己的一片花瓣给了刺猬。

在轰鸣雷声中，大风把最后一片花瓣也刮走了。

很快，大雪覆盖了所有的东西，谁会想到，在这里曾经开过一朵彩虹色的花呢，这个时候，从雪中升起了一道耀眼的彩虹色的光芒，大家都想起了彩虹色的花曾经帮助过自己。

二、生命教育解读

生命的意义在于实现自身的价值，生命的价值在于奉献自我、帮助他人。春天，花儿散发着甜甜的香味，让人们心旷神怡；夏天，大树顶着炙热的阳光，撑开一把遮阳伞，让人们纳凉休息；秋天，稻谷挥舞着金灿灿的谷穗，让人们喜上眉梢，尽情地享受着丰收的快乐；冬天，一缕阳光透过玻璃照到屋子里，为寒冬里的人们带去一份温暖。

花儿、大树、稻谷和冬日的阳光以不同的方式奉献着自我，为人们带去温暖与快乐。在物欲横流的今天，教师应该帮助孩子建立与他人之间的友善桥梁，帮助孩子建立并保持内心的一片净土，帮助孩子保持那颗纯真的心、善良的心、善于奉献自我和学会分享的心。同时，也要帮助孩子正确面对生死的问题，感悟生命的价值在于奉献，生命是可以延续的，奉献自我，充分体现你的生命意义，或许你就会永远地活在他人的心中。

彩虹色的花用自己美丽的花瓣帮助了蚂蚁、蜥蜴、老鼠、鸟妈妈和刺猬，最后的花瓣也飘落在大风之中，她将自己的一生都奉献给了他人。当大雪覆盖了所有一切的时候，是否还会有人记得，在这里曾经开过一朵彩虹色的花，是否还会记得曾经的那一切？是的，有人记得，当雪中升起了一道耀眼的彩虹色的光芒的时候，那就是彩虹色的花，她没有死，没有消失，她的生命依然存在，蚂蚁、蜥蜴、老鼠和刺猬依然记得彩虹色的花，记得她对自己的帮助，彩虹色的花活在了自己曾经帮助过的小动物们的心中。

冬去春来，温暖的太阳照亮大地时，彩虹色的花又出现了，她的生命有了新的轮回，虽然此彩虹色的花非彼彩虹色的花，但去年的彩虹色的花依然活在他人的心中。

彩虹色的花的生命是延续的，她永远不会凋谢，因为她的花曾经芬芳过小动物们的心田。因为奉献了自我，所以她自己的生命之花永远绽放。

三、教学小提醒

1. 在讲这个故事的时候，应该注意感情基调，开始是助人的快乐与温暖之情，然后是死亡时的悲伤与凄凉之情，最后是生命轮回的欣喜与激动之情。

2. 当孩子质疑“从雪中升起一道耀眼的彩虹色的光芒，把天空照亮了”这一句话的时候，应该引导孩子理解，这道光就是彩虹色的花的光芒，她没有死，她因为帮助了小动物们，所以她的温情还在，她的希望和梦想还在，这道光芒就是彩虹色的花的温情。

3. 当冬去春来的时候，彩虹色的花又出现了，应该提醒孩子思考，这朵花是否是之前的彩虹色的花。在这里，可以引导孩子正确地面对死亡，此时的彩虹色的花是去年彩虹色的花留下的种子，并不是去年的彩虹色的花，并且告诉孩子，只要热心地帮助他人，你助人为乐的精神就会永存，别人就会记住你的帮助，虽然你的生命不可以再生，但你助人为乐的种子已经种下，你的生命将以另一种形式延续。

四、活动设计

1. 读完故事后，找一找彩虹色的花都帮助谁了？她的花瓣都有什么用途呢？

2. 如果你是彩虹色的花，帮助完别人后，你有什么样的感受？如果你是那些受帮助的小动物，你又会有哪些感受？

3. 在生活中，有没有像彩虹色的花的人呢？这些人是怎么帮助你的？

4. 我想你们在生活中肯定也帮助过别人，就像彩虹色的花一样，给别人送过温暖，你们也是一朵朵彩虹色的花，那大家快来分享一下你帮助过别人的事情，在纸上写下来或者画下来。

5. 在我们班级中，现在有哪位同学就像刺猬、蚂蚁一样遇到了困难，需要彩虹色的花来帮助自己的？谁想做彩虹色的花，来帮帮这位同学？

6. 大家在纸上画一画你心目中的彩虹色的花，并且把帮助完别人后自己内心的感受写在花瓣上。

7. 在第二年的春天，彩虹色的花又长出来了，那这一次谁会从她的身边经过呢？开动脑筋想一想、编一编故事，并且与爸爸妈妈一起演一演自己新编的故事。

【撰写者　张婧雅】

团结互助

关键词：团结的力量
书　名：蚂蚁和西瓜
作　者：【日】田村茂
绘　者：【日】田村茂
译　者：蒲蒲兰
出版社：二十一世纪出版社

一、重述故事

在一个炎热的夏天的下午，蚂蚁们发现了一块西瓜，他们想要搬回家吃，但是怎么也搬不动，于是这些蚂蚁就去叫其他的蚂蚁，说在草地上发现好东西了。

其他的那些蚂蚁丢下自己手里的活，赶快从洞里出来了，看着西瓜很开心。他们一起搬西瓜，却发现怎么用力，西瓜就是不动，怎么办呢？后来一只蚂蚁说用铲子挖吧。于是，有的蚂蚁在上边用铲子挖西瓜，把西瓜挖成一块一块的，然后将这些挖下来的西瓜传送到在地上的蚂蚁，地上的蚂蚁呢，就赶快往洞里搬，就这样，一直干着，他们搬呀搬呀。

终于，西瓜把洞里的地方都占满了，再也没有空闲的地方来放西瓜了，可是，还有一些西瓜呢，不能浪费呀，所以，蚂蚁们决定把剩下的西瓜吃掉，他们吃呀吃，都吃得特别饱。只剩下西瓜皮了，可是蚂蚁们也不肯丢下，他们决定把西瓜皮搬回去做滑梯。

二、生命教育解读

“独柯不成树，独木不成林”，一句名言诠释了团结的意义，道出了做人做事的智慧。单独一根枝条不能成为参天大树，单独的一棵树木不能成为茂密的树林。一个人的力量总是有限的，“众人拾柴火焰高”，大家团结在一起，共同朝着一个目标努力，就能达到事半功倍的效果。

一只蚂蚁的力量是极其微小的，但是一群蚂蚁集中在一起，那力量是不可估量的，就像文中所描写的，开始，几只蚂蚁无法将西瓜搬回洞，但当洞里的蚂蚁都集中在一起，西瓜很快就填满了洞穴，大家共同用力，最后剩下的西瓜皮也被搬到了洞里，成为了大家的滑梯，这就是集体的力量，这就是团结的力量。

团结是连接你我的纽带，互助是传递温暖的渠道，我们不能单独生存在这片广博的土地上，一个生命若是孤立状态，那其生命也不会长久，我们永远都生活在集体中，无论人类还是动物，多数还是在集体中生活。小小的蚂蚁共同生活在一个洞穴中，团结在一起，就是一个庞大的群体，蚂蚁们可以共同搬一块大西瓜，同样，也可以搬更大、更重的东西，遇到困难会互帮互助、共同奋进。

一根筷子轻轻一折就能折断，而一捆筷子却很难折断，因为蚂蚁们凝聚在一起，所以才能将西瓜都运回洞里，这就是团结互助的力量。

三、教学小提醒

1. 这本图画书里有一个很重要的画面细节，蚂蚁虽然很多，但是每一只蚂蚁的神态与动作都不一样，可以引导孩子关注蚂蚁的动作、神态，体会蚂蚁们共同搬运西瓜时的精神状态。

2. 这本书的图画细致入微，有一幅图是作者对地下蚂蚁洞的描绘，刻画得形象生动，蚁穴的每个空间内，都有一个标志牌，上面写着“正在施工”、“宝物”、“巧克力”等文字。可以指导孩子关注这些细节，体会蚂蚁的勤劳、聪明和团结。

3. 书中蚂蚁洞的各个部分在搬进西瓜之前与搬进西瓜之后的状态是完全不一样的，在这里，可以用对比的方法，让孩子将这两幅图比较着观察，直观感受蚂蚁们共同努力的结果。

四、活动设计

1. 读完故事后，说说蚂蚁们最后是怎么将西瓜搬到洞里的？最后的西瓜皮有什么用呢？

2. 如果你是其中的一只小蚂蚁，让你一个人把西瓜搬回去，你有什么感受？你还有更好的搬运西瓜的办法吗？说一说。

3. 在生活中，你有没有与他人共同合作完成过一件事呢？是什么事呢？请你讲一讲。

4. 这本图画书的文字很简单，但是图画生动活泼、细致入微，所以，请你大胆想象，把这个故事创作得更加丰富多彩。为你自己创作的故事画一张画，并在画的最底端写上你得到的启示。

【撰写者　王蕾　张婧雅】

关键词：共同战胜敌人
书　名：小黑鱼
作　者：【美】李欧·李奥尼
绘　者：【美】李欧·李奥尼
译　者：彭懿
出版社：南海出版公司

一、重述故事

大海深处有一群小红鱼与一只小黑鱼，它们快乐地生活着。小黑鱼全身都是黑色的，不过它游行速度却比其他兄弟姐妹都快。有一天，所有的小红鱼全都被一只大鱼吃掉，只有小黑鱼逃过一劫，独自游荡的小黑鱼变得孤单、难过，心里很害怕。

可是小黑鱼并未因此退缩，反而勇敢面对逆境，正是这样，它看到了大海中许多其他生物，这让它大开眼界。它遇到了像彩虹果冻的水母、如机器般移动的龙虾、奇特的鱼儿、如糖果森林一样的海藻群、尾巴很长的海鳗，还有如棕榈树般随风摇曳的海葵。小黑鱼觉得，这一切都太神奇了！当它遇见另一群友善的小红鱼，便邀请它们一起到处游走看看，可害怕大鱼的小红鱼们犹豫了，小黑鱼凭借着勇气和机智，想出一个绝妙的办法——大家游在一起，变身成为大海里最大的鱼，小黑鱼来当鱼眼睛。

在小黑鱼的鼓励与带动下，这个办法得到了大家的认可，很快组成了一只超级大红鱼，大家享受了一次精彩纷呈的深海之旅，最后成功避开危险，吓走了大黑鱼。因为有了小黑鱼的鼓励，其他小红鱼们勇敢地迈出了第一步，去探索更多的未知世界。

二、生命教育解读

在儿童的生命成长过程中，会遇到许多的困难和阻碍，会有直面敌人的时候，而同伴，是儿童经历困境、直面敌人的勇气源泉之一，学会与他人合作，面对困难共同迎难而上，是生命发展中的重要课题。生命成长需要个性化的发展，但同样也需要社会化的浸润，而在人类的社会化进程中，同伴力量是重要的关键词之一。个体无法脱离群体而存在，个性化的生命形式也是相较于大众群体化的生命形式而得以凸显，这也意味着，我们无法作为孤立的个体去存在、去发展，只有与他人共同。同伴带来力量，团结凝聚智慧。

在与他人的交往中，我们将面临许多棘手的问题，面临独处的时候，面临突破常规的挑战，而团结与爱帮助你勇敢迎接未知的力量，当我们无法以个人力量前行之时，同伴之间的团结互助是让我们得以迈步远行的关键。故事中的小黑鱼凭借着勇敢和智慧，鼓励同伴团结一致、互助合作，为探索未知的世界勇敢地迈出第一步，并在这过程中欣赏沿途奇异的风景、收获温暖的同伴关爱、积聚强大的同伴力量，让我们的生命在与他人的交往中不断成长，不断丰富。

在儿童的成长历程中，学会与他人团结互助，积聚共同的力量面对敌人和困境，将深深影响着他们，让他们明白什么是团结、合作、勇敢、智慧……教师无法通过言语直接赋予儿童这些认识，但却能为儿童提供走进它们的入口，在尊重儿童个体发展的同时，让其置身于同伴环境中，触碰团结合作的真实，在实践中亲身感受，在引导中扩大视野，在鼓励中汇聚力量。

三、教学小提醒

1. 小黑鱼是一个充满正面能量的形象，在设计共读环节时，要注意通过小黑鱼经历的几个阶段逐步引导孩子深入认识小黑鱼的形象特点，从遭遇危险到独自远行，再到遇到新朋友，最后鼓励大家团结一致、勇敢面对困难，引导孩子阶段性地认识小黑鱼，并分享自己对于小黑鱼的看法，这是故事中应深入挖掘的亮点。

2. 故事并未将同伴之间团结互助贯穿始终来写，而是在中间加入了小黑鱼独自游走于深海间的内容，这不仅是前后故事转折性发展的过渡，更是为下文小黑鱼鼓励伙伴们勇敢探索、团结互助并成功避开危险、享受海底奇妙打下坚实基础。应重视引导孩子观察该部分，潜移默化地借此进行语言表达训练，同时，以此为引子，带领孩子们挖掘大海生物的奥秘，最后可以文字、照片、活动等多种形式呈现。

3. 故事结尾处，小黑鱼不仅说服了小红鱼团结一致，更主动转变了自己的角色，成为“大鱼”的“眼睛”，这是一个值得挖掘的细节，也是情感升华的关键，饱含了团结一致消除困难的决心，也让大家找到了合适的位置共聚力量，面对敌人。要抓住这个点，引导孩子分析体会小黑鱼的个性品质，揭示出遇到困难时要勇敢面对、共聚智慧的必要性。

四、活动设计

1. 在小黑鱼独自远行的旅途中都遇到了谁？它们分别有哪些特点？请你用自己的话说一说。

2. 请在阅读故事后，完成下面的故事发展图。

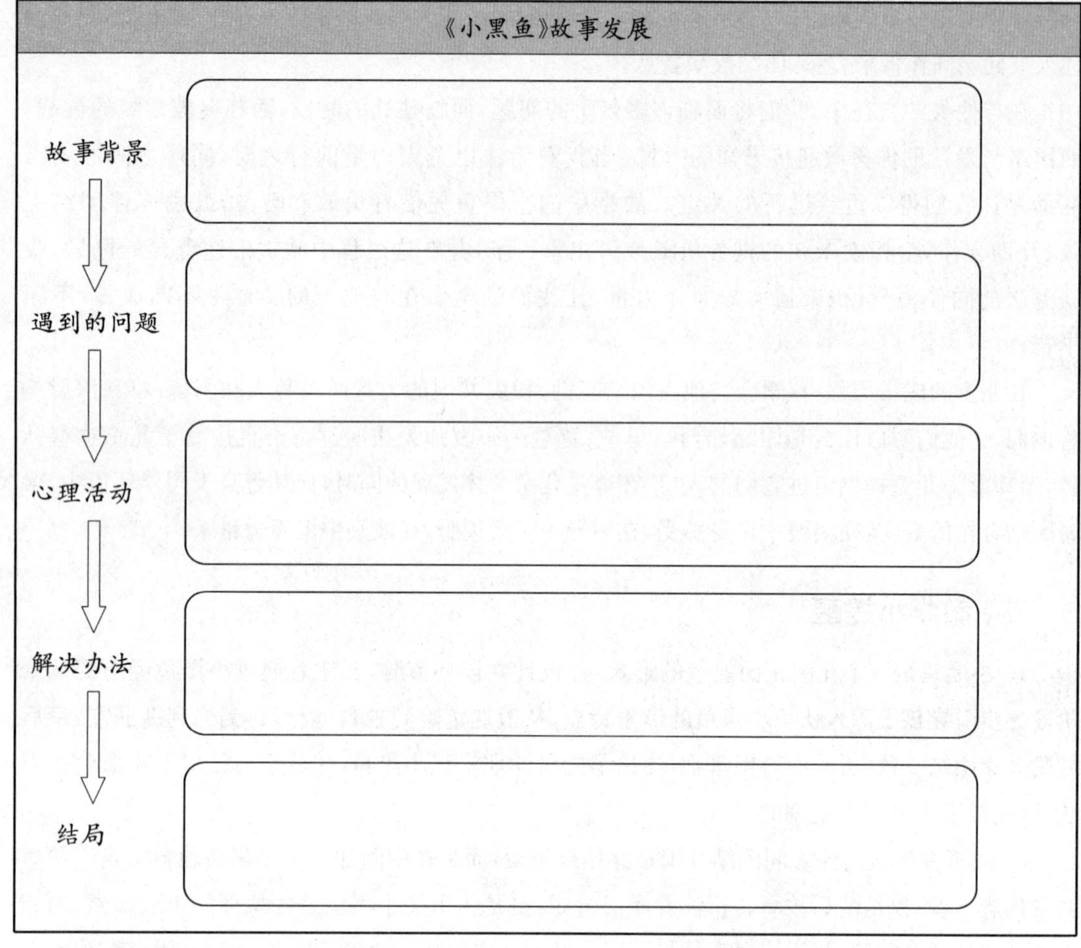

3. 你认为小黑鱼是条怎样的鱼？从它身上你看到了哪些品质？你是如何发现的呢？

4. 你的生活中有没有像小黑鱼这样的朋友，在我们需要的时候，总能带给我们温暖、光明、勇气和智慧？请与大家一起分享。

5. 面对被大黑鱼吃掉的危险，小黑鱼凭借着勇气和智慧想出了绝妙的办法，不仅保护了朋友，还能与大家一起遨游美丽的深海世界。那么你还能想出其他的解决办法吗？开动你的小脑袋，试一试吧！动笔把你的好办法写下来。

6. 经过一段独自游走的时光，小黑鱼遇到了另一群小红鱼，面对它们的善意与软弱，小黑鱼坚定地鼓励了它们，最后得以团结合作，避免了危险，更探索了深海更美妙的风景。如果你是小黑鱼，你会怎样鼓励小红鱼们消除软弱，为了生存与自由勇敢地团结在一起？请在班级内以小组为单位，合作排演一部小短剧，演一演。

7. 可以与爸爸妈妈一起邀请你的小伙伴一家人共同出行，开展踏青、DIY、放风筝、海洋馆等周末活动，邀请多位小伙伴与他们的爸爸妈妈一起参与，发挥你的号召能力哦！

【撰写者　王蕾　陈云川】

关键词：互帮互助互相配合
书　名：警官巴克尔和警犬葛芮雅
作　者：【美】佩吉·拉特曼
绘　者：【美】佩吉·拉特曼
译　者：阿甲
出版社：河北教育出版社

一、重述故事

纳威尔小镇的巴克尔警官比任何人都了解安全提示。

有一次，巴警官去纳威尔学校和同学们分享他的安全提示。在他演讲的整个过程中，同学们都无精打采。

后来，纳威尔警察局买了一条警犬，名叫葛芮雅。当下一次巴警官去学校发表安全演讲的时候，他带着葛芮雅一起参加。巴警官在演讲每一条安全常识的时候，警犬葛芮雅都会作出相应的示范动作。突然间，所有的孩子都被它吸引了，聚精会神地听着巴警官的演讲。而且，在这场安全演讲过后，学校里没有再发生一起安全事故。

第二天，巴警官收到了很多封来自那所学校的感谢信。孩子们在每封信上画上了可爱的、形态各异的葛芮雅。同时，他收到了许多小学、中学和幼儿园的安全演讲邀请，并叮咛说："一定要带警犬葛芮雅一起来喔。"

此后，巴警官带着葛芮雅在313所学校发布了他的安全提示，所有的观众都一次再一次地鼓掌。巴警官为此感到骄傲，并且为拥有葛芮雅这个亲密的伙伴而感到幸福。

直到有一天，巴警官在新闻节目中看到了自己，他发现真正的主角不是他，而是他身后的拍档葛芮雅，他很伤心并决定不接受任何演讲的邀请。而且，他在一怒之下将葛芮雅自己送到了学校进行安全演讲，葛芮雅孤单地坐在舞台上，没有任何的动作表演，它和观众们都睡着了。葛芮雅离开后，纳威尔学校发生了空前的大事故。

第二天，巴警官又收到了一大摞信，每封信上都画着这次大事故，他惊呆地看着这封信，轻轻地抚摸着警犬葛瑞雅，想出来一条迄今为止最棒的安全提示：

"永远和你的亲密伙伴心手相连!"

二、生命教育解读

顾名思义,生命教育是指能够保存、延续人类的生命并使其更有存在意义和价值的教育。《警官巴克尔和警犬葛芮雅》给予了我们深刻的启发:培养孩子们的合作意识。

1954年,美籍犹太心理学家马斯洛在他的著作《动机与人格》中提出了需要层次理论。他将人类的需要归纳为五类,由低至高分别为:生理需要、安全需要、社交需要、尊重需要、自我实现的需要。

这本书最直接传递给孩子们的是人类需要的最底层,关于安全需要方面的知识。"鞋带开了要系好,要不然会摔倒!不能碰热水壶,会烫伤的!不能……"《警官巴克尔和警犬葛芮雅》把复杂的安全观念用幽默的文字和精彩的图画演绎出来,让孩子们沉浸在阅读所带来的欢乐同时,轻松地接受了许多安全常识。但深层挖掘这本书的深意,我们会有意外的发现。警官巴克尔自从和具有天才表演能力的警犬葛芮雅合作以后,他的安全演讲不再枯燥,受到孩子们的欢迎。巴克尔和葛芮雅的安全演讲收到了良好的实际效果,这要归功于他们的有"演"有"讲",并不是一个人的功劳。其实,在我们的生活中,不仅演讲需要配合默契的好搭档,各种各样的社会活动和工作任务都需要良好的配合。孩子们在做游戏的时候需要好伙伴,足球运动员在进行比赛时需要好队友,商人在做生意的时候需要好的合作者,我们在工作中需要好同事等。

这本书不仅是一本幽默诙谐、富有童心的安全读物,它帮助孩子们在得到安全方面知识的同时,认真思考深一层面的问题——人与人之间需要合作。

三、教学小提醒

1. 星形标识贯穿全书画面:巴警官胸前佩戴着,葛芮雅脖子上也挂着,克莱尔的信是星形的,书的封底上巴警官和葛芮雅站在星形的舞台光影中谢幕。阅读时应注意到这个亲和有趣的安全标识——五角星是警徽的基本形状。在本书中,警徽带给人们安全可信的感觉,同时也不失严肃,作者赋予了星形标志以可亲可爱的感觉,更加贴合孩子的内心世界。

2. 应注意到作者富有童心的细节设置,如作者在书中创作出了儿童世界的安全符号——"禁止乱扔香蕉皮"的标识。故事的开始,只有巴警官的袖章佩戴着这个醒目的标识,随着巴警官和葛芮雅的演讲越来越成功,这个安全标识在孩子们中间流行起来。书的最后一页,几乎每个人的身上都佩戴着这个标识了。

3. 可以利用作者富有童心的设计来锻炼儿童的观察与逻辑思维能力。例如寻找克莱尔这个人,就是作者为爱捉迷藏的小读者设计的细节。反复阅读这本书,孩子们还能从画面中读到很多其他有用的细节,例如水洒在地板上会怎么样?鞋带开了会怎么样?

四、活动设计

1. 作者在本书前后蝴蝶页中告诉我们多少个安全提示?你记住了哪些?

2. 举例子说说警官巴克尔和警犬葛芮雅在安全提示演讲中是如何配合的?

3. 请你写出你想到的与巴克尔警官不同的安全提示,并试着为葛芮雅画出配合巴克尔警官的表演动作。

4. 读完这本书后,我们知道警官巴克尔与警犬葛芮雅在安全提示的演讲中相互配合、互相帮助,所以才收到了良好的效果。在生活中,你认为"合作"重要吗? 请举例子说说。

5. 请你在生活中,尽量记住与遵守警官巴克尔和警犬葛芮雅贡献给我们的安全提示。

6. 与家人共读这本书,读完之后开动脑筋,设计一个需要家人相互配合的游戏或活动,并尝试完成它。例如,孩子与家长相互配合完成一个小话剧、组织亲子趣味运动项目等等。

【撰写者　王蕾　陈蕊】

关键词：凝聚在一起
书　名：阿秋和阿狐
作　者：【日】林明子
绘　者：【日】林明子
译　者：彭懿
出版社：南海出版公司

一、重述故事

阿狐被沙丘镇的奶奶送来陪伴即将出生的小宝宝，虽然等待宝宝出生的过程有些无聊，但当阿狐第一次看见那个叫做“阿秋”的宝宝时，就喜欢上了她。阿狐一直陪伴着阿秋，但是在见证阿秋成长的同时，阿狐却渐渐变旧了。有一天，阿狐的胳膊开线了，于是阿秋和阿狐决定去找沙丘镇的奶奶帮忙。

阿秋和阿狐一起坐上了开往沙丘镇的火车。中途，阿秋肚子饿了，阿狐就在火车停站时跑下去给阿秋买盒饭，结果因为买盒饭的人太多，阿狐买完盒饭上火车的时候被车门夹住了尾巴。着急的阿秋在列车员的帮助下找到了阿狐，两人一起在车门边吃掉了盒饭，回到座位后好心的列车员还用绷带包裹阿狐夹扁的尾巴。

到了沙丘镇后，阿秋和阿狐先去看沙丘、踩脚印，结果遇上了一只大狗，叼走了想保护阿秋的阿狐。阿秋追着大狗，找到了被埋在沙子里的阿狐，又背着阿狐去奶奶家。一路上，阿狐不停地安慰阿秋说自己没事。

到了奶奶家后，等候多时的奶奶把两人迎进屋，并给阿狐缝上了快脱落的手腿和开线的胳膊。为了给阿狐医好被压扁的尾巴，奶奶强制不情愿洗澡的阿狐和祖孙两人一起洗澡。结果阿狐不仅觉得洗澡舒服，还恢复了漂亮的尾巴，就像一只刚刚做好的小狐狸一样。

待了两天，阿秋和阿狐回家了，两人商量好以后还要再去奶奶家。

二、生命教育解读

每个人的生活都不可能是一帆风顺的，在成长、成功的过程中，总会遇到这样那样的困难；同样，每个人也不是独自生活在这个世界上，总会和他人有着千丝万缕的联系，每个人的一个小举动都可能对他人造成影响。因而，在困难来临时，我们不妨和他人携手，共同应对、共同解决。在共同面对困难、共同解决困难后，你或许会发现，在合力互助下，原本觉得很难搞定的困难也不过如此，并没有那么可怕。而且，你们的情谊也会在这个过程中变得更为深厚，彼此的信赖感攀升。

《阿秋和阿狐》中，阿秋和阿狐是一对好朋友，在这个故事中，他们先后遇到了三个困难，但在困难面前他们两人齐心协力，共同面对和共同解决了困难。第一个困难是阿狐的胳膊开了线，为了找远在沙丘镇的奶奶帮忙缝补，两人一起登上了去沙丘的列车。第二个困难是阿狐下车给阿秋买盒饭，因为时间匆忙上车的时候被门夹住了尾巴，着急的阿秋在列车员叔叔的帮助下找到了阿狐，两人一起在车门处高兴地吃盒饭；并且，好心的列车员还用绷带帮阿狐包扎夹扁的尾巴。第三个困难是两人在看沙丘的时候，阿狐被一只大狗叼走，阿秋紧随其后找回了阿狐，并背着阿狐来到了奶奶家。一路上两人相互扶持、共同面对出现的困难，最后不仅完成了来时的目的，旧旧的阿狐还焕然一新，两人的友谊也更为深厚。

人与人之间不单要分享快乐，更要学会共同承担困难。教师应帮助孩子树立与他人共同面对困难的意识，学会向需要帮助的人伸出援助之手，也要善于向他人寻求帮助。

三、教学小提醒

1. 阿秋和阿狐不仅能一起玩耍，还能共同面对困难，两人是非常要好的朋友。困难分担，困难减半；快乐共享，快乐加倍。从阿秋和阿狐身上，孩子应该明白朋友不仅只是分享快乐，相应地还应该共同分担困难。

2. 去奶奶家的路上，阿狐更多的充当了照顾者的角色：领着阿秋上火车、找座位、买盒饭，在大狗面前试图保护阿秋，脱险后不停地安慰阿秋。可以引导孩子细心观察画面上阿狐的行为动作，让孩子明白在共同面对困难时，还要勇于主动承担更多的困难。

3. 故事中的列车员和奶奶以帮助者的角色出现，面对阿秋和阿狐的困难和求助都伸出了援助之手。可以教导孩子遇到困难无法解决时学会向他人寻求帮助，同时还可以教导孩子学会主动帮助有困难的人，共同面对困难、解决困难。

四、活动设计

1. 阿秋和阿狐为什么要去沙丘镇找奶奶？

2. 如果你是阿秋，当阿狐被凶恶的大狗叼走时，你会去追大狗吗？为什么？

3. 阿秋和阿狐共同面对和克服了一路上遇到的困难后，终于安全抵达了奶奶家，不仅实现了来奶奶家的目的，还泡了个舒舒服服的热水澡。两人都觉得身体舒坦、心情愉悦，相互之间的友谊也更为深厚。试着回想你曾经和他人共同面对困难后的心情和感受，并把它记录下来。

和谁一起：
共同面对的困难：
共同解决困难的过程：
共同解决困难后的感受：

4. 故事结尾，阿秋和阿狐两人约定要再去奶奶家玩。假设现在阿秋和阿狐又再一次前往奶奶家，路上他们又可能遇到什么困难呢？他们会如何共同面对？请以小组为单位，组员之间交流合作，共同编写一个小故事，内容是关于阿秋和阿狐可能遇到的困难以及二人的解决办法。

【撰写者　冯璐艳】

关键词：我们在一起生活
书　名：好朋友
作　者：【德】赫姆・海恩
绘　者：【德】赫姆・海恩
译　者：王真心
出版社：明天出版社

一、故事重述

公鸡咕咕、小老鼠强强和小猪波波是好朋友，每天早上，公鸡咕咕负责叫醒农庄里的动物，小老鼠强强和小猪波波都会在一旁帮忙。然后，他们会骑上脚踏车，从农庄出发，一起在晨光里兜风。

有一天，他们在村里的池塘边捉迷藏。小老鼠强强躲在芦苇丛里时，发现了一艘旧船，他们三个便立下共同的志愿——要成为海盗。小老鼠强强掌舵，公鸡咕咕张开翅膀，扬起了帆，小猪波波充当软木塞，堵住了船底的破洞。他们就这样在宽阔的水面上航行冒险，后来他们饿了，回到岸上。他们想钓鱼来吃，可是，肚子发出的咕噜咕噜声把鱼儿都吓跑了。他们去采樱桃，然后分着吃，公鸡咕咕觉得不公平，所以，他又分到了所有的樱桃核。然后，他们骑上脚踏车回家。

那天晚上，他们打算在小老鼠强强家睡觉。可是，公鸡咕咕被卡在洞口了。于是他们又决定到小猪波波家过夜。不过，小老鼠强强不想睡在猪舍里。最后，公鸡咕咕提议到鸡舍的木杆上睡觉。可是……木杆断了！他们只好互道晚安，各自回到自己的床上去。

他们三个在梦里又见面了。因为，好朋友总是会出现在彼此的梦中。

二、生命教育解读

人不能单独生活在这个世界上，团结互助是联系人与人之间的一条永恒之带，它不会断开，不会消失。公鸡咕咕、小老鼠强强和小猪波波是好朋友，每天早上公鸡咕咕负责叫醒农庄里的动物，而小老鼠强强和小猪波波都会在一旁帮忙。当他们想要一起去当海盗的时候，小老鼠强强开始掌舵，公鸡咕咕张开翅膀，扬起了帆，小猪波波充当软木塞，堵住了船底的破洞，他们团结在一起，共同做事，他们三个人的力量总会拧成一股绳，朝着同一个目标不断迈进。

“团结就是力量”，这不是一句空话，不是一句口号，它需要每一个人为之贡献自己的力量，与他人友好相处、互帮互助、团结在一起、凝聚在一起、相互融合、相互促进，不断实现量的改变、质的飞跃。就像公鸡咕咕、小老鼠强强和小猪波波一样，做什么事都会一起决定、一起商量，考虑他人的感受，接受他人的意见，团结互助，所以他们才会成为最好的朋友。

团结互助的种子早已种进了公鸡咕咕、小老鼠强强和小猪波波的内心，所以，当他们有人提出意见后，另外两个人会考虑他的想法，而不是产生矛盾争端。孩子进入的第一个集体就是班级，教师首先要做的，就是将团结互助的种子种在孩子的心田，让这颗小种子不断生根发芽。团结互助不是口头说说，而是要将这种精神永远留在孩子心中，伴着他们成长。

三、教学小提醒

1.《好朋友》这个故事的图画中有许多细节表现了公鸡咕咕、小老鼠强强和小猪波波之间的深厚情谊，如：他们一起骑脚踏车，公鸡咕咕掌握车把，小老鼠强强和小猪波波转脚踏板；当他们准备钓鱼的时候，小猪波波抱着小老鼠强强；当他们一起摘樱桃的时候，小老鼠强强站在最下边，上边托着公鸡咕咕和小猪波波；当他们准备一起当海盗的时候，小老鼠强强掌舵，公鸡咕咕张开翅膀，扬起了帆，小猪波波充当软木塞，堵住了船底的破洞；当他们准备在鸡舍的木杆上睡觉的时候，小猪波波搂着公鸡咕咕，小老鼠挽着小猪波波的手臂。这些画面上的细节需要提醒孩子关注，从而体会三个好朋友之间的友情以及团结互助的精神。

2.“当夕阳西下，影子拖得好长好长的时候”，这句话不仅是说影子的长，还说明他们每天在一起的时间很长，从而可以感受到公鸡咕咕、小老鼠强强和小猪波波三人友谊之深厚。

3. 公鸡咕咕、小老鼠强强和小猪波波发誓说要一辈子做朋友，因为好朋友是永不分离的，当他们只能在自己的床上睡觉时，他们在梦里又见面了。他们发誓时所说的话与在梦中又再次见面，这两个情节是相互照应的关系，充分表明了好朋友是要团结在一起的，是不能分离的。要将故事的这两个情节之间的关系为孩子点明，让孩子整体且清晰地把握故事内容以及故事所传达出的情感。

四、活动设计

1. 完成下表的填写。

公鸡咕咕、小老鼠强强、小猪波波一起做的事	
每天早上	
然后	
有一天	
立下共同志愿	
肚子饿了	
夕阳西下	
鸡舍后面，水桶旁边	
晚上，先打算在哪睡觉	
然后打算在哪睡觉	
最后打算在哪睡觉	
睡觉的时候	
通过填这个表格，你的感受是：	

2. 故事中有一个细节，在小老鼠强强发现旧船的时候，他们三个立志要做什么呢？在水面上航行冒险的时候，他们三个分别为这次航行做的事是什么？

3. 故事中分樱桃的情节发生在你面前，你会怎么分呢，为什么？

4. 你有好朋友吗？你们会一起做什么事情呢？都有哪些事情需要一起来完成呢？为什么？

5. 想象一个情景，公鸡咕咕、小老鼠强强和小猪波波对某件事的意见不一样，请你写出他们可能做出的对此事的解决办法。

【撰写者　张婧雅】

感悟亲情

关键词：体会美好的亲情
书　名：忘了说我爱你
作　者：【英】米利亚姆·莫斯
绘　者：【英】安娜·柯里
审　译：金波
出版社：外语教学与研究出版社

一、重述故事

小熊比利有许多玩具，但他最喜欢的是一只白色的兔子玩偶，不论走到哪里，比利都带着小兔子，就连晚上睡觉也不分开。

清晨，妈妈喊比利起床，比利却在床下找小兔子；妈妈让比利洗爪子，比利却在喂小兔子吃早餐；妈妈催比利抓紧时间换衣服，比利却在给小兔子穿衣服。出门前，比利突然想起了什么，带着小兔子冲上楼——原来是向其他的玩具说再见。

去幼儿园的路上，下雨了，比利把午餐盒跟小兔子顶在头上，他边走边玩，一不小心把午餐盒打翻了。这下妈妈真的生气了，她担心会迟到，于是将小兔子装进自己的包里，拉着比利向幼儿园跑去。妈妈将比利交给老师后便匆匆离开，甚至忘了说"我爱你"。没有听到妈妈的那句"我爱你"，比利难过极了，老师为了安慰他，让他跟小兔子玩一会，可是比利怎么也找不到心爱的小兔子。突然，教室的门开了，是妈妈，她抱歉地说："对不起，宝贝，我忘了把小兔子给你。还有……还有，我忘了说，我爱你。"比利听了，委屈地趴在妈妈的怀里，任由妈妈将泪水一点点抚去。

二、生命教育解读

这是一本讲述母子间亲情的图画书。比利和妈妈的这个早晨读起来是不是让人很熟悉？每个妈妈早上送孩子去幼儿园都是一个大工程，叫孩子起床、帮孩子穿衣、催孩子吃饭、拉孩子出门，孩子们总是磨磨蹭蹭，大人们总是唠唠叨叨。

故事中，妈妈与比利形成了鲜明的对比。整个早上，妈妈都慌慌张张地赶时间，而比利则享受着照顾小兔子、与小兔子互动的乐趣；妈妈担心去幼儿园、去上班会迟到，而比利则更加在意小兔子有没有和其他的伙伴说再见。匆忙中，妈妈不仅忘了把小兔子留给比利，还忘记说“我爱你”；比利则敏感地感受到妈妈对自己的冷落。亲子间需要相互理解，父母应体会孩子情感的单纯和美好，孩子也应体谅父母的忙碌与辛苦。

故事的结尾，妈妈意识到自己的疏忽，不仅送来了小兔子，还补上了那句至关重要的“我爱你”，母子俩温馨地拥抱在一起。此时，迟到不再重要，那深情的相拥更加珍贵，母亲对孩子的爱，孩子对母亲的依恋都浓缩在这永恒的拥抱之中。生活的脚步总是匆匆，图画书选取生活的一个片段提醒人们：在赶路之余，别错过了与亲人相处的“好风景”。

三、教学小提醒

1. 这个故事温馨动人，不论是妈妈还是比利都没有对错之分，亲子之间更需要相互体谅与理解。在与孩子共同阅读时，可以引导孩子站在母亲的立场思考问题。

2. 故事的结尾让人感受到母子间的浓浓亲情，值得停下来与孩子一起品味。

3. 从该故事出发，可以设计活动，让孩子结合生活体验，谈一谈自己对亲情的理解。

四、活动设计

1. 每天上学的早晨，你是怎样度过的？读了这个故事，你有怎样的启发？与老师和同伴们一起交流分享。

2. 读完故事，你想对自己的爸爸妈妈说些什么，用书信的方式写下来告诉你的父母。

□ □ □ □ □ □　　贴邮票处

邮政编码：

爸爸、妈妈：

3. 向你的父母推荐这本书，与他们一起阅读，相信你的爸爸妈妈也会有所收获。

4. 以你与父母间的趣事为主题，试着自己动手创作一本图画书。

【撰写者　王梦】

关键词：母爱的距离
书　名：猜猜我有多爱你
作　者：【爱】山姆·麦克布雷尼
绘　者：【英】安妮塔·婕朗
译　者：梅子涵
出版社：明天出版社

一、重述故事

小兔子睡觉前，紧紧抓住大兔子的长耳朵，请大兔子猜一猜自己到底有多爱她。大兔子很认真地想，但实在想不出来。于是小兔子使劲儿张开双臂，以此来表达对大兔子满满的爱。大兔子也学着小兔子的样子，使劲地伸长手臂，来表达她对小兔子满满的爱。小兔子见到大兔子长长的手臂，发现大兔子的爱很多很多，开始想新的表达方法。

于是，小兔子将手臂举得高高的，以此来表达对大兔子的爱。谁知，大兔子的手臂伸得更高。小兔子并不气馁，又想到了新的点子，他将身体倒立在树上。只见大兔子抛起小兔子，以此来表达对小兔子更浓的爱。小兔子不服输，连蹦几次，蹦得很高。大兔子轻轻一跃，蹦得更高。

小兔子灵机一动，指着前面的小路，告诉大兔子他的爱一直延伸到河那边。大兔子轻轻一笑，说她对小兔子的爱，需要穿过小河，到达山的那一边。小兔子想了又想，一直想到太阳下山，他抬眼看到浩瀚的天空，张大嘴巴慢慢地说："我爱你，一直到月亮上面。"说完，小兔子甜甜地进入了梦乡。大兔子温柔地看着小兔子，自言自语地回答道："我爱你，从这儿一直到月亮上面，再绕回来。"

二、生命教育解读

亲情是生命不可或缺的营养。没有亲情，就宛如大树没有了阳光。亲情和阳光一样，容易感悟却很难表达。大树会用投影的方式，表达出对阳光的关爱。那么，亲情该如何表达呢？故事中的小兔子和大兔子，用一种别开生面的方式，表达了亲情的温暖。

不用苍白的话语，不用简单的拥抱，小兔子和大兔子用一种充满游戏的方式表达对彼此的爱。每次，大兔子的爱都会远远超过小兔子。正如所有父母，默默无声地为孩子付出许多许多。聪明的小兔子并没有善罢甘休，他开始将自己对长辈的爱延伸到小路、小河甚至遥远的天空。但是，慈爱的大兔子对小兔子的爱总是更多一些。

比较，是每个孩子最擅长的心理，孩子总是喜欢比较。在不断的比较中，小兔子终于带着对大兔子浓浓的爱意睡着了。可大兔子呢？却依然守候在小兔子的身旁，向小兔子表达着更深沉的亲情。这一情一景，像极了我们生活中的父母和孩子。当孩子无忧无虑地度过自己美妙的童年时，父母却在角落里操碎了心。当孩子为了自己的人生写满规划时，父母却在一旁充满牵挂。

三、教学小提醒

1. 这是一个以亲情为主题的温馨的睡前故事，故事整体的基调是温柔抒情的。故事中的对话比较多也比较有趣味，需要指导孩子读好对话。

2. 这个故事围绕“猜”展开，诠释了父母和孩子之间真挚的情感，因此“猜”既是题眼又是悬念，还是组织阅读的一种重要活动方式。

3. 这是一个关于亲情的故事。故事中的大兔子，既可以是爸爸也可以是妈妈，小兔子既可能是儿子也可能是女儿。阅读时，应尊重孩子的自主认知选择，只要孩子不偏离主题即可。

四、活动设计

1. 请结合整个故事想一想，在结尾小兔子为什么要对大兔子说“我爱你，一直到月亮上面”？

2. 小兔子在向大兔子表达爱意时，使用了许多方法，大兔子也一一反馈。请你先用心在故事中找一找，然后再试着用线把小兔子的表达方法与对应的大兔子的表达方法连起来。

如何表达“我爱你”	
小兔子的方法	大兔子的办法
使劲儿把两只手臂张大	从草原到月亮再绕回来
使劲将两只小手臂举高	穿过小河到山的那一边
两脚用力顶着树干倒立	比小兔子跳得更高更远
用力向天空的高处跳跃	抛起小兔子再比脚趾头
穿过小路一直游到小河	手臂比小兔子举得更高
从草原一直延伸到月亮	手臂比小兔子张得更大
此刻，我的想法：	

3. 正如故事中的大兔子一样，爸爸妈妈总是千方百计地为我们付出爱。而作为孩子，我们却很少有机会向父母表达。读过故事后，请尝试着为爸爸妈妈做一件力所能及的事情。可以是画一幅画，可以是写一句诗，也可以是唱一首歌，向父母表达我们的爱意。

【撰写者　王蕾　陈小杰】

关键词：“逃”不出的母爱
书　名：逃家小兔
作　者：【美】玛格丽特·怀兹·布朗
绘　者：【美】克雷门.赫德
译　者：黄迺毓
出版社：明天出版社

一、重述故事

一只不想呆在家里的小兔子一本正经地告诉妈妈自己打算逃跑。兔妈妈听了，十分认真地告诉小兔子一定会将他追回来。

小兔子不相信，说到时自己会变成一条鱼，游到妈妈找不到的地方。妈妈告诉小兔子，自己会变成一个渔夫，鱼钩上挂着胡萝卜诱饵，直到等候小兔子上钩为止。小兔子听了，马上说自己要变成一块高高山崖上的石头。妈妈不假思索地说，自己会变成一个登山人，一定会找到小兔子。小兔子毫不退缩，告诉妈妈自己要变成一朵番红花，躲在花丛里。机智的妈妈马上说到时自己会变成园丁，深入花丛仔仔细细地寻找小兔子。小兔子想了又想，然后认真地告诉妈妈自己要飞上天空，变成一只自由自在的鸟儿。妈妈听了，立刻说自己要变成迎接鸟儿回家的大树。

妈妈刚说完，小兔子又有了新的主意：他要变成一条扬帆远行的小船，漂到妈妈找不到的地方。可妈妈呢？兔妈妈说自己会变成风儿，会一路吹着小船朝家的方向漂移。小兔子有些着急了，忙说自己要去马戏团变成一个空中飞人。妈妈仍然不急不缓地说自己会变成走钢丝的人，穿过空气靠近小兔子。无计可施的小兔子只能说，自己要变成一个小男孩。妈妈温柔地告诉宝贝，自己会变成男孩的妈妈，把他紧紧地拥抱在怀里。无处可藏的小兔子最后终于乖巧地倚在妈妈的怀里，不再逃跑。这时，慈爱的妈妈立刻拿出一根漂亮的胡萝卜，递给怀里的宝贝。

二、生命教育解读

我们的心可以逃离许多地方，但却永远逃不出母亲的牵挂。从我们出生那一刻起，就已注定和母亲的生命息息相连。

可是，随着年龄的增长，我们渐渐开始渴望探索自己的世界，有时甚至产生和小兔一样的想法——离家出走。为了实现出走大计，我们会像小兔一样用言语和行为把自己化装成鱼、石头、花朵、小鸟、小船、空中飞人等。但很快，我们发现，无论我们走到哪里，都会被母亲的温情和牵挂唤回。为了找到孩子，母亲甘愿化作渔夫、登山员、园丁、大树、风甚至走钢丝的人。其实，母亲的担忧又何止是在我们离家出走之后。在我们迈出离家的脚步之时，母亲已悄悄和我们一起上路。无论我们走到何方，母亲的心永远跟在身旁。

为了唤回迷途的孩子，母亲可谓费尽了心思。她会和兔妈妈一样用美味的胡萝卜当诱饵，也会用登山队员一般的坚强毅力深深感动我们，还会用细致体贴的耐心让我们无处遁形，更会以博大的胸襟向我们敞开怀抱。只要是能唤回自己的孩子，任何方法，哪怕身涉险境，母亲都愿意一试。这就是亲情的力量，它可以四两之力拨动千斤困难。

母爱是伟大的，只求付出却丝毫没考虑过回报。无论为孩子付出多少，母亲的账单永远是零。犹记得，那句源远流长的话语“慈母手中线，游子身上衣。临行密密缝，意恐迟迟归”。无论我们怎么走，也无论我们走多远，我们始终都逃不出母亲那源自心灵深处的浓浓母爱。

三、教学小提醒

1. 在逃跑时，虽然小兔子变成的是一条鱼，但兔妈妈鱼钩上的鱼饵却是一只胡萝卜。可抓住这一细节，让孩子体会母亲对孩子无微不至的爱。

2. 赏读时不难发现，小兔子和大兔子间的对话是本故事一个突出的亮点。不妨引导孩子通过反复诵读或角色扮演的方法，重点读好人物的对话，并仔细体会对话中运用顶针手法所达到的趣味性效果。

3. 要把握好灰白图片和彩色图片的关系。灰白图片是小兔子从家逃跑和兔妈妈追回小兔的经过，彩色图片是小兔子回到兔妈妈怀抱的结果。

四、活动设计

1. 小兔子想要逃跑，兔妈妈用了哪些办法将小兔子唤回呢？请你在故事中先仔细找一找，然后再认真地将序号选好填在下列的表格中。填完后，和同伴说一说小兔子为什么最终没有逃出家门。

<table>
<tr><td>小兔子的行为</td><td></td></tr>
<tr><td colspan="2">① 变成一条鱼 ② 变成一块石头 ③ 变成一个男孩的妈妈 ④ 变成一朵番红花 ⑤ 变成园丁 ⑥ 变成一只鸟 ⑦ 变成一阵风 ⑧ 变成一棵大树 ⑨ 变成登山队员 ⑩ 变成渔夫 ⑪ 变成一只帆船 ⑫ 变成一个男孩</td></tr>
<tr><td></td><td>兔妈妈的行为</td></tr>
<tr><td colspan="2">我知道小兔没有离开家的原因是：</td></tr>
</table>

2. 读过图画书，我们懂得了“亲情是渔夫钓钩上的胡萝卜，它默默地系着母亲的牵挂；亲情是登山队员眼中的宝石，它悄悄地牵动着母亲的忧思；亲情还是大树枝干间的绿叶，它静静地表达着母亲的期盼”。那么，在你眼中，亲情是什么呢？请你仿照书中的语言形式，也来编一编小故

事吧！

有一天，我想从家逃跑。于是对自己的妈妈说："我要逃跑。"
"如果你跑了，"妈妈说道，"我一定会追上你，因为你永远是我的小宝贝。"
"如果你追上我，"我说，"我就变成______________，____________________。"
"如果你变成__________________，"妈妈说，"我就______________________，我会______________________。"

3. 爸爸妈妈和我们一样，也需要朋友，会和伙伴一起聊天。作为孩子，我们可以变成一个小听众和小天使，多听听爸爸妈妈的烦恼，多和爸爸妈妈分享快乐。

【撰写者　陈小杰】

关键词：深沉的母爱
书　名：永远永远爱你
作　者：【日】宫西达也
绘　者：【日】宫西达也
译　者：蒲蒲兰
出版社：二十一世纪出版社

一、重述故事

很久以前，一只慈母龙妈妈在树林里发现了一个小小的蛋，善良的她担心这个蛋会被霸王龙吃掉，便把它带回了家。她把这个蛋宝宝与自己的蛋宝宝放在一起，小心翼翼地呵护着，终于有一天，两个蛋宝宝都出生了，但出人意料的是，捡来的蛋里跳出来的居然是小霸王龙。妈妈趁着霸王龙宝宝熟睡的时候，将他放回到发现他的树林里，但听到霸王龙宝宝的哭声后，她开始责备自己，最终又将宝宝抱了回来。

慈母龙为自己的宝宝取名为光太，霸王龙宝宝叫良太，妈妈深深爱着两个宝宝。两兄弟渐渐长大了。一天，良太去树林摘红果子，在半路上遇到了霸王龙，霸王龙没有伤害他，良太便认为他也是慈母龙，决定跟他一起去寻找食物。不料到达长满红果子的树林后，霸王龙告诉良太他们长得一样，所以他也是霸王龙，良太不相信，同时感到很气愤，他一把推开霸王龙，哭着朝妈妈的方向跑去。到家后，妈妈抱着他、安慰他。当良太看到霸王龙凶狠地朝他们跑来时，良太担心慈母龙受到伤害，便跑过去"咔嚓"一口咬住了霸王龙，霸王龙一动也不动，簌簌地流下了眼泪，这时良太才发现，这位叔叔可能是他的爸爸。自此以后，良太便消失不见了，不过他在树林里堆起了一座小山似的红果子，慈母龙拾起一颗放到嘴里，默念道："无论你在哪里，我都永远永远爱你。"

二、生命教育解读

《永远永远爱你》诠释了人世间最伟大的亲情与最无私的爱。即使霸王龙宝宝良太不是慈母龙妈妈亲生的，但是慈母龙妈妈依旧选择抚养他长大，并且无微不至地照顾他。这便是亲情的力量，更是母爱的最高境界。母亲的爱是不分彼此的，只要你成为了她的孩子，她就会用心去呵护你，用最真诚的态度对待你。

慈母龙的宝宝光太笑话良太的时候，妈妈会批评光太；良太受了委屈哭着跑回家的时候，妈妈会给他一个大大的拥抱。母亲就是这样，永远站在我们的身后，当我们遇到危险的时候，她会毫不犹豫挺身而出；当我们遇到困难的时候，她会倾其所有竭力相助；当我们一切都很顺利的时候，她会在背后默默地祈祷，为我们送上祝福……母亲从不奢求我们回报什么，她只是希望我们能幸福、快乐地成长。

浓浓的亲情也同样滋养着孩子童年生命的成长，他们感受到这份亲情与爱，便会产生不舍分离以及感恩的情感。天下没有不散的筵席，良太终究是随霸王龙爸爸离去了，他爱慈母龙妈妈，所以没有给霸王龙伤害慈母龙的机会，他感谢慈母龙妈妈，所以走后留下了满满的果实。孩子也终究是要离开父母的，但只要这份亲情还在，无论他们走多远，心里都会挂念陪伴他成长的家人。同样，他们也会像良太一样，尽己所能回馈这份充满爱的亲情。

三、教学小提醒

1. 慈母龙妈妈抱起她想要丢弃的霸王龙宝宝的一刹那，脸上布满了泪水，应引导孩子注意并体会这个细节，这泪水有不舍、有心疼、有忏悔，而更多的是妈妈对孩子的那份爱。

2. 霸王龙在良太咬他的时候没有反击，只是默默地流泪。这不仅仅是因为疼痛而掉下的眼泪，更是饱含着骨肉亲情与无限的关爱。

3. 良太随自己的爸爸消失之后，在树林里堆了一座小山似的红果子。应让孩子关注到这个细节，通过讨论了解良太在报答养育他的妈妈，感悟母子亲情的可贵。

四、活动设计

1. 请写出导致慈母龙妈妈心情变化的事件。

慈母龙妈妈的心情	发生了什么事情
惊讶	
心疼	
生气	
伤心	

2. 慈母龙妈妈明明知道霸王龙吃慈母龙，为什么还是养育了霸王龙宝宝？

3. 良太和霸王龙之间，都发生了什么故事？他为什么会突然消失？

4. 良太为什么在妈妈捡到他的树林里堆起了一座小山似的红果子？

5. 如果你是良太，你想分别对慈母龙妈妈和霸王龙爸爸说些什么？

6. 妈妈对我们的爱无微不至，请互相讲一讲有关自己妈妈的故事。然后每个人给自己的妈妈写封信，把内心深处最想对她说的话写下来，最后统一寄给妈妈们。

【撰写者　吕月】

关键词：浓浓的隔辈情
书　名：小西有棵外婆树
作　者：张洁
绘　者：赵晓音
出版社：华东师范大学出版社

一、重述故事

星期五，小西盼望着赶快到星期六和爸爸妈妈去外婆家。外婆每次都站在门口迎接小西，每次外婆都是唱着歌迎接小西，唱着唱着就睡着了。小西每一次都用“魔力吻”吻醒外婆。

外婆带着小西榨苹果汁，在炉子上煮紫薯糊，还用牛奶把小西的名字写在了紫薯糊上。小西在厨房里给外婆报菜名，外婆告诉她：喜欢的东西多吃，其他东西也要吃，这样才能长高、长大。

有时候小西和外婆一起捏面团，或者跟外婆玩捉迷藏，外婆假装找不到小西。小西会在外婆背上写字，外婆每次都能猜出来是什么字。一天，小西和外婆发现一棵小树死了，于是一起种上了一棵柿子树，每次小西都要看看柿子树，晚上外婆会站在柿子树下目送小西和小西的爸爸妈妈。小西的小乌龟死了，小西把小乌龟埋在了柿子树下。外婆安慰小西说，小乌龟是带着快乐离开的，因为它很爱你。尽管小西还是有些伤心，但她觉得外婆说的很对。

又是一个星期六，小西的外婆生病住进了医院，小西看到外婆后亲吻外婆，但这一次小西的“魔力吻”失效了，外婆去世了，再也没有醒过来。小西哭了，妈妈安慰小西，小西知道外婆是带着快乐离开的。小西把柿子树取名为“外婆树”。每次小西都会在外婆树上写字，想到外婆小西的眼前就会浮现她的笑脸。

二、生命教育解读

爱有很多种，有亲人之间的爱、恋人之间的爱、朋友之间的爱，每一种爱都是我们生命中最珍贵的情感。《小西有棵外婆树》突出表现的就是亲人之间的爱，是外婆与外孙女之间的爱。这种爱也可称作亲情，特指亲人之间的那种特殊的感情，它有两个特点：亲情是相互的，不是单方面的；亲情是立体的。就像小西和外婆之间的情感，是不会因为距离而疏远变淡的。即使是亲人去世，这种亲人之间的爱也不会随之消逝，反而会更加浓烈。

对于孩子来说，隔辈的爱有时会更加浓郁。祖辈希望把最好的东西都给自己的孙辈，就像小西的外婆一样深深爱着小西。但在这种隔辈的亲情中，因为年龄差距较大，往往会遇到老人去世的问题。孩子对爷爷奶奶或者外公外婆的去世产生疑惑，就像小西想用自己的“魔力吻”来吻醒外婆，可外婆去世了，再也醒不过来了。小西用自己的视角理解着死亡，充满着孩子的天真。因此，对于儿童来说，让孩子认识死亡、接受死亡很重要。孩子的思想与成人不同，所以要用更加形象的方式，更加儿童化的口吻去帮助孩子理解死亡，接受亲人的离开。而在外婆去世后小西依旧会每周六回到外婆树下，会趴在窗台上思念外婆，之后微笑。小西正是怀着一颗感恩的心思念着外婆，她相信外婆也在天上对着她微笑。外婆的肉体虽然逝去，但精神上却是永远留在小西的记忆中不会抹去的。这种思念会一直延续下去，爱也会一直延续下去，而生命也是这样一代又一代繁衍下去的。

对于亲情的表达有很多种方式，可以用语言、动作，甚至是一个表情。在日常生活中，亲人之间会相互关心、相互照顾，晚辈会给长辈捶捶背、揉揉肩，会陪长辈聊聊天，尽自己所能回报长辈对自己的付出。长辈则会给晚辈做很多可口诱人的食物，或者给晚辈买他们喜欢的东西。就像小西的外婆经常给小西做点心和好吃的东西，会陪小西一起玩捉迷藏。而小西则用笑容以及“魔力吻”来表达她对外婆深深的爱。每个人都会有他们独特的方式来表达，但始终不变的是浓浓的亲情。

三、教学小提醒

1. 书中处处蕴含着浓浓的亲情。如：小西每一次都用“魔力吻”吻醒外婆；外婆带着小西榨苹果汁，还用牛奶把小西的名字写在了紫薯糊上；小西在厨房里给外婆报菜名；小西和外婆一起捍面团；跟外婆玩捉迷藏，外婆假装找不到小西；还有小西在外婆背上写字，外婆来猜。这些充满温情的画面，使亲情变得具体可感，要重点让孩子去体会这些细节，帮助孩子更加真实地理解亲情的内涵与意义。

2. 书中小西是怎样理解亲人的去世、生命死亡的呢？重点体会外婆对小西说的“小龟是带着快乐离开的，因为它很爱你”，以及当外婆去世后小西安慰妈妈的话语“外婆是带着快乐离开的”。帮助孩子体会这两句话揭示的有关生命的深层意义。

3. 小西会用“魔力吻”吻醒外婆，表达着自己对外婆的爱。而外婆则会用给小西做很多美味的食物、陪小西玩捉迷藏来表达她对小西的爱。每个人对亲人表达爱的方式都是不同的，因此要让孩子关注到亲情的表达方式，让他们学会如何去表达自己对亲人的爱。

四、活动设计

1. 小西的外婆慈祥可爱，那你的外婆又是什么样子呢？想一想你外婆的样子。试着先用语言描述一下你外婆的特征，再根据这些特征试着给你的外婆画张肖像画，完成之后送给外婆，相信她一定会很开心。

我心目中的外婆
特征：
画像：

2. 小西经常用“魔力吻”吻醒外婆，可最后，“魔力吻”却失效了，你知道这是为什么吗？试着说说你的理解。

3. 世界上最温馨的地方就是我们的家，家里有深爱我们的家人，相信你也是这样认为的。在你的家里一定也发生了一些温馨、有趣的事情。请你说一说，与大家分享一下你和亲人之间的小故事。

4. 向爸爸妈妈学习一道简单的菜，周末做给外公外婆和爷爷奶奶吃并在完成后简单描述下你做菜的全过程，以及最后的成果。

做菜的材料	
做菜的过程	
给谁吃	吃后的评价

【撰写者　梁硕霞】

课堂实录 《狐狸和大熊》

教学目标

1. 在质疑的过程中整体感知书中人物的形象，通过阅读把握狐狸和大熊的典型性格。

2. 运用图文结合的方法，品读图画书的个性语言，同时学会仔细观察文字对应的画面，提升对人物形象的认识。

3. 在对比中感知狐狸和大熊对待他人的不同态度，认识到诚实待人的重要性。

教学重难点

重点：(1) 探寻狐狸和大熊的不同的性格特点。

(2) 读好狐狸和大熊的对话，边读边领悟诚实待人的重要性。

难点：把握狐狸和大熊的不同形象，愿意对自己感兴趣的形象进行中肯的评价。

教学准备

相关图片、课件。

教学过程

一、图片激趣，导入新知

1. 谈话导入

师：很多故事里都有狐狸，你记得哪些故事？

生1：葡萄熟了，狐狸吃不到葡萄，就对森林里的小动物说葡萄是酸的。后来，小猴子带领伙伴们亲口尝了尝，才知道葡萄是甜的。

生2：狐狸说了谎，欺骗了小动物们。

师：你们讲得真好！不仅记住了故事，还对狐狸的行为进行了评价。今天，我们来读一个新故事，题目是“狐狸和大熊”(板书)。

2. 猜测题目

师：看到这个题目，你想知道什么？

生1：狐狸长啥样？

生2：在这个故事里，大熊做了什么？

生3：狐狸和大熊有什么关系，他们之间发生了什么故事？

师：让我们带着这些问题一起走进这本图画书去寻找答案吧！

【设计意图：以聊天的方式，借助孩子熟悉的旧知导入新知，同时出示顺应孩子形象思维逻辑的图片，激发孩子的学习兴趣。达到唤起孩子的经验、调动孩子阅读故事积极性的目的。】

二、初读课文，语境识词，整体感知

1. 自读课文

师：请拿出书读一读故事，注意读准字音，不好读的地方多读读。

（孩子边读教师边随机辅导。）

2. 整体感知

师：读过故事，你知道了这是关于谁和谁之间的什么故事？

生：狐狸和大熊一起种地的故事。

【设计意图：尊重孩子从整体到局部的认知规律，培养孩子整体感知的能力。】

三、精读图画书，读议结合，理解感悟

师：那么，狐狸和大熊之间到底发生了什么故事呢？接下来，我们就一起边看图画边读书。

师：这是扉页。从扉页中，我们可以发现图画书的作者。

生：我发现，文（文字作者）是王蕾，图（图画作者）是布克布克。

师：请注意，故事就要从这里开始了。

狐狸和大熊是邻居，狐狸很聪明，大熊挺老实。

有一天，狐狸对大熊说："熊大哥，我们一起种地吧，我去找种子。"大熊点点头爽快地答应了。

春天一到，狐狸很快就找来了种子。种子种下去后，大熊拿起锄头，仔细地挖土翻地，不一会儿的功夫，就把狐狸找来的种子都播撒下去了。过了没多久，种子发出了翠绿的嫩芽。狐狸笑眯眯地对大熊说："这些种子种下去，很快就会开花结果了，我是个大方人，收获时我就拿地下的部分，地上的全归你。"大熊憨厚地笑了笑，点点头答应了。

为了让嫩芽快点长大，大熊每天都给它浇水、松土和捉虫。太阳照，风儿吹，雨水浇。很快绿油油的叶子就长满了一地，还开出了惹人喜爱的漂亮小白花。

收获的时候到了，狐狸和大熊一同来到了地里。

按照之前的约定，大熊拿走了地上的叶子，那么狐狸呢？对，狐狸应该拿走地下的部分。可是地下有什么，不就是蔬菜的根吗？

哦！地下竟然全是粗粗壮壮的土豆！

原来，狐狸早知道种下的土豆会长在地下。

师：上面的故事，你知道了什么？

生：我知道了狐狸和大熊是邻居，狐狸邀请大熊一起种地，大熊同意了。狐狸假装不知道种

什么，还假装和大熊商量收获之后怎么分。结果，狐狸拿到的全是粗粗壮壮的大土豆，而大熊什么也没得到。

生：老师，大熊不是什么都没得到，他收获的是地上的叶子。

师：这样说就更准确了。谁还有其他发现？

生：我发现狐狸很聪明（板书），大熊很老实（板书），在书中的第一页。

师：你记得可真清楚。那么，狐狸哪里聪明了？

生：狐狸明明知道收获后的果实会长在地下，还故意和大熊约定。

师："明明知道"，你是从哪个词语得知的？

生：故事中说"原来，狐狸早知道种下的土豆会长在地下"，我从"早知道"（板书）这个词语中可以推断出来。

师：你真会联想，还能根据联想作出合理推断，真了不起。

生：老师，我觉得狐狸这不是聪明，而是狡猾。

师：明白你的意思。你觉得在这里用"狡猾"（板书）形容狐狸更合适。

生：对。

师：刚刚你们说狐狸假装不知道果实长在哪，实际上却是"早知道"。这其实是对大熊的一种……

生：这是一种有预谋的欺骗和虚情假意。

师：掌声送给他。

师：我们来接着读下面的故事。

没过几天，狐狸又来找大熊："这次我们继续种地，你拿地下的，我拿地上的，怎么样？"

大熊还是想都没想，又点点头答应了。可是，狡猾的狐狸这次找来的是卷心菜的种子。

太阳照，风儿吹，雨水浇，很快又到了收获的时候。在大熊悉心的照料下，满地都是绿油油的菜叶。

师：按照约定，大熊和狐狸怎样分配呢？

生：按照约定，狐狸拿走的是地上的卷心菜，大熊拿走的仅仅是地下的根。

师：是啊！这个时候，大熊傻了眼，狐狸笑咧了嘴。一整个冬天，狐狸把卷心菜吃了个精光。大熊呢，心里想着找机会一定要教训一下狡猾的狐狸。

师：读到这里，你有什么想对狐狸说的？

生：狐狸，你怎么能总是欺负大熊呢！大熊那么老实，上次都没和你计较，你还骗他，太不应该了。

师：你真是个是非分明的孩子。

生：老师，我想对大熊说。

师：可以呀！

生1：大熊，你狠狠地教训教训狐狸，我全力支持你！

生2：老师，我有办法教训狐狸。

师：好，请你给大熊出出主意。

生：大熊也可以找种子呀，也让狐狸尝尝被欺骗的滋味。

师：你真有想法。那么大熊怎么做的呢？请接着听故事。

春天来了，大熊主动跟狐狸说："狐狸小弟，我从外面找来一些种子，我想这次收获时，我只要果实的里面，其余的都归你。"

狐狸一听除了果实里面以外，其余都归自己，想都没想就答应了。

太阳照，风儿吹，雨水浇。

很快，又到了收获的时候。

这次种下的是大豆，大熊慢悠悠地剥开每颗豆荚，把圆润饱满的大豆摘出来，集了满满一口袋，高高兴兴地回家了。狐狸在一旁气得两眼发直。

师：看到狐狸受骗，你想对狐狸说点什么？

生1：狐狸，看到了吧？你欺骗别人，别人也不会真心对你的。

生1：狐狸，你也尝到了被欺骗的滋味了吧？看你以后还敢不敢再耍小聪明，去欺骗别人。

师：是啊！狐狸会善罢甘休吗？大熊又是怎样做的呢？请接着听故事。

过了些日子，狐狸发现大熊总是拎着水桶和剪子跑出去，就悄悄地跟在后面。

在一片小树林前，大熊一边修剪枝叶，一边故意大声说："这次果实里面的东西可要比上次大多了。"狐狸偷听到大熊的话，心里盘算着："臭大熊，这次我要让你尝尝我狐狸的厉害！"于是狐狸提着水壶笑眯眯地跑到大熊身边，一边拿起水壶浇水一边说道："熊大哥，你看这次小弟也干活了，收获时也该算我一份吧。"大熊憨厚地笑笑，正准备说话，却被狐狸打住了："熊大哥，上次收获时我拿了果实的外面，这次我要果实的里面，外面都归你。"大熊装作无可奈何地点点头。

太阳照，风儿吹，雨水浇。很快又到了收获的时候。满树的桃子成熟了，个个红彤彤，香喷喷。大熊一口一个大桃子，吐了一地儿的桃核。狐狸守着一堆桃核，气得眼冒金星。

1. 小组合作，探讨狐狸形象

师：这一次，大熊又是怎样教训狐狸的呢？请你仔细默读课文，先找出描写大熊的句子，然后再从句子中选出关键词语，最后结合文字中对应的图画和同桌说一说你对大熊这个形象的认识。在交流过程中，请注意既要把话说完整，还要力求做到有理有据。

师：通过阅读和思考，谁愿意说说这次狐狸和大熊播种的是什么，大熊又是怎样教训狐狸的？

生：这一次，狐狸和大熊种的是桃子。狐狸偷偷监视大熊，偷听大熊的话，想要再次占便宜，却没能得逞。

师：你语言组织得真完整。同桌想说说吗？

生：狐狸想欺骗大熊，却被大熊欺骗了。

师：刚刚他说“大熊欺骗了狐狸”，大家怎么看？

生：我觉得不是大熊欺骗了狐狸，而是大熊利用狐狸的本性引狐狸上钩。

师：狐狸的什么本性？

生：狐狸贪得无厌、永远不满足，还爱占便宜的本性。

师：为她肯动脑筋、敢于表达独立思考的结果一点掌声吧。

师：接下来，就让我们一起来细细品读大熊是如何教训狐狸的！请同桌之间分角色朗读，一人读大熊的话，一人读狐狸的话，还可以一边读一边加上动作。

（同桌之间绘声绘色地分角色读。）

师：请一组同桌来读一读狐狸和大熊之间的对话，可以加上你的动作，大家一起来读旁白部分。

生：（边读边表演展示。）

2. 独立思考，把握大熊形象

师：读过整个故事后，大熊给你留下了什么印象？

生1：我觉得大熊很憨厚，狐狸要和他一起种地，大熊爽快地答应了。

生2：大熊挺老实的。狐狸欺骗过他后，他还愿意和狐狸一起种地，并没有怨言。

生3：大熊很聪明，他用了狐狸欺骗他的方法教训了狐狸。

师：是啊！大熊不仅聪明，还十分有智慧。请读读这些句子（PPT图画27）

大熊一边修剪枝叶，一边故意大声说。

大熊装作无可奈何地点点头。

生1：我知道了！大熊假装不知道狐狸心里的盘算，其实他早就谋划好了。

生2：还有大熊能利用狐狸的贪心，狠狠地教训他，还没让狐狸看出来。

3. 揭示主题，探讨待人态度

师：通过阅读，我们看到了狐狸的欺骗和虚假。在自读自悟中，我们又发现了大熊的憨厚和聪慧。相信看到了狐狸和大熊的不同表现后，你们对“如何对待他人”这个话题一定有了自己的想法。谁愿意来说一说？

生1：我觉得对待他人应该诚实，不能虚情假意。

生2：别人都不是傻子，如果虚情假意，就不会有人愿意理你了。

生3：如果你总欺骗别人，就一定会受到教训的。

生4：就像“狼来了”的故事，别人都不相信放羊的孩子了。

……

师：是啊！读别人的故事，懂得自己生活的道理，这就是我们的收获。

【设计意图：通过抓关键词的方法，引导孩子结合故事语境体会主人公的个性形象特点。借助小组合作的方式，培养孩子相互协作的能力。力求在教师的有效指导下，每个孩子都能够逐渐形成自我独立解决问题的能力和思考策略。以统领性的问题和开放性的学习方式，将孩子真正地推至课堂的主体地位。】

四、品读课文，升华情感

师：让我们再次回过头来，读一读狐狸和大熊四次种地的过程。

师：前两次的种地过程，我们知道狐狸欺骗了大熊。请仔细想一想，狐狸分别用什么方法欺骗的大熊？

生：第一次他是用事先准备好的种子，和大熊提出了约定。

师：什么样的约定？

生：事先早就知道结果的约定。

师：这种约定是不诚实的，因此不公平。

生：第二次，他还是提前准备好了种子，并主动和大熊提出约定。

师：这次约定，和第一次有什么不同？

生：这次狐狸偷换了种子，还将约定的(内容)和上次的换了一下。

师：看来，他再次欺骗了老实的大熊。也许，当时憨厚的大熊以为狐狸还是种土豆呢！

生：结果狐狸种的是卷心菜。

师：紧接着，在后两次种地的过程中，我们读到了大熊教训狐狸的情景。采访一下，大熊，你为什么想要教训狐狸呢？

生1：因为狐狸太不诚实了，他总是欺骗我，我要给他点颜色看看。

生2：狐狸很虚假，我想撕下(揭穿)他的谎言。

师：孩子，请问你最想对狐狸说点什么呀？

生1：狐狸，如果你不总是欺骗大熊，大熊也不会教训你。

生2：狐狸，以后不要欺骗别人了，这种行为不好。

生3：狐狸，只有诚实，别人才会愿意和你好好相处。

生4：狐狸，如果你总说谎，会没有好朋友的。

生5：狐狸，如果你肯真心改正缺点，别人还会原谅你。

……

师：这些是你们对狐狸的小提醒和真心期待。《狐狸和大熊》的故事，也启迪了我们要做一个诚实的人。只有我们诚实对待别人，别人才会同样真心对待我们。

【设计意图：通过分角色朗读的方式，激发孩子深入体会人物形象。在教师正向的价值观引导下，通过“采访”的方式，润物细无声地向孩子渗透优秀品质在生活中的重要性。】

五、拓展延伸

师：狐狸虽精明狡猾，却最终被大熊气得眼冒金花；大熊虽憨厚老实，却能巧用智慧教训贪得无厌的狐狸。相信，通过狐狸和大熊一起种地的小故事，你们一定收获了“如何与他人友好相处”的大道理。请相信，在我们的人生旅途中，只有我们对人播种诚实，才能像手捧空花瓶的孩子(PPT)一样收获真正最美的鲜花。

师：生活中，假如你遇到了狐狸这样不诚实的人，你会怎么做呢？请将你的想法写一写。

【设计意图：通过揭示全文主旨，向学生子渗透“诚实待人”的重要性。在拓展延伸中，开阔学生的思维和视野，引导学生联系生活深入把握人物形象，并愿意尝试进入角色，将角色延伸到生活中。】

[附] 板书设计

狐狸	大熊
狡猾	老实
欺骗	不计较
再次欺骗	教训狐狸

诚实待人

才有收获

【执教者　陈小杰】

“人与他人”主题图画书·拓展阅读

主题	关键词	书名	出版社
友好相处	学会关心别人	《我会关心别人》	电子工业出版社
尊重他人	尊重残疾人	《特别的设施》	华东师范大学出版社
奉献与分享	与别人共同分享快乐	《和甘伯伯去游河》	河北教育出版社
团结互助	团结就能够战胜困难	《妈妈的红沙发》	河北教育出版社
感悟亲情	感悟母亲的劳苦	《礼物》	福建少年儿童出版社

你还知道哪些类似的图画书，将它们的信息填入下表中。

第3辑

人与生命

生命，那是自然给人类去雕琢的宝石。

——诺贝尔

导 言

生命，是一个严肃、伟大、充满希望的词汇。

在这个神秘的宇宙中，有一个发光的蓝色星球——地球。在这个迷人的星球上，无数的生命悄然孕育而生，让这个寂静的星球变得生机勃勃。在这个星球上，每一个生命都是一个奇迹，而人类的生命更是充满神秘。人类通过一代又一代的繁衍、进化，拥有着地球生物中最高的智慧，安然屹立在食物链的最顶端，人类一直在探索生命的道路上艰难前行，企图利用智慧破译生命的密码。但即使这样，我们仍旧对生命存有很多的未知。这些未知正是生命最为迷人的地方，充满神秘。

地球上的每一种生物都有属于自己的生命，每一个生命个体都不相同。这些生命体以自己独特的生存方式在地球上默默繁衍了几百万、几千万甚至几亿年。在这个漫长的过程中，一代代生命从出生，到生长，到衰老，直到最后的灭亡，这个亘古不变的生命规律一直在延续。我们人类虽然有很高的智慧，但始终无法改变这个不可逆的过程，因此，我们会更加意识到生命的可贵，想要探索了解生命的起源、探求生命的真谛、感悟生命的意义，最终学会珍视每一个生命。

地球上的生命有很多种，动物、植物、微生物等。我们与其他物种之间形成一种微妙的关系网络，包括人与人，人与动物、植物，我们共处于一个生物网中，要想维持好这种关系的平衡，我们首先要做的就是了解生命。

生命的出生是一个很重要的开始，对于人类来说更是如此。我们从一个小小的精子与卵细胞结合后形成的受精卵开始发育，一点一点从母体通过脐带获取营养逐渐成长，身体慢慢变大，内脏发育成形，伴随着一声啼哭，一个新的生命诞生了。对于孩子来说自己的出生一直都是一个秘密，很多家长不想过早让孩子了解有关生命是怎样产生以及性别等问题，于是便用一些比较委婉的语言，甚至是一些没有根据的谎话来回答孩子，也因此对孩子的成长产生了或多或少的影响。对于“我到底是从哪儿来的”、“我为什么是男孩”这样的问题是需要一种生动有趣、符合孩子理解程度，同时又有科学根据的方式来解答的，图画书就非常合适。通过阅读图画书等途径了解自己的出生，对于我们的成长有着很大意义，只有我们清晰地了解了自己出生的过程，才会更懂得生命的来之不易，才会更加珍爱自己的生命，同时学会呵护其他的生命。

世界上的生命多种多样，每一种生命都有自己不同的样子。就拿人类来说，我们有四肢骨骼,有长得不一样的五官,所有的这些组成了一个个鲜活的生命个体。我们的脚能用来走路,我们的手能拿、抓、捏、打一些物品。我们身体的各部分都有其特定的功能,每一部分都是必不可少的,所有的生命都是如此。因此,认识我们身体的结构能够帮助我们在生活中更加自如地运用我们的身体,同时还能避免身体受到伤害,帮助我们更加科学地去保护身体。拥有一个健康的身体,我们的生活才会更加快乐。

认识了身体结构,我们还需要关注生命的成长。生命的成长是一个漫长的过程,对于植物、动物都是如此。生命从孕育开始就是一个艰辛的过程,是不能急于求成的。除去一些微生物,只说动、植物,生命个体的成长不可能在很短时间内完成,因为在生命的成长中会受到很多外界环境的影响,人类更是如此。我们会经历很多生活给予我们的困难,会面临失败,会悲伤,会被疾病困扰,当然也会充满希望,我们的身体和心理都在面对着未知的一切。因而生命的成长绝非易事,也绝非一时。关注生命成长的过程,可以让我们体会到成长中的快乐或是悲伤,可以帮助我们积累成长的经验。对于除了人类以外的生物而言,看到它们成长中所经历的过程,聆听它们生命中的故事,这难道不是一件有趣的事情吗?

当然,对于生命而言,有开始也必会有结束,生命的这个过程是我们无法逆转的。这是大自然所赋予我们的游戏规则,没有人可以改变。很多人不敢面对死亡,恐惧死亡,认为死亡是一件不吉利的事情。因此,家长很少会直接给孩子解释死亡的意义,也不希望孩子过早地认识死亡。其实,死亡并不可怕,它是我们人生中必须经历的过程,每个人都必须面对。对于孩子来说,接触死亡,更多是因为自己的亲人,比如爷爷奶奶、外公外婆的离世,这种隔辈亲人的离开是最为常见的,因此,不论是家长还是教师,都应该注意帮助孩子去理解生命的死亡,并且让他们学会面对、学会处理这种情感。当然,更应该告诉孩子不要去恐惧死亡,更加科学地认识死亡的意义,不要相信一些神鬼迷信的说法。孩子则通过对于死亡的认识,学会处理好自己的心情,并意识到生命的宝贵。自然而然,孩子就会有意识地保护自己,珍爱自己的生命。

当然,对于生命而言,每一个个体都是值得他人尊重、珍惜的。珍爱生命,不只是要让我们懂得珍惜自己的生命、保护自己的身体,还要学会珍惜他人的生命,包括动物和植物。我们要告诉孩子不只要关注自己的生命,还要去学着呵护身边的亲人、朋友、陌生人,除此之外,还有身边的小猫、小狗、小花、小草等。

生命,从一开始就是一个奇迹。就像诺贝尔所说:生命,那是自然给人类去雕琢的宝石,是无价的、多彩的。生命的意义就是其本身所散发出的那种神秘、永恒的光辉,没有什么可以超越生命、凌驾于生命之上而存在。对于生命而言,我们能做的也是最应该做的就是去了解我们自己的生命,了解我们的出生、我们的成长,并学会去理解和面对死亡。通过对生命的探求来感受生命的力量,学会去珍重每一个来之不易的生命是我们对生命最为真挚的崇敬。

【撰写者　梁硕霞】

“人与生命”主题图画书一览

主题	关键词	书　　名	出版社
了解出生与性别	了解不同的出生方式	《呱呱坠地》	电子工业出版社
	认识人类生命的形成过程	《人之初》	北京联合出版公司
	探秘小“精子”	《小威向前冲》	贵州人民出版社
	探索人类存在的意义	《妈妈，我为什么存在？》	湖北美术出版社
	了解我们怎样出生	《菲菲出生了》	浙江教育出版社
认识身体	认识我们的身体器官	《了不起的身体》	北京科学技术出版社
	我的脑、心和肚子	《你不知道的三个朋友》	二十一世纪出版社
	探秘身体里各种洞的功能	《我们身体里的“洞”》	浙江教育出版社
	活动我们的四肢	《从头动到脚》	明天出版社
	探索口腔中牙齿的秘密	《牙齿大街的新鲜事》	北京科学技术出版社
生命成长历程	体会母爱与成长	《有一天》	新星出版社
	奇特“粪球”论生命	《大象的算术》	连环画出版社
	认识各种植物的生长	《一粒种子的旅行》	南海出版公司
	从番茄看植物成长过程	《番茄的旅行》	华东师范大学出版社
	发现成长的变化	《你很快就会长高》	湖北少年儿童出版社
面对死亡，理解死亡	以猫的视角探索生命意义	《活了100万次的猫》	接力出版社
	探索友谊与生命	《獾的礼物》	明天出版社
	体会生命在死亡面前的力量	《会魔法的爸爸》	海燕出版社
	学会理解生命的告别	《爷爷有没有穿西装？》	江苏少年儿童出版社
	理解生命的消逝	《汤姆的外公去世了》	海燕出版社
珍爱生命	了解交通灯一天的工作	《红绿灯眨眼睛》	新星出版社
	学会保护自己	《安全第一》	新疆青少年出版社
	追求和平，热爱生命	《和平是什么？》	译林出版社
	珍惜生命，拒绝战争	《走进生命花园》	中国民族摄影艺术出版社
	体会“生”的意义	《一切有心》	华东师范大学出版社

了解出生与性别

关键词：了解不同的出生方式
书　名：呱呱坠地
作　者：【韩】许银实
绘　者：【韩】金东秀
译　者：宗黎娟
出版社：电子工业出版社

一、重述故事

不同的动物有着不同的出生方式，它们在妈妈的养育和照顾下，会有不同的成长方式。

人类生命的产生是因为精子与卵子的结合，经过妈妈的十月怀胎，然后出生。小兔子刚出生没有毛，一个星期过后会长出白色的毛，耳朵会变长，然后能够与妈妈一起吃青草、做游戏。小袋鼠会在妈妈的育儿袋里吃着妈妈的奶，渐渐长大。小长颈鹿刚出生时腿没有力气，经过很多次的摔倒、爬起，慢慢地，它能够拥有结实的腿来行走，与妈妈一起散步。刺猬刚出生时没有硬硬的刺，渐渐地，白色的刺会生长出来并且变硬，随着刺猬的成长，这些白刺逐渐脱落，然后长出咖啡色的新刺。小猩猩会被妈妈照顾着，妈妈去哪都会带着小猩猩，终有一天，小猩猩长成与妈妈一样的成年猩猩。小北极熊会在妈妈的怀抱里生长，到了春天，就能与其他小熊一起玩。蝙蝠、海豹、鲸都有自己的出生和成长方式。

二、生命教育解读

《呱呱坠地》是一本帮助孩子了解动物包括我们是如何出生的书，孩子总会问："妈妈，我从哪里来？"这本书就绘声绘色地回答了这个问题。精子与卵子相结合，再经过妈妈的十月怀胎，可爱的生命就诞生了，婴儿降生在这个多彩的世界上，通过父母无微不至的哺育与关怀，逐渐长大成人。

出生是一个个体生命生长的开始，它是生命旅程的起点，要让孩子了解自己的出生，然后认识其他生命个体的出生，感悟生命的伟大。动物与人一样，也有各自独特的出生方式以及妈妈的哺育方式。虽然动物的出生方式千差万别、各不相同，但它们的生命也都是从出生开始的。

妈妈的孕育、出生到成长，这是一个生命成长必经的过程，而出生是一个生命的转折点，它使得生命个体由封闭而缺少光彩的世界到了一个五彩缤纷而宽广的世界。人类在出生之前，会在母亲的肚子里生长，然后降生到这个色彩斑斓的世界，在这片广袤的土地上成长，动物也是这样。

三、教学小提醒

1. 本书讲述人与兔子、袋鼠、长颈鹿、刺猬、猩猩等动物的出生，虽然各种动物与人的出生方式不一样，但在阅读完整本书后，应该引导孩子发现书中所讲述内容的共性，而不仅仅停留在了解动物与人的出生方式的差异上。当动物与人出生后，都会得到妈妈无微不至的照顾，妈妈走到哪儿都会带着自己的孩子，妈妈都会给予自己孩子关爱，这就是共同点。

2. 书中在介绍蝙蝠、海豹和鲸的出生方式的时候，并没有具体详细的讲解，应该注意到这点，可以让孩子想象一下这三种动物的出生方式以及成长方式，而不是了解完其他动物的出生方式后将这三种动物的出生方式简单略过。

3. 书中在讲人类即将从妈妈的肚子里出生的时候，图画中有一束红黄色相间的光，应该引导孩子想象这道光代表着什么？这道光象征着新世界的美好与明亮，代表着孩子即将来到的新的成长环境的美好。

四、活动设计

1. 填写下表。

探索出生过程
人类小宝宝出生的过程：
小白兔出生的过程：
小袋鼠出生的过程：

续表

探索出生过程
小长颈鹿出生的过程：
小刺猬出生的过程：
小猩猩出生的过程：
小北极熊出生的过程：
通过探索以上生命个体的出生，找找它们出生的共性：

2. 每一种生命个体都有其独特的出生方式，除了书中介绍过的，你还知道哪些动物的出生和成长方式，请说一说。

3. 书中介绍的人与动物的出生方式叫胎生，像小鸡、小鸟、鸭子等这些动物的出生方式叫卵生，在生活中，你还知道哪些动物是卵生的，举例说一说。

4. 出生后，你就来到了一个充满阳光与温暖的世界中，在这里，你开始慢慢地成长，在成长过程中，哪些事情给你留下的印象最深，请你讲一讲。

5. 在生活中，你亲眼见过小动物的出生吗？请你描述一下，并且把过程和你的感受写下来。

6. 认识了这么多的出生方式，也了解了你自己的出生方式，回家后，让妈妈给你讲讲关于你出生时发生的故事，以及你小时候的故事，更多地了解你自己。

【撰写者　张婧雅】

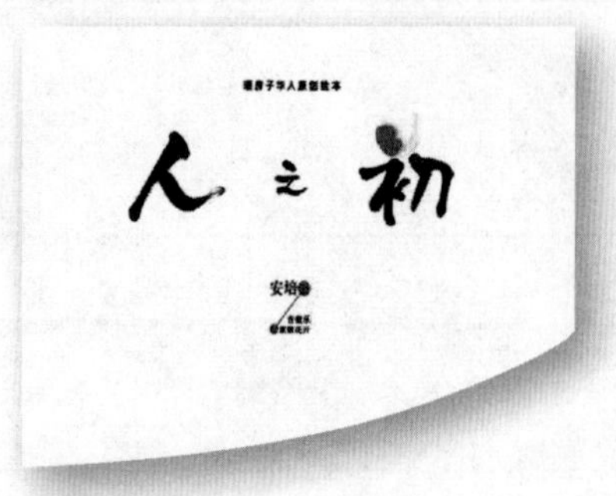

关键词：认识人类生命的形成过程
书　名：人之初
作　者：吉葡乐　素树花开
绘　者：安培
出版社：北京联合出版公司

一、重述故事

一个小精子和许多小伙伴一起从爸爸王国游走，想游到妈妈王国去。他们一路上如小鱼一般游来游去，终于游到了妈妈王国那里——一个小小的宫殿。这个小精子好似最活泼的乐符，穿过层层光晕，成为第一个到达的，与妈妈王国的卵子公主融合在一起，新的生命就这样产生了。

这生命如种子一般生根发芽，融合的精子先生与卵子公主不断分裂，吸收着养分，好像变魔法一样，先变成星云，又慢慢长成最完美的样子，这生命在粉色的宫殿里有时睡着，有时醒着，慢慢地，有了心跳的声音，像钟表走动般嘀嗒、嘀嗒。新生命在悄悄练习着生长，有手有脚，有鼻子，有嘴，有耳朵……最奇妙的是，还有了眼睛。虽然现在看不到，但他知道外面一定有个精彩的世界等着他，为此，他要积攒所有的力气，去那个不一样的世界。

想到这里，这小生命居然有些留恋这个粉色的宫殿了，既兴奋又害怕。但时机已经成熟，乘着一股巨大的力量，小生命冲向光明，开始了属于他的新旅程。

二、生命教育解读

“生命”是人类发展长河中贯穿始终的要学习的课题，对于成人来说，儿童是鲜活的生命个体，“我是谁”、“我从何而来”等类似问题是许多孩子心中反复数次的疑问，但在他们与成人的交往过程中，这些疑问始终“悬而未决”。而认识生命存在的特点正是儿童个体得以完整发展的基础，了解“我是谁”、“我从何而来”，是儿童了解自己、正视自我的关键。

人类生命的孕育是一个饱含美的奇妙过程，在这过程中，必要的组成因子为新生命的融合诞生共同创造可能性，精子先生与卵子公主的相遇成为小生命形成的必要条件，这是一场充满奇遇的冒险之旅，也是一场充满神圣的寻觅之旅。正如故事中的生命诞生一般，积极的精子先生带着自己对未知的向往与勇敢的心，向沉静等待的卵子公主奔去，他冲破了重重障碍，与可爱的她相遇。值得我们关注的是，这并非是个一帆风顺的过程，在神奇、美妙、冒险的背后，还有着危险与困境，但正如此，在精子先生与卵子公主相遇之后，我们看到了快乐、勇敢，以及对新生命的好奇，还有值得期待的幸福。

"人类生命形成"是故事中饱含美好的主题，它并非是一个所谓的尴尬主题，反而是成人与儿童共读图画书时最值得期待的故事题材。作品用非常形象的图画与简洁而生动的文字向儿童展示了人类生命的形成、孕育，直至出生，简单却美好，直接却不失震撼。教师是成人，也应是良师，在儿童了解生命个体形成时，教师应该用自己的理解及对故事本身的解读，向儿童呈现一幅探索生命的奇妙画卷。

三、教学小提醒

1. 故事中，两只"小蝌蚪"从相遇到成为一体，轮廓慢慢清晰，发展成为人形，这是让孩子感受生命孕育之美的关键，应重点观察分析画面，成人可以适时表达自己的看法，引导孩子深入思考并体会生命轮廓逐渐形成的奇特。

2. 在小生命即将来到世界之前，他有些留恋与不舍，也有激动和期望，这是一个重要的细节，既暗示了母亲孕育新生命的伟大，也预示着人类世界的异彩纷呈，要注意引导孩子体会分析其中丰富的情感，同时感受和思考我们所生活的世界的未知精彩。

3. 故事可以分为两个阶段，精子先生和卵子公主的相遇以及新生命在粉色宫殿的孕育，两个阶段的巧妙融合是阅读的难点，要帮助孩子理解两个阶段的自然衔接和转折，引导孩子理解生命诞生的机遇性和生命孕育的奇妙性。

四、活动设计

1. 读完这个故事，你知道自己是谁，又是从何而来的吗？请与大家分享你的想法。

2. 故事中的精子先生有什么样的性格？在寻觅卵子公主的过程中都有哪些奇妙经历？

3. 故事中精子先生与卵子公主的相遇让新生命的产生成为可能，你理解"生命"这个词了吗？什么是"生命"？请说说你的观点。

4. 生命有许多种存在形式，除了故事中的人类生命之外，你还知道哪些生命形式？开动你的小脑瓜写一写，并与伙伴们分享，集思广益吧！

5. 故事中诞生的新生命充满诗意、饱含美，在粉色的宫殿里孕育、生长，当他积聚力量即将来到新世界的时候，产生了哪些想法和感受呢？为什么？把你想到的写一写吧。

6. 书中的图画和文字如诗般饱含韵律，如画一般。试着拿起你的画笔，重温故事中生命的发展，设计一类生命形式的形成过程，带着你的想象为他塑出轮廓，温暖着色。读完这个故事后，带着你的理解，以图画的形式，为大家呈现一个不同于故事中所表达的生命孕育过程。

7. 生命是宇宙中的特殊存在，在阅读后，试着给爸爸妈妈讲一讲这个故事，与爸爸妈妈一起聊聊你对生命的感受，聆听自己出生时的事。

8. 你与父母一起参加班级开展的"三人四足"游戏，在游戏中体味亲子之乐，感受亲子之爱。

【撰写者　陈云川】

关键词：探秘小“精子”
书　名：小威向前冲
作　者：【英】艾伦
绘　者：【英】艾伦
译　者：李小强
出版社：贵州人民出版社

一、重述故事

小威是一个小精子，他和三亿个朋友一起住在布朗先生的身体里。他的数学成绩不好，在学校经常遭到老师和同学们的批评和嘲笑，但是，小威是一个不折不扣的游泳高手。有一天，老师宣布不久将举办一场游泳比赛，奖品是布朗太太身体里一个美丽的卵子。

游泳比赛的日子一天一天近了，小威每天都在认真努力地练习。

比赛那天，老师分给每个小精子一副泳镜、两张地图，一号地图是布朗先生的身体地图，二号地图是布朗太太的身体地图，指导大家沿着怎样的路线游到终点。

那天晚上，布朗先生和布朗太太亲密地在一起。老师的发号枪一响，浩浩荡荡的三亿个小精子尽全力地向前冲去，场面真是蔚为壮观。小威太想拿下这个冠军了，他使出了浑身解数，奋力地向前游去。同时，他的朋友小布和他你追我赶，竞争激烈极了。

小威努力向前游了很久很久，虽然他的数学实在不好，计算不出离终点还有多远，但他真是一个游泳高手，先于所有兄弟冲到了终点，一头扎到了长得可爱，身体暖绵绵的卵子里。小威渐渐消失了……

接下来，美妙的事情发生了！小威和卵子结合以后，慢慢长大，长得比布朗太太的肚子还大。最后，小宝宝诞生了，她是个小女生，名字叫小娜。

小娜长大去上学以后，发现她的数学也很糟糕，不过她游泳游得棒极了！

二、生命教育解读

这本书以儿童的视角，用童趣的方式，把精子、卵子、受精、遗传等孕育生命的过程，生动而又形象地展现在孩子的面前。这本书对生命教育的最本质问题——个体生命是如何起源并产生的进行了介绍。

这本书首先把大人难以启齿的“生命诞生”的问题用非常幽默轻松的方式说出来。其次，书中的小威被赋予了“数学不好”的特点，这名游泳健将获胜后不知所终，后来一个名叫小娜的女孩出生了，她也同样数学不好——将“遗传”这个关于生命发展的高深问题深入浅出地进行了解释。

当儿童处于对什么都好奇的童年意识初期，他们需要的答案不是《百科全书》中精准的解释论述，他们需要的是符合儿童思维、形象化的解释，然后，随着年龄的增长他们会去主动探究更加详细和精准的内容。《小威向前冲》用儿童的思维方式解决儿童的问题，这本书在帮助大人解决一个最难以启齿的问题的基础上，帮助大人寻找到了一种用孩子的思维来回应孩子好奇心的方式。

三、教学小提醒

1. 故事中小威只是三亿个小精子中的一个，他有很多的竞争对手，但只有他以最快的速度坚持到了终点，所以才有了小娜的诞生。可以告诉孩子，每一个孩子都是小威变成的，所以每个人都是最棒的。

2. 小威在游泳方面是最棒的，他能取得游泳冠军，但是也有自己的弱项——数学不好。可以告诉孩子，不完美是正常的，每个人都存在长处和短处，要正确看待自己的短处。

3. “那天晚上，布朗先生和布朗太太亲密地在一起……”于是小精子就获得了出发的讯号。因为他们会亲热地在一起，后来才有了小宝宝的诞生，这是一段爱意浓浓的旅程。应注意让孩子知道：是爸爸妈妈的相亲相爱创造了新的生命，让孩子分享爸爸妈妈的相亲相爱。

四、活动设计

1. 小威到哪去了？小娜又到哪去了呢？而你们又是从哪里来的？

2. 说一说，你和你的爸爸、妈妈在长相和性格上有哪些地方相似，体会遗传的力量。

3. 你认为小威除了擅长游泳之外，还用什么其他的优点吗？

4. 这本书的题日是《小威向前冲》，“向前冲”你认为是什么意思？

5. 玩游戏接龙，请你以接龙的游戏方式，挨个找朋友，并说出自己与朋友有哪些不一样的地方。

【撰写者　陈蕊】

关键词：探索人类存在的意义
书　名：妈妈，我为什么存在？
作　者：【法】奥斯卡·伯瑞尼弗
绘　者：【法】德尔芬·杜兰德
译　者：戴露
出版社：湖北美术出版社

一、重述故事

菲尔突然想知道“我为什么会存在”，于是走进厨房问妈妈，但正在忙碌的妈妈没有给菲尔答案，菲尔很失望。这时，毛毛熊佐福为了安慰菲尔，就带着菲尔去问其他小朋友。

菲尔和佐福带着“我为什么会存在”这个问题，先后问了花儿、墙、小灰尘、大钟、苍蝇、电视机、零钱包、小汽车、纸巾和橡皮小船，他们也根据自己的理解给出了答案：花儿认为自己存在是因为自己一直都在那里；墙回答建筑工人造房子的时候就有了他；小灰尘否认自己的存在，因为认为自己太小了；大钟告诉菲尔他存在是因为在嘀嗒嘀嗒地动；苍蝇说是为了产卵生更多的小苍蝇；电视机认为自己是因为大家的关注而存在；零钱包的存在是为了挣很多的钱，变得更胖更有钱；小汽车是为了玩而存在；纸巾认为自己很有用，能够给人擦鼻涕；橡皮小船觉得自己的存在是为了环游地球，去很多的国家。

做完晚饭的妈妈喊菲尔吃饭，还为菲尔准备了爱吃的菜。这时，空闲下来的妈妈主动回答了菲尔原先提出的问题，因为爸爸妈妈对菲尔的期待和疼爱，菲尔才会来到这个世界并因此而存在。听完妈妈的话，菲尔不再纠结烦恼，眉开眼笑地和亲爱的妈妈抱在了一起。

二、生命教育解读

《钢铁是怎样炼成的》一书中保尔·柯察金曾说过：“人最宝贵的是生命，生命每人只有一次。人的一生应当这样度过：当他回忆往事的时候，他不会因为虚度年华而悔恨，也不会因为碌碌无为而羞愧，当他临死的时候，他能够说：我的整个生命和全部精力，都献给了世界上最壮丽的事业——为解放全人类而斗争。”于保尔而言，他清楚地意识到他生命的存在是为了解放全人类而斗争，并且为之奋斗终生。

的确，生命对于每个人来说都是失而不可得的宝贵财富。但是，我们每个人在日复一日的生活中，是否考虑过我们存在的意义？是为了实现人生价值，还是为了吃喝玩乐过一辈子，抑或是其他什么原因？

在《妈妈，我为什么存在？》这本图画书中，菲尔对自己存在的意义产生了疑惑，他询问的对象也给出了不同的答案，这些答案背后就是回答者对于自身存在意义的理解：花儿不清楚为何存在，墙的存在是他人造就，小灰尘否认渺小的自己的存在，大钟的存在是为了辛勤工作，苍蝇的存在是为了传宗接代，电视机的存在是为了声名远扬，零钱包的存在是为了腰缠万贯，小汽车的存在是为了纵情享乐，纸巾的存在是为了物尽其用，小船的存在是为了周游世界，妈妈则认为菲尔是因为爱而存在。实际上，书中这些对自身存在意义的理解可以说就是现实中很多人对自身存在意义认知的反映。

从一本小小的图画书中，折射出的是对于人类存在意义这个深奥的哲学命题的探讨，这或许就是它被编入"小哲学家系列"出版的缘由。

三、教学小提醒

1. 《妈妈，我为什么存在？》属于"小哲学家系列"，可以引导孩子思考为什么菲尔提出的"我为什么会存在"这个问题能归入哲学问题，探讨其背后的深意，让孩子明白这本图画书是对人类存在意义的探索，在轻盈明快中感悟凝重的哲学问题。

2. 关于"为什么会存在"这个问题，菲尔询问的不同对象给出了不同的回答，这些答案有的需要商榷。生命教育的课堂应该让孩子树立正确的生命理念，应引导孩子辩证地看待众角色给出的关于自身存在意义的答案，树立正确的生命价值观。

3. 故事的最后，妈妈给予菲尔的回答是：菲尔是因为爱而出生存在在这个世上的。除了是爱的产物外，孩子对此可能还会有其他的观点，可以让孩子联系自身谈谈关于自己的存在意义的看法。

四、活动设计

1. 带着问题，菲尔先后询问了哪些角色？最后他是否得到了满意的答案？

2. 故事的结尾，毛毛熊佐福对于妈妈的回答有些疑惑，因为他觉得菲尔已经不是小宝宝了。那么，你觉得菲尔还是爸爸妈妈的小宝宝吗？

3. 在日常生活中，当你有不懂的问题时，你会怎么做？答案是否都会让你满意？

4. 对于菲尔的问题，每个角色给出的答案都不一样，毛毛熊佐福也会针对这些回答对菲尔发表自己的看法。亲爱的小朋友，你们对于这些答案又会有哪些看法呢？选择你最想评论的一个答案，将你想评论的对象和你的想法都在下面的表格中写下来。

针对________的回答，我想说：

5. 学完这本图画书，你们或许也对人类存在的意义有了自己的理解。那么，以小组为单位，一人充当采访者，其他人充当被采访者，进行一个关于“人为什么存在”的小采访，看看大家心中对此的答案是什么。

【撰写者　王蕾　冯璐艳】

关键词：了解我们怎样出生
书　名：菲菲出生了
作　者：【韩】闵秀贤
绘　者：【韩】李珠润
译　者：陈爱丽
出版社：浙江教育出版社

一、重述故事

妈妈的朋友要来家里做客了，菲菲也学着招呼阿姨们。眼镜阿姨肚子鼓起来了，漂亮阿姨抱着小宝宝，而妈妈和开心果阿姨也都忙着照顾小宝宝，于是，菲菲就不高兴了。

晚上，妈妈决定讲个故事——《菲菲出生了》，来安慰生闷气的菲菲。妈妈说，菲菲在妈妈肚子里时，就像一颗豌豆一样小。后来慢慢长大，长出了眼睛、鼻子、嘴巴，还有手和脚，再慢慢长成拳头大小。菲菲一边认真地听着故事，一边好奇地问妈妈，她出生之前住在哪儿呢？那个地方是什么样子的？妈妈告诉菲菲，那时候，她住在妈妈肚子里的育婴房，里面都是温暖的水，是个温暖的地方。在那里她也能听到爸爸妈妈读童话、唱歌，还能吃到许多好吃的东西，吃完后，她还喜欢游来游去，快乐地生活着。就这样，日子一天天过去，菲菲越长越大，准备从妈妈肚子里出来了，爸爸和妈妈也开始为菲菲准备可爱的小衣服和小袜子，还有玩具。妈妈一边讲着故事，一边甜甜地回味着菲菲出生时哇哇大哭的可爱模样。此时，菲菲也静静地进入了甜美梦乡。

二、生命教育解读

母亲十月怀胎，婴孩在肚里慢慢成长，这是一个充满爱、饱含温馨的过程。孩子呱呱落地，来到全新的世界，继续一天天地成长。孩子在成长过程中一定也相当好奇：自己怎样来到世界上，来到世界之前他又是如何生活的。让孩子知道自己来自哪里，经历了哪些成长变化，他们会发现生命原来如此神圣而奇妙。

图画书以故事的方式让孩子了解出生与性别，让他们能更好地认识自己，初步了解生命是如何形成的，未来的成长过程中，才会更加珍惜自己的身体，也因此能体会到父母的辛苦养育和无限关爱、呵护。

三、教学小提醒

1. 这本书故事性强，有明显的时间线索。要提醒孩子联系图画有条理地阅读了解，菲菲出生前发生了什么，出生时又是怎样的。

2. 菲菲出生前住在妈妈肚子里，里面到底是个什么样的地方，这很可能是孩子感兴趣的问题，注意让孩子知道里面很温暖，婴儿还能在里面吸收妈妈给予的营养。

3. 菲菲住在妈妈肚子里，开始只有豌豆大小，后来慢慢长成拳头大小。这是妈妈十月怀胎的过程，也是婴儿出生前的成长变化，特别注意让孩子去认识肚子里的婴儿长什么样，感受生命的神圣。

四、活动设计

1. 图画书以生动有趣的方式讲述了生命诞生的过程，请你将下面句子补充完整，并用自己的话将句子连起来讲一个关于出生的故事吧！

______年前，爸爸和妈妈相爱，他们想生一个跟自己长得一样的孩子。于是，爸爸的种子遇到妈妈的种子，一个漂亮的孩子就这样诞生了。

出生前，这个孩子住在______，那是个______的地方。刚开始，孩子特别小，就像______，慢慢地，孩子长出了______，再后来，长成了______大小。

当孩子准备出生时，爸爸妈妈准备了许多______来迎接这个神圣的生命。

2. 请你大胆发挥想象：住在妈妈肚子里时，菲菲可能会做些什么？

3. 你认为，菲菲住在妈妈肚子里时，妈妈当时的感觉是怎样的？

4. 读完故事，你知道自己出生前，在妈妈肚子里的样子吗？大胆画出自己所能想象到的样子。

我在妈妈肚子里的样子		
豌豆大小	长出鼻子、眼睛、嘴巴……	长成拳头大小

【撰写者　黄敏玲】

认识身体

关键词：认识我们的身体器官
书　名：了不起的身体
作　者：【英】米克・曼宁
绘　者：【英】布利塔・格兰斯特洛姆
译　者：丁一
出版社：北京科学技术出版社

一、重述故事

眼睛能够让人们看见生活的这个世界；耳朵可以让人们听见几千种不同的声音；人类有两个鼻孔，通过它们可以闻到气味；舌头能够帮助分辨味道、搅动食物，最后吞下去；人们可以喊叫，发出声音；牙齿对人们咬东西、嚼东西很重要；人们的脑袋上长着很多头发；胳膊可以帮助大家行走、拿东西；人类有肋骨，腿上的骨头和肌肉可以帮助人们蹦跳；皮肤可以保护人们不受高温、灰尘和脏东西的伤害；大脑可以帮助人们思考、观察、说话、睡觉、哭、笑。

同样，巨型鱿鱼、眼镜猴、灌丛婴猴、猫、鹰也有眼睛，它们的眼睛都有各自的特点与功能；非洲象、蝙蝠、蟋蟀的耳朵也有它们各自的作用；狗、大象、鼹鼠和鲨鱼的鼻子也很强大；蟾蜍、长颈鹿、食蚁兽的舌头也能帮助它们做很多事情；蓝鲸、鹦鹉和青蛙也可以发出声音；锯鳐、河狸、独角鲸、毒蛇和鳄鱼的牙齿也有独特的作用；公狮子、麝牛和无尾猬的毛也有很大的功能；乌龟、鳄鱼、鸟、蜗牛、昆虫和螃蟹也有骨头，只不过长的位置不一样；猎豹、走鹃、跳蚤也能跳和奔跑；次鲀、公变色龙和犰狳的皮肤也能够帮助它们；小狗的大脑也能做梦，大猩猩的大脑与人们的大脑接近。

二、生命教育解读

《了不起的身体》告诉我们，人类与动物都有很多器官，这些器官各有各的作用。如：人们的眼睛有各种颜色，能够让我们看见我们所生活的这个世界。鹰的眼睛和人的眼睛一样大，但是它的眼睛跟双筒望远镜一样厉害。眼镜猴、灌丛婴猴和猫一样，它们的眼睛能在黑暗中看清东西。透过这双眼睛，人类可以看到这个五彩缤纷的世界，同样，动物奇特的眼睛更能够感受到这个世界的美妙。人类与动物的眼睛的功能是不一样的，在黑夜里，人类不能清晰地看清事物，但是眼镜猴、灌丛婴猴和猫却可以。

虽然，人与动物都长着具有相同名称的器官，但是有的器官位置不同。人类的耳朵长在头的两侧，而蟋蟀的耳朵却长在腿上，但通过耳朵，人与动物都可以听到世界上的声音。

除了这些，人与动物有的器官的外形还不一样。长颈鹿的舌头是长长的、蓝黑色的，蟾蜍的舌头能够粘住昆虫，食蚁兽的舌头特别长，如果人与食蚁兽的舌头一样长，那舌头都能到人的膝盖了。

还有很多器官，如牙齿、鼻子、腿等，无论是人类的还是动物的，这些器官各司其职，相互配合、相互作用，依靠一个个器官，我们可以更好、更健康地生活，做各种各样的事情，欣赏这个美妙的世界。器官为我们身体的正常运行作着巨大的贡献，认识器官、认识我们的身体是我们必须要做的。

三、教学小提醒

1. 这本书介绍了人体的各个器官，当孩子读到眼睛、耳朵、鼻子等器官的时候，应该让他们观察自己的眼睛、耳朵、鼻子，而不只是看着书读一读，用观察自身器官的方法加深孩子对器官的认识。

2. 在介绍每一种器官的时候，书中都将人体的这种器官与动物的器官进行对比。如：在讲述眼睛的时候，不仅讲了人的眼睛，还介绍了巨型鱿鱼、眼镜猴和鹰三种动物的眼睛，除了这些动物外，可以运用联想的方法，让孩子想一想，生活中还有哪些动物的眼睛比较特殊；在介绍其他的器官时，也可以用这样的教学方式，从而拓宽孩子的知识面。

3. 书中最后介绍的是大脑这种器官，文中说到大猩猩的大脑与人类非常接近，对于大猩猩，可以做更加详细的介绍，如：大猩猩与人类一样，也有指纹；人类的祖先是由猿猴进化而来等，从而普及孩子的课外知识。

四、活动设计

1. 填写下表。

认识我们的身体器官	
眼睛的功能	
耳朵的功能	
鼻子的功能	

续表

认识我们的身体器官	
舌头的功能	
发出的声音	
牙齿的功能	
不同的脑袋	
肌肉的功能	
不同的骨头	
腿的功能	
皮肤的功能	
大脑的功能	

2. 书中介绍了很多种动物的器官，给你留下印象最深的动物的器官是什么？为什么这种器官给你留下的印象最深？

3. 对于人类的器官，我相信你一定有了很深刻的认识，那你还知道我们人身上的哪些器官？它们有什么用处呢？以小组的形式，每组选取人体的一种器官，在纸上画一画，并说一说这种器官的功能、作用，然后请同学到台上展示作品，并且为全班同学介绍，认识我们的身体器官。

【撰写者　张婧雅】

关键词：我的脑、心和肚子
书　名：你不知道的三个朋友
作　者：【德】赫姆·海恩
绘　者：【德】赫姆·海恩
译　者：陈琦
出版社：二十一世纪出版社

一、重述故事

有三个好朋友，从你出生那天起就与你如影随形。他们分别是：住在顶层的脑教授，住在一层左边房间的心小姐和常年潜伏在地下室工作的肚子先生。

脑教授的主要任务是将你脑海里杂乱无章的卡片整理得井井有条，以便日后你回忆和使用。如果脑教授不小心将两张卡片弄混放错了地方，那么你很可能噩梦不断。

心小姐的主要职责是收集你生命中所遇到的各种各样的心，然后细心地将它们分类、整理和保存。

肚子先生呢？他义不容辞的使命就是伺候好你的吃和喝。所有滚到你肚子里的东西，他都要一一悉心查看。他不会让你肚子里的食物太凉，也不会让你肚子里的食物太热。

正是他们三个好朋友众志成城，才使你的生命健康而平稳地运行。

可是偶尔，他们也会为一些小事吵得天翻地覆。这时，你只能静静地等待医生先生给他们喂些甜药或打个镇定剂。当脑、心和肚子这三个伙伴重归于好时，你就又可以活蹦乱跳了。

这三个朋友会不离不弃地陪伴你一生一世，直到你驾鹤西去的那一天。

当你的生命离开这个世界时，忠实的肚子先生仍然寸步不离地陪伴你。脑教授会飞到别人的头脑里，滔滔不绝地向别人讲述你的得失成败，心小姐会将你未来得及表达的心意寄出。

二、生命教育解读

我们总是习惯注视别人生活的点滴，却很少将目光集中向自己。我们曾乐此不疲地欣赏别人曼妙的身姿，却很少了解自己的身体。从出生那一刻起，陪伴我们最久的就是我们自己的身体，永远忠诚地追随我们，始终与我们形影不离。

身体朋友们都各司其职，帮我们平稳地度过生命的每一天。脑教授住在身体的最顶层，他总是用一架高倍清晰的照相机忠实地记录下我们目之所及、耳之所闻和嘴巴鼻子等感官感知到的一切。他每天夜以继日地工作，对信息进行观察、筛选和甄别，然后建立一个庞大的信息库，并将其整理得有条不紊。脑教授会谨慎地加工和使用这些资源，并借助这些信息引导你采取合适的行动。心小姐藏在我们身体的左半边，她的职责是呵护我们的各种心情和感受。无论是开心、伤心、生气还是忧郁，她都会小心翼翼地帮我们抚平并珍藏。最辛苦的要数肚子先生，为了保持肠道畅通，他每次都需要将吞咽下去的各种食物细细研磨。这样，我们才不会消化不良。这三个朋友缺一不可，共同维持我们身体的生态平衡。

无论何时，身体朋友们都会随叫随到，帮我们解决各种忧烦。需要冥思苦想时，脑教授立刻调出资源库提供帮助。禁不住美味的诱惑时，肚子先生会加班加点站好岗。对谁一见倾心时，心小姐一定会不遗余力地表达感情。这些身体朋友是我们生命中不可或缺的重要部分，他们将永远陪伴在我们左右，直到我们走到生命的尽头。

三、教学小提醒

1. 在故事的结尾部分，出现了人去世时的场景，此时三个伙伴的去向是一个比较难理解的地方。肚子先生将陪伴身体一直长眠于地下比较好理解，难点在脑教授和心小姐的去向。故事中说脑教授将飞到别人的头脑中，这里的脑教授指的不是实物而是思想。同样心小姐在此也不是指实实在在的心，而是指人的情感。

2. 这虽是一本介绍身体的图画书，但一点都不枯燥。书中大量采用幽默和比喻的手法，来形容生活中诸如噩梦、打嗝、生病等一些常见的现象。赏读时，可以引导孩子联想自己的生活经历，以此体会作者语言的形象生动和巧妙之处。

3. 书中有一句话"有时候，其中的一个朋友，会比另外两个大一些"比较抽象，孩子理解起来可能比较困难。要引导孩子一边观察图画一边联系这三个身体朋友各自的作用，通过举例的方法进行理解。

四、活动设计

1. 读过图画书后，请你写下你的三个身体朋友——脑教授、心小姐和肚子先生都分别为你做了哪些事情，对你有哪些帮助？

帮助 身体	做了什么	有什么用
脑教授		
心小姐		
肚子先生		

2. 故事中有一句话是“有时候，其中的一个朋友，会比另外两个大一些”，请你结合这三个朋友在画面中出现的前后顺序和他们各自的作用，说一说这句话的意思。

3. 我们的身体朋友除了故事中的脑教授、心小姐和肚子先生以外，还有鼻子小弟、嘴巴姑娘等许许多多伙伴呢！让我们试着用巧手剪出他们的形状，然后通过拼一拼和粘一粘的方式帮他们在身体里找到各自的家吧！

【撰写者　陈小杰】

关键词：探秘身体里各种洞的功能
书　名：我们身体里的“洞”
作　者：【韩】许恩美
绘　者：【韩】李惠利
译　者：陈爱丽
出版社：浙江教育出版社

一、重述故事

小男孩对洗澡用的莲蓬头上的洞充满好奇。公路上也有两个洞，那是隧道，汽车可以钻进去，还可以钻出来。

那脸上的两个洞又是做什么用的呢？原来是鼻孔，鼻涕从鼻孔中流出来。空气从鼻孔中吸入到肺中，肺变大；呼气时，空气从鼻孔中往外跑，这时肺就会变小。而当各种气味钻进鼻孔中，通过大脑的传递，我们便闻到了洋葱、柠檬、大蒜……很多东西的气味。

除了鼻孔，我们身体里的洞还有很多。比如我们的嘴巴、汗毛孔、耳朵、眼睛。我们用嘴巴的洞吃东西，食物从我们的嘴巴进入到食道，然后进入圆圆的胃，再穿过弯弯曲曲的肠道，最后变成了便便排出体外；我们用耳朵的洞听声音，声音通过耳朵鼓膜使之振动，最后传送给大脑，我们就可以听到声音了；我们用眼睛看世界，光进入眼睛，并通过视觉中枢把影像传给了大脑。那小宝宝是从哪里生出来的呢？那就是只有女人才有的洞。我们的身体上还有被堵住的洞，就是我们的肚脐眼，形状各不相同。

我们身体里的洞各有各的功能，真是非常了不起。

二、生命教育解读

身体是生命的载体，从生命的开始到生命的结束，我们一直在使用我们的身体。我们的身体帮助我们行走、吃饭、运动、学习、玩耍、感知世界，我们的所有活动都必须依赖于身体。因此身体对于所有的生命来说都有着无法估量的重大意义，对于人类而言则更是如此。我们的身体有着很多秘密，每一个结构都有自己的特殊功能，是无法代替的。而这本图画书则从一种独特的视角来介绍人类的身体，那就是身体里的“洞”。我们的身体中有着很多的洞，这些洞看似不起眼，但却意义重大。

认识自己的身体对孩子非常重要，不但能让儿童了解自己的构造，掌握一些基本的生理知识，还能够帮助孩子进行自我保护。孩子在了解自己的身体后，知道了各部分的重要功能，了解了每一部分存在的意义，并结合已有经验将身体的“洞”分为可以裸露和需要隐藏的两类，能够掌握一些自我保护的方法，学会对自己的身体负责。

三、教学小提醒

1. 书中会出现一些较为科学性的介绍，以及一些专业名词。比如耳朵鼓膜、视觉中枢、嗅觉中枢、听觉中枢、反射等。这些名词对孩子来说会有些陌生，因此需要对这些名词进行相应的解读，帮助孩子进行理解。

2. 身体中的每个洞都有其重要的作用，并且相互联系、相互促进。因此应注意将知识相互联系起来，例如把身体的部分整合成一个完整的结构，呈现在孩子的面前，让孩子在建立整体概念的基础上了解各部分的功能与作用。

3. 在我们的身体中，还有被堵住的洞，那就是我们的肚脐眼。书中没有详细介绍为什么肚脐眼要被堵住以及肚脐眼的作用。应该关注到这个被堵住的洞，为孩子进行相关介绍。

4. 书中还涉及了婴儿的出生，小婴儿从妈妈的洞中出来，这一点是很多孩子好奇却又不是很清楚的内容，而且这个洞只有妈妈才拥有。可以对此进行拓展介绍，联系其他介绍生命出生的图画书一起阅读，帮助孩子了解自己的出生。

四、活动设计

1. 书中提到了很多“洞”，请你试着找一找它们都是什么“洞”，它们的用途是什么？试着总结一下。

名称 （是什么洞或者什么器官）	用　途

2. 除了书中写到的，其实我们的身体还有很多别的“洞”，想一想，试着说一说你还知道哪些我们身体上的“洞”。

3. 生活中，也有很多很有用的洞，比如书中提到的桥洞，还有淋浴头上出水的洞等。相信观察敏锐的你一定还发现了生活中的许多很有意思的“洞”，试着说一说吧，也可以用画记录下来。

4. 挑选一个你感兴趣的我们身体上的“洞”，回到家中与爸爸妈妈一起查阅资料，详细了解一下这个“洞”的秘密与功能，并记录下来。

【撰写者　梁硕霞】

关键词：活动我们的四肢
书　名：从头动到脚
作　者：【美】艾瑞·卡尔
绘　者：【美】艾瑞·卡尔
译　者：林良
出版社：明天出版社

一、重述故事

动物是人类的好朋友，它们都有自己的“招牌动作”，但是这些动作可难不倒我们的小朋友。到底小动物们向小朋友们发起了什么样的“挑战”，一起做了哪些动作呢？

首先走来的是小企鹅，它走向前，转了一下头，问小朋友：“你能做到吗？”第一个小朋友可棒了，说了句：“我能做到。”随即也转了一下头。第二个走上场的是长颈鹿，它弯着脖子问小朋友：“你能做到吗？”第二个小朋友也弯着脖子说：“我能做到。”第三个是野牛，它会抖肩膀，小朋友会吗？小朋友当然会，她立即学着野牛的样子抖了抖肩膀。

接下来陆续上场的有猴子、海豹、猩猩、猫、鳄鱼、骆驼、驴子和大象，它们各显神通，展示着自己的“招牌动作”。猴子挥动手臂、海豹拍拍手、猩猩捶着自己的胸、猫弓着背、鳄鱼扭动着它的屁股、骆驼会弯膝盖、驴子会踢腿、大象能跺脚，它们做完之后都纷纷问小朋友们：“你能做到吗？”聪明的小朋友们自信心满满，都学着做了下来。最后是我们小朋友挑战小动物的时间，小朋友动了动自己的脚趾，说道：“我会动我的脚趾，你能做到吗？”鹦鹉学舌道：“我能做到！我能做到！”这一轮下来，可真是从头到脚都动了起来。

二、生命教育解读

婴儿在母体中的时候就逐渐形成了人的形状，手脚也时常会运动一下。每个健康人的身体都是一样的，有头、手、胳膊、腿、脚……并且构成身体的各个部分都有它特殊的作用，我们若不常常活动它们，不用它们，就会导致身体一些部件变得没有那么灵活。所以，认识身体、经常活动身体，会给自己的生命带来阳光和健康。

孩子出生之后，最先感知的是自己的身体，并且对它充满了好奇。他们会吃自己的手指头，也会仰面朝天地手舞足蹈。每一个孩子都有运动的天分，拍手、弯腰、转头、跺脚等动作，在他们稍大一些后，模仿着很容易便能够做到。孩子有了意识之后，常常不会刻意地去探索自己的身体能做些什么动作，但是让他们了解自己的身体，活动自己的身体却是十分必要的，是儿童后天身体协调发展与肢体艺术形成的基础。

三、教学小提醒

1. 每当动物向小朋友发起挑战的时候，小朋友都会说："我能做到！"成人也要不断发问，让孩子通过多次重复这句话来增强活动身体的自信心。

2. 通过与故事中的小动物和小朋友一起做动作，要引导孩子发现身体不同部位可以做出不同的动作，有着不同的作用。

3. 故事的最后，小朋友说："我会动我的脚趾，你能做到吗？""我能做到"鹦鹉说了两遍，这不只是肯定它能够做到，还是在学习小朋友的语气。借此可以帮助孩子再回顾一遍故事，加深他们对身体的认识。

四、活动设计

1. "从头动到脚"，请说一说身体的哪些部位动了？

2. 《从头动到脚》中都出现了什么动物？它们分别做了什么动作？

3. 请发挥你的想象力说一说，哪些动作我们会做而小动物却不会做？

4. 请在下表中画一个人，将动作与身体部位连线。然后按照从头到脚的顺序给动作排序。

从头动到脚		
动作	画出一个人的全身像、将动作与身体部位连线	排序
转头		
跺脚		
捶胸		
弯脖子		
动脚趾		
抖肩膀		
扭屁股		
踢腿		
挥手臂		
弓背		
弯膝盖		
拍手		

5. 根据故事中的身体部位及相应动作，教师发出指令，喊出身体部位，请你快速反应做出相应的动作。

6. 以小组为单位，利用肢体动作，编一段简单的小舞蹈，进行班级汇演。

【撰写者　王蕾　吕月】

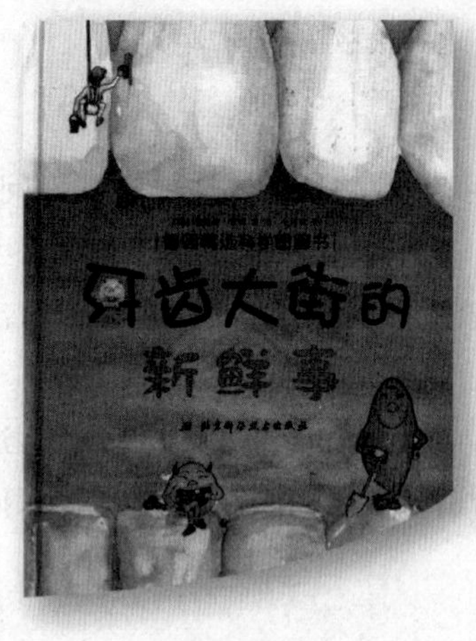

关键词：探索口腔中牙齿的秘密

书　名：牙齿大街的新鲜事

作　者：【德】鲁斯曼·安娜

绘　者：【德】舒尔茨·史蒂芬

译　者：王丛兵

出版社：北京科学技术出版社

一、重述故事

在你的嘴巴里，有一对兄弟，一个叫哈克，一个叫迪克。他们兄弟俩的个头其实都很小。迪克住在牙齿大街1号，哈克住在牙齿大街2号。他们的家都在犬齿的后面。牙齿上的牙洞就是他们的家。

哈克闻到马上会有新的食物进入牙齿大街了。他迅速撤回家中，和迪克一起急切地等待着好吃的东西落下来。兄弟俩看到诱人的巧克力被舌头卷起，扔到了唾液里。他们把巧克力连推带拉地运回了迪克屋里，两人美美地吃了起来。

他们想对所有牙齿都进行改建，出租营利。他们计划把最后面的一颗槽牙挖空，改建成游泳池。

有一天，一把巨大的刷子在牙齿大街上横冲直撞，刷子上还坐着很多牙齿警察。他们分散到牙齿大街，打扫了每一个卫生死角，兄弟俩辛辛苦苦攒的粮食，就这样被牙齿警察毁了！

幸运的是，迪克的新贮藏室没被发现。几天后，牙神经上面的保护层也被挖开了。牙神经向大脑发送求救信号。大脑知道有人在牙齿里修建违章建筑，但它无法直接阻止，只得让腮帮子肿起来，通过这种方式告诉人们：有人正在口腔里干坏事。

于是，嘴巴张开了，一束亮光照得哈克和迪克睁不开眼。一个钩子伸了进来，吊走了兄弟俩所有东西，包括哈克和迪克。钩子里面还装有麻醉剂，它在迪克家滴了两滴。原来，这颗牙已经被彻底蛀空了，不能修补，于是，一把钳子拔掉了这颗牙。

牙齿警察现在经常到牙齿大街来巡逻，他们感觉这里就像自己家里一样舒服。牙齿大街终于又恢复了往日的平静。

二、生命教育解读

《牙齿大街的新鲜事》以一种很生动、童趣的方式展现了我们的牙齿受到侵害的过程。牙齿上的细菌被拟人化，让我们看到了一个神奇的牙齿大街。通过对图画书的阅读，我们能够了解很多有关牙齿的知识。提醒我们牙齿的重要性，以及学会保护我们的牙齿的方法。

牙齿是一种在很多脊椎动物上都有的结构，是我们人类身体最坚硬的器官。牙齿分为牙冠、牙颈和牙根三个大部分。一般而言，我们的牙齿呈白色，质地坚硬，但因为我们经常吃东西，牙齿也会变成米黄色。

我们的每一颗牙齿并不是都长得一样，它们有各自的形状，适用于多种用途，包括撕裂、磨碎食物。牙齿也是动物天生的自卫武器，比如我们看到的小狗、小猫、狮子、老虎等，它们都有锋利的牙齿，能够自我保护。

对我们人类来说，在一生中，先后长两次牙，首次长出的称为“乳牙”，到二岁左右出齐，共二十个。六岁左右，乳牙逐渐脱落，长出“恒牙”，共三十二个。牙齿按形态可分为切牙、尖牙和磨牙，它们有各自的功能，每一颗牙齿都很重要。因此，学会保护牙齿是非常重要的。

很多孩子都喜欢吃甜食，比如巧克力、糖果。吃完这些甜甜的食物后，晚上又不爱刷牙，结果导致了龋齿，俗称虫牙、蛀牙，是细菌性疾病，如不及时治疗，病变继续发展，就会形成龋洞，终至牙冠完全破坏消失，其发展的最终结果是牙齿丧失。就像书中的哈克和迪克，他们就在你的牙齿上打洞，他们最喜欢的就是你的牙齿中残留的食物。他们一旦开始“工作”，便会使得你坐立不安，只能去医院进行治疗，医生会将你的牙齿里面的细菌清洗干净，并把牙中的洞补上，这个过程很不好受，所以保护牙齿非常重要。

三、教学小提醒

1. 书中涉及一些生理上的知识，孩子可能不太了解，需要教师进行知识上的拓展，比如牙疼后向大脑发射信号，大脑无法立刻解决。这里涉及神经系统的一些知识，类似这样的还有一些。所以需要事先准备，帮助孩子理解。

2. 书中哈克因为吃了一块奶酪而大病了一场，好几天都躺在床上。很多孩子会对此产生疑惑：“为什么哈克吃了奶酪就生病了？”教师要及时告诉孩子，之所以哈克会生病，是因为奶酪等乳制品可以有效降低口腔中的酸性，破坏细菌生长，因而能够降低得蛀牙的概率。这就是哈克生病的原因。

3. 哈克和迪克是生活在我们口腔中的细菌，他们的家就是我们的牙齿，牙齿大街就是我们的口腔，大刷子就是我们生活中的牙刷，牙齿警察就是我们刷牙用的牙膏。图画书将这些事物拟人化，所以可以在孩子阅读的同时，将这些拟人化的事物告诉他们，让他们能够了解有关自己口腔的知识。

四、活动设计

1. 阅读完故事，试着总结一下哈克和迪克都对我们的牙齿做了哪些坏事。

哈克	
迪克	
哈克和迪克	

2. 牙齿是我们身体重要的一部分，所以我们要学会去爱护它们。让我们一起写下你自己保护牙齿的方法吧(对于牙齿的保护，我们应该注意哪些事情)。

3. 其实，除了奶酪等乳制品能够抑制口腔中的细菌，还有很多食物都有这样的作用。聪明的你一定也有所了解，那就分享一下你知道的能够抑制口腔细菌的食物吧，帮助大家一起保护我们的牙齿，一起实现我们的目标：没有蛀牙！

4. 课堂上你们已经学习了正确的刷牙方法。回到家里，你就是小老师，把正确的刷牙方法教给爸爸妈妈，全家一起爱护我们的牙齿朋友。

【撰写者　王蕾　梁硕霞】

生命成长历程

关键词： 体会母爱与成长

书　名： 有一天

作　者： 【美】艾莉森·麦基

绘　者： 【加】彼得·雷诺兹

译　者： 安妮宝贝

出版社： 新星出版社

一、重述故事

有一天，母亲的小女儿出生了，母亲拥有了她的宝贝女儿，她亲吻着女儿的每根小手指，在初雪的那一天将她高高举起。母亲看着女儿，幸福地笑了。有一天，在拥挤的街道上，女儿的小手紧紧地抓着母亲的大手。母亲拉着她的小手正穿过纷繁的街道。夜晚，她凝视着睡梦中的女儿，便开始畅想和女儿有关的一切美丽的事情。

女儿一天天长大，有一天，女儿学会了游泳，一下子跃入一面冰凉清澈的湖水，那小小的身姿，真是矫健，但妈妈的心还是跟着颤了一下，生怕女儿会有危险。又有一天，女儿的胆子越来越大了，她会独自走进一座幽谧的森林，独自去体验成长中的种种酸甜；女儿学会了飞快地奔跑，那小巧的身影蹦跳着出现在妈妈的视线中。女儿真的长大了，因为妈妈发现女儿有了自己的心事，会被生活中的喜悦与痛苦包围，会因为一点事情伤心或者喜悦。有一天，女儿决定离开家了，女儿想去看看外面的世界，在妈妈身边觉得好无聊啊，于是女儿背起行囊，踏上了旅程，渐行渐远。女儿会去哪里，妈妈不得而知，只是看着女儿的身影在视线中变得模糊，最终消失。

时间飞逝，女儿长大了，也拥有了自己的孩子，有一天，母亲看见女儿在给她的孩子梳头，那么认真，眼神中充满了爱意。母亲随着岁月的流逝，身体越来越差，直到有一天，带着爱去世了。此时，女儿的头发也已是在阳光下闪烁银光，她突然一下想起母亲的爱……内心痛苦不已，原来母亲那样深沉的爱全部给予了她。

二、生命教育解读

生命中一个重要情感就是爱，爱是生命的动力，父母的爱是无私的，生命的意义就在于奉献自己的爱，爱自己、爱父母、爱朋友、爱很多人，我们会有专属的爱，也要学会博爱。

成长是每个生命个体必须经历的过程，不论是动物还是人类，都是如此。成长有身体生理的变化，还有心理的发展。身体的变化，比如说我们会走路了、会说话了、长高了、手脚变大了、我们开始换牙齿了、我们的脸上长出了青春痘痘了……这些都是我们身体成长的象征。除了身体还有心理，比如我们变得比以前更勇敢了、不怕黑了，可以勇敢地一个人睡觉了，或者我们变得坚强了，不小心摔倒了以后不再哭鼻子，而是很坚强地站起来说没事了。除了这些其实还有很多，等待着你去发现、去体验、去感受。而在每一个生命的成长过程中，母亲这个角色是必不可少的。母亲将孩子带到这个世界上，将全部的爱给予了自己的孩子，就像文中的妈妈一样，倾注了所有来爱着自己的孩子。这本图画书既是在展望孩子的人生，也是在体会自己的人生——我们每个人都是从母亲的怀抱走向世界的。如果你是一位母亲，当你的目光、你的心思、你的情感全都投入到孩子身上，从而变得时时刻刻都担心孩子，甚至患得患失、孤寂落寞时，这本书便让你从中获得安慰——天下的母亲莫不如此；如果你是一个孩子，有时候也许你会因为母亲的唠叨而觉得厌烦，或是因为母亲的严厉而觉得抵触，这本书会让你更多地理解母亲的心情，希望你可以对母亲少一些倔强，多一分认同。

教师要让孩子体会到父母的不易，生命是人类传承的载体，没有生命一切都不会存在，教师要帮助孩子认识生命的不易，让孩子学会分享自己的爱，学会去付出，去爱他人，只有这样才能收获爱。同时让孩子知道爸爸妈妈把我们带到这个美丽的世界，赋予了我们宝贵的生命，我们要在妈妈肚子里呆上十个月才能出来，妈妈一直小心翼翼地带着没出生的我们，为了我们能够健健康康地出生，妈妈不能好好吃饭、好好睡觉，脸上还会在不经意间蹦出雀斑，最后，妈妈忍着疼痛把我们带到了这个世界，赋予了我们珍贵的生命，我们是不是应该好好使用它、好好珍惜它呢？从这之中让孩子知道生命成长的不易，让孩子在体会爱的同时也要学会去爱他人，从而实现生命的意义。

书中有一句话——“曾经你是我的女孩，现在你是我的女童”，成长是每一个人的必经之路，成长中的我们会遇到很多事情，这些事情或喜或忧，我们无法预计，但我们却可以通过他人，比如我们的父母、我们的朋友，来得到生命成长的经验，利用一种生命叙事的角度去获取，这也是生命教育一个很重要的方式，教师可以利用这种方法对孩子进行教育。

父母的爱永远是无私的，也许只有当我们真正为人父母时，才能体会到这伟大的爱的意蕴。

三、教学小提醒

1. 书中小知识点主要包括一些新词和部分有内涵的句子。如“有一天你会独自走进一座森林”这句话有其深层含义，引发读者思考。我们有一天会离开爸爸妈妈，独自去生活，走进社会这个大家庭，未来我们谁也不知道。“在很久很久以后，你的头发也会在阳光下闪烁着银光”，我们也随着时间的流逝而变老了，头发白了，像我们的爷爷奶奶、外公外婆一样。让孩子了解人的各个时期的生理与心理的变化，使其直面生命。此处可以让孩子通过联系实际生活来体会。

2. 书中最后一句话“当那天到来的时候，你会记起我的爱”，这份爱是在女孩成为了妈妈以后，自己也满头白发时感受到的爱，此处让孩子重点体会。

3. 通过对图画书的阅读，引起读者的共鸣，让读者感受、回忆起母亲无私的爱，思考人生爱的真谛。

四、活动设计

1. 请准备你从出生到现在各阶段的照片；如出生、上幼儿园、进入小学，至少三张。对着照片，请你来描述每张照片中自己的样子，并写在纸上，最后把照片分别贴在对应的位置上，做成一个成长记录，之后在班级内进行展示。

	我出生了	我上幼儿园了	我上小学了
照片			
描述			

2. 画出妈妈的手，在画的手上写出你为妈妈做过的事情。

3. 为妈妈亲手折一个爱心，回到家后，送给妈妈。

【撰写者　梁硕霞】

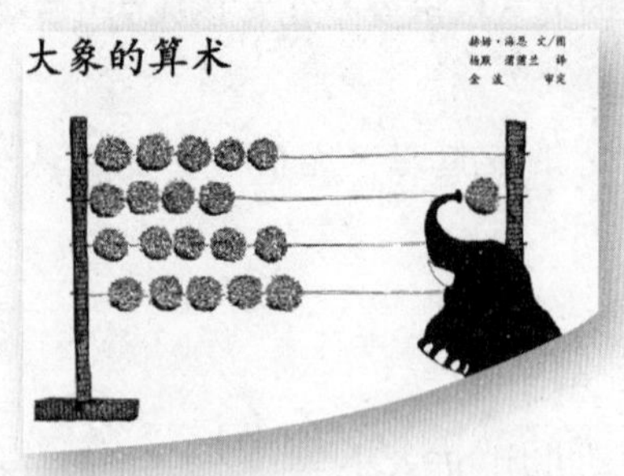

关键词：奇特“粪球”论生命
书　名：大象的算术
作　者：【德】赫姆·海恩
绘　者：【德】赫姆·海恩
译　者：杨默　蒲蒲兰
出版社：连环画出版社

一、重述故事

一只饥饿的小象，他一天到晚吃啊吃啊吃个不停，直到吃饱了才停下来。然后，小象躺在地上梦到了自己看见一座草料山。每天早上起床后，小象就刷牙，再喝下100升水，接着，他拉出一个粪球，然后饿了，他开始吃东西。有一天，小象和平常一样刷完牙，喝完100升水，然后拉出了两个粪球。

就这样，每一次生日，他都多拉一个粪球，一天，粪球有50个了，小象已经长成大象了。

大象很聪明，他知道自己现在拉了多少个粪球，一共拉了465 375个粪球。

有一天，他突然拉了49个，他不知道是怎么回事。生日这天早上，他做完了常规的事情，开始数粪球，结果是48个。

大象明白了，如果他可以活100年，活到50年的时候，他的一生就过去一半了，在前50年里，每年，他拉的粪球会多一个，而后50年里，每年他拉的粪球会少一个。

又过了很多年，大象长成了老象，他每天只拉一个粪球，这是大象生命里最后一年了，在第三百六十五天的早上，他担心自己第二天早上起不来。

第二天早上，他走到河边喝水、刷牙，等着拉粪球，可是没有拉出来，前50年拉的粪球与后50年拉的粪球一样多，这天是最后一天，自然没有粪球了。老象明白了，他慢慢地走了，到老象都要去的地方，在那里，他也将变成零，静静地消失。

二、生命教育解读

世界上每一种存活的物体都有生命，我们人类以及动物会经历从出生到成年到老年再到死亡的过程，就如同文中的象，它经历了小象、大象、老象直至最后死亡的生命成长历程，没有什么可以阻碍、可以制止这个过程的发展。生命是伟大的、脆弱的、延续的，生命的成长有始有终，象的出生就是生命的开始，象的死亡就是生命的终点。

在个体生命的成长历程中，每一个个体都有其独特之处来见证生命的成长。如果一头大象可以活 100 年，当他活到 50 年的时候，他的一生就过去一半了，在前 50 年里，每年，他拉的粪球会多一个，而后 50 年里，每年他拉的粪球会少一个，象所拉的粪球的个数就是他生命成长历程的见证，大象明白了这一点。在生命成长历程中，我们像故事中的大象似的，会惊奇、会开心、会幸福，也会突然明白一个道理、一个现象，伴随着事物的改变就会有这样或那样的情感产生，无论怎样，我们都要接受，要肯定这样的生命成长。

书中的象能够坦然接受这个由生到死的生命成长历程，接受在这个过程中的变化。反省我们自身，在成长的过程中，我们会担心、会害怕、会迷惘，然而生命成长的历程是不断变化发展的，是丰富多彩的，我们要做的就是正确认识并坦然接受。

三、教学小提醒

1. 这本书故事情节简单有趣，要引导孩子体会大象的情感，当小象拉出 3 个粪球的时候，它很激动；当每天拉 50 个粪球的时候，它很幸福；当大象开始拉 49 个粪球的时候，它很吃惊；到了第三百六十五天的早上，它很不安；在老象生命的最后一天里，它没有拉出粪球，但老象依然很幸福。在这头象的生命历程中，每个时期它的情感是不断变化的，要提醒孩子注意这些细节，把握象的心情变化。

2. 本书的图画为黑白色，但将象的动作表现得非常生动，当小象看到自己拉了 3 个粪球时，它很开心，这张图画是用圆圈表示的，表现了象的开心与激动，在这里，可以让孩子闭上眼睛想象小象愉快的心情。

3. 在老象生命中的最后一天，它已经拉不出粪球了，但它依然很幸福，这里的“幸福”不仅包含了老象明白了粪球个数与生存年龄之间的关系，而且也包含了老象对生活的热爱，对即将逝去的坦然。

四、活动设计

1. 老象最后要去其他老象们都要去的地方，这个地方是哪里呢？大家可以想一想。

2. 如果你是这头象，在生命的最后一天，你会做些什么？

3. 拉粪球是象生命历程的最重要的一个特征，你还知道哪些动物的生命历程的特征，说一说。

4. 你喜欢这本书中哪个阶段的象？请你画出来。

我最喜欢这个阶段的象。

这样画的理由：______________________________

____

【撰写者　张婧雅】

关键词：认识各种植物的生长
书　名：一粒种子的旅行
作　者：【德】安妮·默勒
绘　者：【德】安妮·默勒
译　者：王乾坤
出版社：南海出版公司

一、重述故事

植物没有脚，也不能使用交通工具，它们本身并不会旅行，但是，它们会想办法把自己的种子送上旅途。种子在哪里停下来，就会在哪里长出新的植物。

凤仙花，它的种子舒服地躺在一个蒴果里，由几瓣组成，只要轻轻触碰就会快速地收缩并弹开。这时，所有种子会沿着很高的弧线轨道飞出去。

老鹤草，它的种子利用“小勺子”来旅行，“小勺子”就像一个投掷器，把成熟的种子抛向四面八方。

蒲公英，它的种子是靠风力来旅行的。种子会像降落伞一样飞向天空，飞到遥远的地方。

罂粟，当它的茎弯下来的时候，种子就会自动地洒落下来。

树木作为体型较大的植物，当它的种子向下飘落时，风会把它们吹到各个角落。

紫花地丁、雪花莲、报春花，喜欢乘“动物出租车”来旅行。它们的种子上都含有美味的含油附着物。蚂蚁钟爱这种美食，它们一边走一边吃种子外面的油，吃完了就地一扔，便把种子从一个地方带到了另一个地方。

草莓的种子直接附着在果实的表皮上，它还利用自身的匍匐茎进行传播，匍匐茎向外延伸，尖端长出新的根和叶。当匍匐茎接触到地面后，根就会牢牢地扎在地里，长出新的植物。

牛蒡和猪殃殃这类植物外面有刺，借助动物旅行。当小动物们跑过它们身旁，种子就会爬上小动物的皮毛。小动物梳理皮毛时就把它清理了下来，种子就落在地上生根发芽。

像樱桃、苹果这些植物的种子外面有果肉，小动物吃掉它们，果肉在它们的身体里消化了，种子被排出体外。

为储存寒冬食物，有些动物从秋天就开始收集果实。松鸦喜欢收集橡子；松鼠喜欢坚果；老鼠喜欢山毛榉。它们把收集到的果子都储藏起来，到了第二年春天，有些被小动物遗忘的种子就自然地发芽生长，为森林里长出新的树木创造了条件。

二、生命教育解读

《一粒种子的旅行》，是一本关于植物的生命奇迹的图画书，讲述了种子是如何旅行的。作者安妮·默勒在文中运用了比喻和拟人的修辞手法，生动形象地介绍了多种植物传播种子的方法。同时，作者大量运用了拼贴手法，将水彩、纸片、树叶巧妙地拼贴起来，细致入微地刻画了植物优美的线条，使得画面既充满艺术感，又深具真实感。

每粒种子在地上的使命就是一次精彩纷呈的旅行。大自然的造化真是神奇，每种植物都具有让自己的种子“旅行”的特殊本领。哪个孩子不想知道凤仙花、田蓟和草莓等植物传播种子的方法呢？关于这么庞大且笼统的科学知识问题，作者将错综复杂的联系表现得生动形象，讲解得清晰透彻，例如老鹳草的“小勺子”、田蓟的“小伞”、草莓的匍匐茎……种种奇妙的方法，着实让人大开眼界。

我们总是感叹自然界的千姿百态，庆幸有那么多美丽怡人的植物装点我们的环境，但从来也没仔细想过植物的生存状态。植物才是自然界的主人，是生态圈的起点，这本书不但满足了正处于对大自然最好奇阶段的儿童的需要，而且向孩子展现了一粒种子从出生到凋零的全部过程。

种子广为传播，只要有土壤就可以生生不息，这种不轻言放弃地要用各种方法找到自己生命的落脚点的精神，实在令人类惊叹不已。植物如此，更何况人类呢？

三、教学小提醒

1.《一粒种子的旅行》对孩子来说最大的难点就是有些植物名称、专业术语和旅行过程看不懂，如何攻克？建议以图文结合的方式开展阅读，指导孩子观察文中对应的图画，展开想象，进行理解和体会。

2. 图画书中首页和尾页的信息很重要，可以让孩子帮助叶子和种子找到相对应的植物妈妈。

四、活动设计

1. 说一说植物的种子旅行的方法有哪些？

2. 结合文中的图片，说说某一种植物的种子的旅行过程。

3. 找一种书中未提到的你感兴趣的植物，采用多种途径查一查它的种子旅行的办法。

4. 请边读边做记录，然后组织班级交流会，在全班范围内讨论。

《一粒种子的旅行》阅读收获
1. 我知道________种子的传播方法是________，和它传播方法一样的植物还有________、________、________。 2. 读了这种植物的种子的旅行方法，我学习到几个新词语：________、________、________。 3. 这些句子中，我最喜欢的句子是________________________________。 4. 读完以后，我的收获还有________________________________。

5. 阅读了《一粒种子的旅行》一书，你们了解到植物旅行的有趣方法，也学会了阅读的好方法。你们想知道昆虫宝宝又住在哪里吗？请和家长一起阅读安妮·默勒的《世界上最最温馨的家》，并完成读书报告。

【撰写者　陈蕊】

关键词：从番茄看植物的成长过程
书　名：番茄的旅行
作　者：汤杰英
绘　者：刘洵
出版社：华东师范大学出版社

一、重述故事

在暖暖的春风的吹拂下，大地伸伸懒腰从冬眠中醒来，沉寂许久的大地重新焕发出生机。现代化的机械声打破了田野的寂静，辛勤的人们在经过了冬日的休整后，也开始了一年的辛勤劳作。犁地机疏松土壤，铺膜机给大地穿上薄薄的衣裳，播种机将睡醒的番茄种子播进田野，灌溉器辛勤喷洒灌溉田野。在这个充满了新生气息的春天，番茄种子喝饱水后身体膨胀，不久就从土里钻出了嫩绿的新芽。

夏雨迫不及待地赶来，番茄苗儿沐浴着雨水个头不断拔高，开出了散发着淡淡香味的黄色花朵，一颗颗似娃娃脸般的番茄也赶着趟儿地挂满枝头，从青青的、绒绒的番茄长成了红润鲜泽的番茄，沉沉地压弯了枝头。人们快乐地走进番茄地，分享着收获的喜悦，并用拖拉机、大卡车载着采摘的番茄出去旅行。

番茄先是被大卡车拉进了果酱加工厂，经过了清洗池、提升机、蒸发器变成了番茄酱。然后，番茄酱被送上了我们的餐桌，成为了薯条、面包、披萨的调味料，使食物更加美味。

就这样，番茄经历了番茄种子——番茄苗儿——番茄花——番茄果——番茄酱的过程，完成了它的生命历程。

二、生命教育解读

从番茄种子被播种入土的那一刻起，番茄便开始拥有了生命。其实不仅仅是番茄的种子，大多数蔬菜的种子被埋入泥土后，都开始了各自的生命历程。这本图画书以番茄为对象，一一展现了番茄在不同阶段的生命形态：番茄种子——番茄苗儿——番茄花——番茄果。而这也是大多数蔬菜的生命历程的再现，由种子到发芽直至开花结果。最后，番茄果被加工成番茄酱，成为人们餐桌上的食材，至此为止，番茄完成了它整个的生命历程，生命消亡。

实际上，不单单番茄这一类蔬菜，包括人类、动物、其他植物在内的所有生命体，其生命历程也大致会经历出生、成长、成熟、消亡这几个生命阶段。例如我们人类自己，就是从一个受精卵开始拥有了生命的迹象。受精卵就如同番茄种子一样存在，人类也是靠着这粒神奇的“种子”慢慢发育成长为婴儿、孩童、青少年、中年人、老年人，最终也会像番茄一样在实现了自身的价值后生命终止。

故而，通过这本书的阅读，我们不仅仅只是了解了番茄的成长历程，更能通过番茄这个缩影观照其他生命体的成长历程，发现生命成长的奥秘。

三、教学小提醒

1. 番茄在不同的阶段有不同的生命形态，孩子应能够全面认识和掌握番茄的发展历程。

2. 番茄的成长过程中，可以看到蚯蚓、夏雨、蜜蜂、粉蝶的身影，正是有了蚯蚓帮忙疏松土壤、夏雨的灌溉、蜜蜂和粉蝶来传播花粉，番茄才能健康、顺利地成长。需要让孩子注意和感悟到生命成长历程中他人的重要性，学会感恩这些曾经帮助过自己的人。

3. 书中，番茄最终的结局是作为番茄酱被人们吃掉，番茄的生命消失，但却实现了其食用价值。关于生命与价值的关系，孩子对此可能会有不同的看法，应给予他们抒发和展示的平台，注意聆听他们的观点，引导他们正确看待生命与价值实现之间的关系。

四、活动设计

1. 看完这本书，你能说出番茄经历了哪些生命历程吗？

2. 番茄种子会长成番茄果，而现在仍是孩童的我们以后也会慢慢变成爸爸妈妈、爷爷奶奶的模样，走着属于我们的生命历程。那么，你能谈谈你对生命历程的看法吗？

3. 生活中，细心的小朋友或许会观察过身边一些动植物的发展变化，其实这也是它们生命历程的外在表现，说出来和大家分享一下吧。

4. 试想如果你是一粒番茄种子，当你在经历不同的成长阶段时，你的心情会如何？你会想什么或做什么？联系图画书的内容，你可以选择某一或某几个番茄的成长阶段，发挥想象力将处于不同生命历程的番茄的感想和行为写下来。

如：当我还是一粒番茄种子的时候，周边一片漆黑，我焦急地想早点看到外面的世界，所以一直努力地膨胀着小身子……

5. 大家都尝试着写下了番茄在不同生命历程中的感想和行为。现在，以班级为单位，所有同学合作将这些想法以小话剧的形式表演出来。

【撰写者 冯璐艳】

关键词：发现成长的变化
书　名：你很快就会长高
作　者：【英】安琪雅·薛维克
绘　者：【英】罗素·艾图
译　者：余治莹
出版社：湖北少年儿童出版社

一、重述故事

小男孩阿力，个子小，同学们都叫他“矮冬瓜”，他不喜欢小个子，心里很不快乐，每天连做梦都希望自己快快长高。

阿力为了快快长高，找了妈妈、爸爸、姐姐还有老师一起想办法，问他们：怎样才会长高？妈妈告诉他，每一餐都吃含有蛋白质的食物；爸爸建议他，多做运动，常常拉胳膊和腿；姐姐爱玛让他多睡觉；老师鼓励他读很多书、做很多算术，就会长高。阿力认真去做，努力去坚持，可是没有用，他一点儿也没有长高，心里依旧一点也不快乐。

忽然，他想起了叔叔——他见过的最高的人。叔叔告诉他，长得很高会碰到不少麻烦：在车里，会被挤得扁扁的；进门时，总要低下头；很难买到合适的衣服等。阿力听完后，知道长得太高，不是一件好事。但他依旧不喜欢自己的小个子，这时，叔叔弯下腰，轻轻告诉阿力：不要只想让个子长高，要内心长大才对。从那以后，阿力每天会拥抱爸爸妈妈和姐姐，还做了许多自己喜欢做的事情：在澡盆里吃冰棒、骑自行车、游泳、讲笑话，每天都过得充实而又快乐。这时，他才发现，叔叔的办法最管用，他不再是最小的男孩，变成了最快乐的男孩。

二、生命教育解读

每个人，都需要经历成长，成长过程中，身体、心理都会发生许多变化。对于孩童来说，也许会发现大人的世界更加有趣，心中充满各种想象，好奇心也十分强烈，许多孩子都会渴望一夜长大，期待着长成大人模样后，能自己做主，做自己喜欢的事，得到自己想要的东西。然而，这些天真想法都源自他们纯真的内心，他们还不能很好地认识到成长是一个过程，需要历经许多变化，才能慢慢长大。

快快长高，是每位孩子在童年时期的渴望，更何况是个子本来就小的阿力。小男孩阿力真实地表现出不喜欢自己的小个子，毫不掩饰内心的不快。当然，也有相当纯真烂漫的想法：一定有办法快快长高的！无奈自己还是孩子，实在想不出法子，自然而然先求助身边最亲密的人——爸爸妈妈、姐姐，他们希望孩子能健康成长，也能充分理解孩子的愿望，告诉要阿力吃含蛋白质的食物，多运动，保持充足的睡眠。孩提时，总是容易把大人的话当成绝对真理，阿力乖乖听话，还是没有长高，心里依旧不高兴。

后来，叔叔以秘密的方式告诉阿力：不要只想让个子长高，要内心长大才对。从此，阿力学会爱，懂得快乐地做自己喜欢的事情，开心生活，快乐成长。

叔叔懂得转换视角，选择更为自然的方式，让阿力懂得长高需要一个成长的过程，内心长大了，才能更好地面对成长中的各种变化。

三、教学小提醒

1. 书中反复出现了“可是没有用，他一点儿也没长高”，需要孩子思考阿力一点儿也没长高的原因，体会阿力当时的心情。

2. 故事以作者所写的一首诗歌开篇，诗歌的最后一句“而我们一直没有找到他长高的原因”与叔叔所说“不要只想让个子长高，内心长大才对”两句话相呼应，需要让孩子联系起来理解，进而引导他们懂得内心长大是一个成长过程。

3. 故事最后提到阿力变成了一个最快乐的男孩，这句话充分概括了阿力心情的转变。要注重让孩子知道他是怎么变成最快乐男孩的。

4. 书中出现多幅体现阿力渴望长高的图画，其中三幅有明显字眼“我希望长高！”，但也有几处容易被忽略，如封面、扉页与尾页，都描绘了大人的长腿，走在其中的阿力，显得矮小，由此从侧面也能反映，阿力渴望长高。

四、活动设计

1. 故事围绕着阿力希望快快长高展开，中间穿插了爸爸妈妈、姐姐、老师、叔叔告诉阿力长高的办法。你知道他们都想了哪些办法吗？阿力觉得谁的办法最管用呢？

<table>
<tr><td rowspan="3">长高的办法</td><td>爸爸</td><td>妈妈</td><td>姐姐</td><td>老师</td><td>叔叔</td></tr>
<tr><td></td><td></td><td></td><td></td><td></td></tr>
<tr><td colspan="5">阿力觉得________的办法最管用，因为他照做之后，成了一位________的男孩。</td></tr>
</table>

2. 读完故事后，想一想阿力听了爸爸妈妈、姐姐还有老师的话，付出了那么多努力，为什么一点儿也没长高？

3. 如果阿力找你帮忙，问你怎样才能长高，你会如何告诉他？

4. 读完故事，你一定很想知道：

- 自己有没有长高呢？
- 照着阿力叔叔说的去做，是不是就会快快长高？

你的同伴，可能也想了解：

- 你是否也和阿力一样，渴望快点长大？
- 在你的心里，长高是不是一件值得高兴的事情？

把阿力的故事讲给同伴们听，并邀请他们跟你一起开一个访谈会，让他们知道你长高之后的心情，也问问他们会不会帮你想到让你快快长高的好办法！

【撰写者　黄敏玲】

面对死亡，理解死亡

关键词：以猫的视角探索生命意义
书　名：活了 100 万次的猫
作　者：【日】佐野洋子
绘　者：【日】佐野洋子
译　者：佐野洋子
出版社：接力出版社

一、重述故事

有一只漂亮的虎斑猫，他死了一百万次，又活了一百万次。他当过许许多多人的猫，可他从未喜欢过任何一个人，也从未感觉到任何一丁点儿快乐。

有一次，他成为了国王的猫。国王对他十分宠爱，每次打仗时都必定将他带在身边。很不幸，猫被箭射死了。国王哭得很伤心，猫却没掉一滴眼泪。又有一次，他成为了水手的猫。水手格外喜欢他，每次航海都必定将猫请到船上。可惜，有一天猫从船上掉了下来。水手哭得撕心裂肺，猫却无动于衷。此外，猫又做过魔术师的猫、小偷的猫、老奶奶的猫和小女孩的猫，他们都特别喜欢这只虎斑猫。当猫死去时，每个人都伤心不已。可是，猫仍旧没掉过一滴眼泪，没喜欢过任何一个养他的主人。

再次活过来时，猫不再是任何人的猫，他开始完完全全属于自己。对，他变成了一只野猫。他所到之处，所有的母猫都对他青睐有加，可他却不屑一顾。后来，他发现了一直对他毫无兴趣的漂亮白猫。在搭讪中，虎斑猫不可救药地爱上了白猫。他和白猫一起，生出了许许多多漂亮的小猫。

幸福的日子一天天过去了，白猫渐渐地老了，最后安详地躺在了虎斑猫的怀里。这一次，虎斑猫情不自禁地哭了，哭得伤心极了。几天后，虎斑猫也安详地睡去了，陪伴在白猫的身边。这一次，这只活了一百万次的猫，再也没有醒来。

二、生命教育解读

常听有人哀叹："假使我能再活一次，我一定……"其实，人人自知，生命只有一次，它的珍贵之处，就在于它的不可重复性。重复的生命，未必是有价值的生命。

生命的价值，不在数量。有一只活了一百万次的虎斑猫，整天浑浑噩噩，不知为何而活。养活他的主人，上至国王下到小偷，他都不屑一顾。虽身在这些人眼前，又集万千宠爱于一身，但猫打心眼里不快乐，更不喜欢这些收留他的人。他死去时，主人哭得撕心裂肺，他却无动于衷，不曾掉过一滴眼泪。这只猫，冷漠得令人吃惊，不仅是对别人，同样是对自己。对他而言，一次又一次的重生，不过是断了片的胶卷，接上了，生命就得继续。他已习惯众星捧月般被人簇拥的感觉，却从未思考自己想要什么样的生活。就这样，这只漂亮的虎斑猫糊里糊涂地死了一百万次，又莫名其妙地活了一百万次。每一次，他都死而复生；每一次，他都不知自己为何而生。

直到，他遇到了一只令他放下骄傲的美丽白猫。此时，这只虎斑猫才明白：原来，生命里有爱才有意义。他想陪伴心爱的白猫永永久久地活下去，但白猫最终还是老死了。此刻，虎斑猫比前一百万次都明白：他的存在，就是为了等待与白猫相遇的这一刻。当白猫咽下最后一口气时，从未掉过一滴眼泪的虎斑猫哭了，哭得痛不欲生。他边哭，边想起与白猫昔日种种的美好。可爱人已逝，他的脑海里残留的仅有对爱侣的空思念。这时，虎斑猫终于懂得了爱与想念，真切活出了生命的滋味。

真正的活，活出生命的意义，只需一次就好。

三、教学小提醒

1. 这是一个以猫的视角探索生命意义的故事。赏读时，可以紧紧抓住孩子非常敏感的数量词“一百万次”，引导他们体会虎斑猫生命中“一百万次”和“一次”的不同意义和不同价值。

2. 故事中的虎斑猫，在遇到白猫前和白猫后呈现的是两种完全不同的生活态度。不妨引导孩子采用对比阅读的方法，鼓励他们在观察中形成自己的发现。

3. 在赏读图画书时，主人对猫的宠爱和猫对主人的冷漠是一个理解难点。这一难点同时也是探索猫生命意义存在的重点，可引导孩子联系前后句探寻原因。

四、活动设计

1. 读过图画书后，请想一想为什么当猫去世的时候主人哭得撕心裂肺，猫却无动于衷？

2. 想一想为什么遇到白猫前猫死了一百万次都没掉过一滴眼泪，但白猫死后猫却哭了一百万次？想好后，和同伴说一说。

3. 请结合虎斑猫的经历说一说，生命的意义到底是什么？

4. 请先准备好一张纸和一支彩色铅笔。接下来，我们来做一个小游戏，游戏的规则是：从儿童到少年、从少年到青年、从青年到中年、从中年到老年、从老年到死亡，在这几个阶段中，请写下你最想做的10件事。写完后，请再仔细思考出你目前最想做的3件事，然后将其他的事情按照从不重要到重要的顺序一一划去。看一看，最后剩下的3件事是什么？

<table>
<tr><td rowspan="2">照片</td><td colspan="10">最想做的 10 件事</td></tr>
<tr><td></td><td></td><td></td><td></td><td></td><td></td><td></td><td></td><td></td><td></td></tr>
<tr><td>划去的事</td><td colspan="10"></td></tr>
<tr><td>目前最重要的 3 件事</td><td colspan="10"></td></tr>
<tr><td colspan="11">此刻,我的感觉:</td></tr>
</table>

5. 虽然我们每天都在做事情,但有些事情是有意义的,有些事情却是无意义的。我们不能把握生命的长度,却能规划生命的宽度。在上面的活动中,我们对自己人生中认为重要的事情,有了一个初步的了解。下面,请根据上面活动后的结果,写一写你将如何实现它吧!

我生命中很重要的一件事是____________________,我决定要通过________________去实现。

【撰写者　陈小杰】

关键词：探索友谊与生命
书　名：獾的礼物
作　者：【英】苏珊·华莱
绘　者：【英】苏珊·华莱
译　者：杨玲玲　彭懿
出版社：明天出版社

一、重述故事

森林里，有一只很老很老的獾，他十分乐于助人。一天，他走在金灿灿的原野上，看到青蛙和土拨鼠，觉得自己似乎老了许多。晚上，獾回到暖暖的洞里，躺在摇椅上做了一个香甜的美梦。梦中，獾正用自己健壮的双腿奔跑在看不见尽头的长隧道中。

第二天，动物们从狐狸的嘴里得知了獾去世的坏消息。大家的话语立刻变得不再像平常那么多，大地也笼罩在一片皑皑白雪的沉寂中。

春天来了，大家再次聚在了一起，共同谈论獾的点点滴滴。首先发言的是土拨鼠，他温情地回忆起獾教他剪出一只只手拉手的土拨鼠的情景。这时，青蛙也想起了獾教他溜冰的事情。话题一开，许多动物都回忆起了獾对自己的帮助。"獾曾教我怎么打领带。"狐狸尖声尖气地回忆说。兔太太紧接着说："獾曾教我做漂亮又好吃的姜饼。"大家你一言，我一语，温情而又愉快地谈论着獾曾和自己共同度过的美好时光。似乎，大家已完全忘记了獾不久前才刚刚去世的事情。獾在每个动物的心里，都留下了不可替代的位置。

土拨鼠来到一望无际的草原，高声冲着空荡荡的山谷方向喊："獾，谢谢你，留下了这么好的礼物给大家。"

二、生命教育解读

死亡，是生命的必然之路。人固有一死，或重于泰山，或轻于鸿毛。獾的生命虽然消失了，但他送给大家的礼物却永远沉甸甸地珍藏在了大家的心底。

獾教给大家的，是生活。獾死后，每一个伙伴都记得他曾教给自己的手艺。土拨鼠记得，獾教他剪出好几只手拉手的土拨鼠时的那种兴奋。青蛙记得，獾手把手教他溜冰时的那份刺激。狐狸记得，獾一丝不苟地教他像位绅士一样打领带时的认真严谨。兔太太也记得，獾细致耐心地教她做姜饼时的那份趣味与快乐。獾无私地将自己的本事奉献给了伙伴们，伙伴们留下的是与獾相处时的轻松与愉悦。獾教给大家的，不仅是手艺，更是生活的情趣。

獾留给大家的，是快乐。这些手艺，不只是让动物掌握了生活的本领，更为伙伴们点亮了多彩的生命。在獾传授本领的同时，也传播给了土拨鼠剪纸的童心、给了青蛙滑冰的耐心、给狐狸打领带的细心和给兔太太做姜饼的恒心。这些付出真心的过程，也是动物们成就自己并且享受快乐的时刻。伙伴们将永远记得，这些珍贵而美妙的时刻，都是獾和自己一同度过的。

三、教学小提醒

1. 死亡对于孩子而言是一个遥远而陌生的话题。图画书以“獾的礼物”为线索，以诗一样的语言婉转而含蓄地启迪读者要正确理解和面对死亡。在引导孩子理解主题时，也可以用诗一样的语言列举一两个自然界中有关死亡的实例，不宜以硬邦邦的言语直接灌输孩子死亡的道理。

2. 书中有一幅是獾梦见“没有尽头的长隧道”的图画，孩子理解起来有些困难，可引导孩子联系“土拨鼠和青蛙快乐奔跑”的图画进行联想思考。

3. 在《獾的礼物》中，土拨鼠是一个重要的线索。他既是獾意识到自己衰老的原因，也是在同伴中引出“獾的礼物”的导线，还是最后让獾的生命得到永恒的使者。可以采用假设法，请孩子假设土拨鼠这个形象如果不存在，会对故事的情节发展有何影响。

四、活动设计

1. 读过图画书，我们知道獾送给了许多伙伴礼物。现在，请你任意扮演书中的一只小动物，和你的小伙伴互相说一说獾送给你的礼物。例如：

> 兔妈妈：
>
> 您好！我是土拨鼠，最喜欢在洞里钻来钻去。还记得去年在一片金色的田野里，獾爷爷和我一起坐在大树底下的情景，我们只用一张纸却剪出了许许多多手拉手的土拨鼠。獾爷爷剪的土拨鼠很可爱，他将剪纸的方法毫无保留地传授给了我，我特别感谢獾爷爷。

2. 獾虽然去世了，但却给伙伴们留下了许多珍贵的记忆。请你结合土拨鼠的话想一想，獾留给大家最好的礼物到底是什么？

3. 故事中，獾的礼物令大家永世难忘。其实，这些礼物代表的是獾对伙伴们真挚的友情。在我们的周围，也有许许多多的好伙伴。现在，请你自制一张精美的小卡片，然后用简短的话语在卡片上晒出你的心里话，并亲手送给你的好朋友。伙伴间分享后，可以相互收藏，还可以将卡片悬挂在教室一角，请大家共同分享同伴间的友情。

【撰写者　陈小杰】

关键词：体会生命在死亡面前的力量
书　名：会魔法的爸爸
作　者：肖定丽
绘　者：朱丹丹
出版社：海燕出版社

一、重述故事

花花猪有一个会魔法的爸爸。当花花猪用剪刀拆坏了玩具布小猪时，爸爸会用针线把布小猪缝好。花花猪又把玩具飞机的翅膀坐坏了，爸爸很快就把它修好了，花花猪觉得爸爸很厉害，认为爸爸会魔法。

粉红猪在给从树上掉下来的小小鸟包扎，花花猪觉得他治不好小小鸟，他认为只有会魔法的人才能治好小鸟，于是，粉红猪把小小鸟放在花花猪的手心里，他们跑着去找花花猪的爸爸。

爸爸说自己修不好小小鸟，因为它已经死了，爸爸只能修好没有生命的东西，而小小鸟是有生命的，生命只有一次，死了，就再也修不好了。粉红猪哭着跑了。花花猪说自己一定要治好小小鸟，他把小小鸟放在自己的花被子上，花花猪趴在床上哭了，泪珠掉在小小鸟的背上。

早晨，爸爸拿着铲子，花花猪捧着小小鸟，小小鸟躺在一个漂亮的彩盒里，他们一起去了公园，把小小鸟埋在土里，爸爸又在土里丢进一粒种子，他让花花猪经常来看小小鸟，并且给这粒种子浇水，爸爸说这里会有奇迹发生的。小小猪想难道把小小鸟种进土里，会长出一个新的小小鸟吗？

日子一天天过去了，埋小小鸟的地方长出了一朵在微风中一摇一摇的可爱的小黄花。

二、生命教育解读

死亡是一个沉重的话题，但也是孩子必须面对的问题，死亡教育是孩子的必修课，是每个教师应该让孩子正确面对的内容。花花猪一直都认为爸爸是有魔法的，能够修好一切坏了的东西，但是面对小小鸟的死亡，爸爸也无能为力，不能再治好小小鸟，这给了花花猪的内心一大重创。然而爸爸又以一个很温馨的方式让花花猪接受了这一事实，在埋小小鸟的时候，爸爸往土里埋了一粒种子，并且告诉花花猪这里会有奇迹发生，爸爸的这种做法又给了花花猪希望，让花花猪正确地面对小小鸟的死亡。

死亡虽然是一个很残酷的话题，但是成人要以温馨的方式引导孩子正确面对和理解，就像花花猪的爸爸，用一种充满希望的方法帮助孩子建立对死亡的认知，继而接受死亡。

三、教学小提醒

1. 故事中涉及了“无生命”和“有生命”，“爸爸只能把没生命的东西变好，这只小小鸟是有生命的，它死了，爸爸一点儿办法也没有”。要引导孩子明确“没生命”和“有生命”两者的差异，从而让孩子理解死亡。

2. 当花花猪与爸爸一起埋小小鸟的时候，爸爸往土里埋了一粒种子，爸爸的做法一方面是为了安慰花花猪，另一方面当种子变成花朵的时候，可以用花朵纪念小小鸟。可以让孩子充分思考花花猪的爸爸种种子的目的。

3. 在故事的最后，画面中有两只小鸟在歌唱，这个细节需要为孩子指出，这两只小鸟可能是死了的小小鸟的朋友，也有可能是死了的小小鸟的爸爸妈妈，当埋小小鸟的地方长出了黄色的小花，这两只小鸟在枝头唱歌，一方面是唱给小小鸟听，另一方面也是唱给小黄花听，因为小黄花就是小小鸟生命的延续。

四、活动设计

1. 完成下表的填写。

爸爸施展魔法的事情	
第一次	
第二次	
对于小小鸟，爸爸没有施展出魔法的原因	
你得到的人生感悟	

2. 花花猪和爸爸一起为死了的小小鸟做了什么事情？最后的结果是什么？

3. 如果你是花花猪，看到小小鸟死了，你内心中最真实的感受是什么呢？说一说。

4. 生活中，我们难免会遇到死亡，当地震来临时，当洪水来临时，当病魔来临时，会有生命因为这些灾难而终止，那现在你对死亡有哪些理解呢？说一说。

5. 死亡并不可怕，但是生命是无价的、宝贵的，讲一讲你知道的关于生命的故事。画一幅生命之图，在你画的图中，要能够体现你对生命的理解。

【撰写者　张婧雅】

关键词：学会理解生命的告别
书　名：爷爷有没有穿西装？
作　者：【德】阿梅丽·弗里德
绘　者：【德】雅基·格莱亚
译　者：王莹
出版社：江苏少年儿童出版社

一、重述故事

布鲁诺的爷爷去世了，当有人把布鲁诺抱起后，他看到爷爷穿着西装，躺在棺材里一动也不动。布鲁诺不知道什么是"死亡"，只觉得爷爷根本没死，不过在睡觉而已。布鲁诺和好多人一起参加爷爷的丧礼，他以为这只是爷爷在与大家捉迷藏。乐队的曲子很悲痛，可他一点也不伤感，甚至当他看到爸爸哭的时候，自己也没掉一滴眼泪。丧礼结束后，大家一起吃了很多东西，还谈论着爷爷生前的趣事，布鲁诺不懂大人们为什么又哭又笑，但他很喜欢这样的庆祝会。

几天后，布鲁诺还是不见爷爷回来，家里人告诉他，爷爷的身体在墓地，灵魂在天堂，可是他依旧搞不懂爷爷去了哪里。有一天，爸爸给了布鲁诺一张爷爷的照片，他看着它，突然难过起来。他还记得爷爷星期天要教他钓鱼，可是爷爷怎么能不守承诺，说走就走呢，布鲁诺不禁生起气来。而当他想到爷爷死了，再也不回来的时候，终于伤心地流下了泪水。爷爷去世几个星期后，家里的一切活动恢复了正常。起初，布鲁诺每做一件事都会觉得胸口刺痛，好像有一个大洞。有时他会与照片上的爷爷说说话，有时会去墓地看看爷爷，但随着时间的流逝，他去的次数越来越少，胸口的刺痛也渐渐消失了，只是有时候会有一点点哀伤。直到有一天家里有新的生命降临，布鲁诺也终于释怀了。

二、生命教育解读

生命自降生之日起就已经注定了它会消逝，生与死是生命自然状态下再正常不过的轮回。就像故事中爷爷去世了以后，米琪阿姨的小宝宝便随之降生了一样。"死亡"并不可怕，它是每个生命体都要经历并且最终都要承受的。因此，适当的"死亡"教育可以更好地让儿童认识生命，同时他们能够以正确的态度去面对"死亡"。

经历亲人离去是一个适应的过程。布鲁诺在爷爷的葬礼上若无其事地如往常一样，但当他发现再也见不到爷爷的时候，心口会感到刺痛，这便是面对死亡所经历的一个心理变化过程。我们总觉得，让儿童理解死亡是残酷的，但是他们的内心比我们想象的要强大，因为时间可以抹平所有的伤痛，当然，他们更需要成人适当的安慰与引导。就像在爸爸的帮助下，布鲁诺慢慢接受了所有悲痛，最终回到了正常的生活。当孩子直接或间接地面对死亡后，他们才能够渐渐地理解死亡，才不会因为身边人的离去而陷于悲痛之中难以自拔。

生命教育中，让儿童提前认识“死亡”是十分重要的，当他们了解“死亡”之后再去面对，可能会减少一些伤痛，心灵也就不会受到太大的伤害。让儿童接触“死亡”也是必要的，只有感受过这种悲痛，心灵才会渐渐成熟起来，痛苦是暂时的，而成长是永恒的。

三、教学小提醒

1. 布鲁诺想知道爷爷有没有穿西装，不仅仅是因为他的好奇心，更是出于他与爷爷关系的亲密，因为他知道，爷爷穿黑皮鞋的时候都会穿西装。也正是因为这种亲密关系，日后他才倍加心痛。

2. 丧礼结束后，人们谈论着爷爷生前的事又突然大笑起来。这一细节对于孩子可能难以理解，可以借此对孩子渗透“死亡”的含义。

3. 故事的结尾，妈妈看着小婴儿说：“也许爷爷又回到我们身边。”事实上，这并非强调婴儿长得像爷爷，而是自然界生命的更替，通过这一点要让孩子认识到生死轮回的自然规律。

四、活动设计

1. 在故事的开头，为什么布鲁诺想知道爷爷有没有穿西装？

2. 在爷爷的葬礼上大家哭得很厉害，可是在吃饭的时候，大家为什么又哈哈大笑呢？

3. 为什么布鲁诺说他的胸口好像有个洞，然而慢慢地，这个洞又消失了呢？你有过这样的感受吗？是在什么情况下？

4. 文章结尾，妈妈说“也许爷爷又回到我们身边”，你们觉得是布鲁诺的爷爷回来了吗？猜猜妈妈为什么这么说。

5. 请以你认为清晰、恰当的图示画出爷爷去世后布鲁诺的心情变化，并标明原因。

6. 布鲁诺的想法与事实仿佛不太一样。他觉得爷爷只是躺在棺材里睡觉，可事实是爷爷已经去世了。试着将其他的几点也找出来，对比写一写。

布鲁诺的想法	事实

【撰写者　吕月】

关键词：理解生命的消逝
书　名：汤姆的外公去世了
作　者：【法】克莱特·海林
绘　者：【法】玛丽·阿丽娜·巴文
译　者：梅莉　萧袤
出版社：海燕出版社

一、重述故事

小兔汤姆一家人生活在森林中。一天汤姆的妈妈接了一个电话之后就哭了。妈妈很伤心，抱着妹妹静静地站在窗前。一切都挺糟糕，虽然小汤姆还不知道究竟发生了什么事情。

汤姆的爸爸回来了，也很悲伤。他抱着妈妈，安慰着妈妈。爸爸告诉汤姆外公去世的消息。但小汤姆还不懂得什么是去世。

爸爸妈妈带着汤姆和汤姆的妹妹去了外公家，家里来了很多人，外婆看上去很疲惫。汤姆和爸爸妈妈一起去看了外公，汤姆看见外公就像是在睡觉。爸爸告诉汤姆："外公不是在睡觉，外公死了，他的生命永远结束了。"

爸爸、妈妈和舅舅都哭了，汤姆也哭了。汤姆没有心情吃蛋糕，也没有心情玩捉迷藏。汤姆看到了外公的小推车，于是和伙伴们一起像外公一样，把落叶放到小推车上。第二天，外公出殡，汤姆看到了棺材，那是汤姆第一次见到这样的场面。

一切结束以后，生活又恢复了往常的状态。汤姆与爸爸妈妈来到墓地看望外公，一切都很好。

二、生命教育解读

对于孩子来说，经常会面临到一个问题，那就是亲人长辈的离世。对于很多孩子来说，都不理解死亡，就像书中的小汤姆一样，他以为外公是睡着了。孩子的想法与成人不同，所以要用更加形象的方式，更加儿童化的口吻去帮助孩子理解死亡，接受亲人的离开。让孩子认识死亡、接受死亡这一点很重要。

在孩子的世界中，死亡并非是充满悲伤的，他们会用自己的思维去理解大人眼中的死亡，他们会用自己的方式去怀念亲人。他们会对死亡充满好奇，他们也许第一次听到“死亡”这个名词，第一次参加葬礼，第一次看见装逝者的棺木。但这都是孩子们接受死亡的过程，大人们用委婉的方式去帮助孩子理解死亡，孩子们也会开始思考生命。在这个过程中，孩子一直在成长。

每一个孩子对于死亡都会有不同的感觉，也有他们不同的怀念方式，也许表面上大人看不出他们内心的波动，但其实他们都会有所感触，就像小汤姆一样，他无法理解妈妈为什么哭泣，无法理解什么叫去世，但他能感受到悲伤，他知道再也见不到外公做的蛋糕，再也看不到外公推着小推车清扫落叶。外公离开了，小汤姆内心很伤心。但这种伤心和大人们的感觉是不同的。在孩子的世界中，有他们自己对待事情的方式。所以，作为成人，我们要去理解孩子，用他们的方式去帮助他们理解。

三、教学小提醒

1. 汤姆在开始时并不理解外公去世，不理解什么是死亡，因而需要孩子重点理解汤姆是怎样看待外公去世的，前后有没有发生什么变化，注重关注孩子对死亡的理解。

2. 书中展现出汤姆对外公去世从不理解到理解并学会接受的完整过程，表现了汤姆的成长，此处要让孩子发现并总结，学会正确看待亲人的离开，汤姆给孩子树立了榜样，更容易让孩子接受理解。

3. 书中有很多处情感细节。比如汤姆妈妈默默地伤心，汤姆爸爸轻轻地安慰，小汤姆学着外公的样子用外公的小推车将落叶收拾干净等。这些感情细节应让孩子重点体会，感受人物之间浓浓的亲情。

4. “一切都很好”突出了汤姆已经接受了外公的离开，接受了死亡，一切又恢复到了往日的状态。要让孩子感受汤姆此时的心情变化。

四、活动设计

1. 你理解什么是死亡吗？试着用自己的语言来说一说，小组之间先讨论一下，把你们的答案都记录一下，最后大家一起交流。

2. 如果让你用一幅画来表达死亡，你会画些什么？你觉得死亡又会是什么颜色呢？试着画一画。

3. 你是否亲眼目睹过死亡？（人类、动物、植物）试着说一说你在亲眼目睹之后，内心是一种怎样的感觉？你有什么特别的想法？可以跟大家分享一下。

4. 问问你的爸爸妈妈什么是死亡，他们是怎样看待死亡的？对于死亡又是一种什么样的心情？之后再和爸爸妈妈交流一下你的想法。

【撰写者 梁硕霞】

珍爱生命

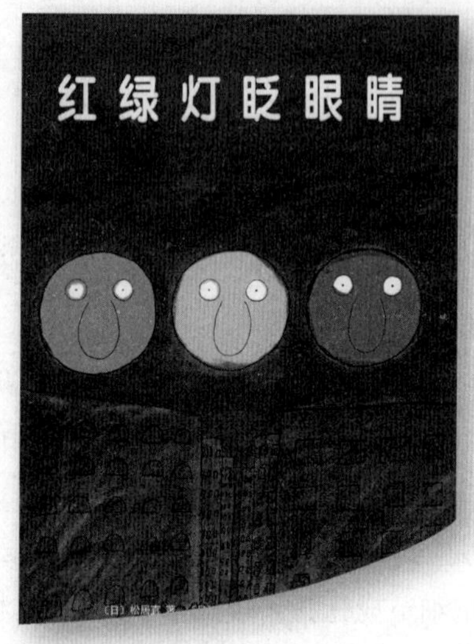

关键词：了解交通灯一天的工作
书　名：红绿灯眨眼睛
作　者：【日】松居直
绘　者：【日】长新太
译　者：【日】猿波静子
出版社：新星出版社

一、重述故事

深夜里，高楼林立的大都市的街头，没有车水马龙也没有人来人往，显得特别安静。就连红绿灯也在静静沉睡着。

清晨，执勤警察叫醒了红绿灯，提醒他们：车越来越多了，今天会很忙哦，要好好工作呀！正值上班高峰时间，大家急匆匆地赶路，红绿灯眨着眼睛，发出正确的指令：红——黄——红——绿——黄——红——……街上的车越来越多，行人的脚步也越来越快，红绿灯仍旧努力地工作着，车辆和行人有序又快速地通过。

突然，一辆接一辆，几十辆、几百辆、几千辆……越来越多的车堵在路口，如果稍微往前动，就很容易撞到人、撞到车了！发生什么事了？原来，红绿灯累了，不能正常眨眼睛了，此时，十字路口一片混乱。这时候，工人叔叔急忙过来修红绿灯。交通警察也过来帮忙，熟练地打着手势，开始疏导车辆。

傍晚时分，红绿灯又能正常工作了，辛苦了一天的人们下班时，都遵守着红绿灯的指令，匆匆走在回家的路上。直到天色渐暗时，红绿灯才放心地休息。

二、生命教育解读

无论是稳重成熟的大人，还是童稚纯真的孩童，都需要依赖一个环境去生活、去成长。在这个环境下，人们每天离不开衣食住行，其中，行在生活中扮演着极其重要的角色。为了更全面地认识周围的世界，人人都需要出行，因此也就必须懂得出行时的交通规则。最基本的，应当了解交通灯的一日工作，在交通灯的指示下规范行走，如此才能更好地保护自己。

大都市街头，车如流水马如龙，全靠大功臣——红绿灯的指挥，行人和车辆才能有序地通行，人们才能安全地生存着，过上安定和谐的生活。故事中，将交通灯——红绿灯的指挥工作，形象拟人化为“红绿灯眨眼睛”，以交通灯一天的工作来提醒孩子们要注意安全，珍爱生命。书中呈现了街道上生动的画面：交通灯如何指挥行人、车辆通行，如何让街道不至于因拥堵而导致混乱。

尤其引人注目的是书中的一幅关于红绿灯不能有序“眨眼睛”的图画。这幅图突出表现了高楼林立的大都市街道上，密密麻麻的行人，多如牛毛的车辆横跨在马路中央，交通拥堵，极其混乱无序。整个画面相当饱满，一眼望去，给人一种不舒服的感受。而后文中则有红绿灯正常工作之后，行人、车辆都能通畅前行的画面和描述。鲜明的对比，能更好地让孩子们认识到交通灯工作的意义所在，同时明白生命如此珍贵，应当学会珍惜。

三、教学小提醒

1. 故事中，每页都画了红绿灯。需要孩子自己找出这些红绿灯，观察红绿灯的不同“表情”，思考这些不同表情的意义。

2. 尤其要关注红绿灯不能正常工作的画面，孩子能从画面中读出当时的混乱、拥堵，思考交通灯正常工作与不正常工作给人们生活带来的不同影响，进而明白交通灯正常工作原来如此重要。

3. 故事与生活息息相关，书中有许多场面都是孩子所熟悉的。这些场景是图画书的核心，可以让孩子尝试以情景再现的方式来读懂故事。

四、活动设计

1. 请你画出交通灯的“表情”。

减速	前进	停下

2. 如果你是红绿灯，你知道怎么工作才能让行人和车辆有序通行吗？请你找几位好伙伴，自己尝试当当红绿灯，让你的小伙伴检查你是否知道如何工作，同时你也留心他们是不是都懂得遵守交通规则。

3. 读完故事，你知道了交通灯一天的工作，请你设计一张交通小报告诉周围的朋友，让他们都一起遵守交通规则！

我的交通小报
我的交通宣传语
我的《红绿灯之歌》

【撰写者　黄敏玲】

关键词：学会保护自己
书　名：安全第一
作　者：【美】简·博丹
绘　者：【美】麦克·博丹
译　者：毛锐
出版社：新疆青少年出版社

一、重述故事

一个阳光明媚的周末下午，小熊兄妹跳上了心爱的滑板，打算去运动场玩耍。熊妈妈追在他们的后面，把头盔牢牢地扣在他们头上，要求兄妹俩戴上所有的护具。虽然他们抱怨戴着护具又热又重，但妈妈始终强调："事先预防总比事后遗憾好！"

小熊兄妹俩遵从了妈妈的嘱咐，以飞一般的速度滑到了运动场，却发现了一块大告示牌，上面写着"禁止周末滑滑板"。兄妹俩失望极了，在回家的路上闷闷不乐地轮流踢着罐头盒子。

突然，一个大高个儿带着他的朋友们从灌木丛里跳了出来，吓了兄妹俩一跳。他咧着嘴坏笑着，邀请兄妹俩去他最棒的私人滑板场玩耍。他同意可以在那里随便玩，但有一个规则就是"禁止带护具"。小熊兄妹虽然有点儿担心，但最后还是一起去了。

玩滑板的时候，"大高个儿"一下失去了平衡力，一头倒在了灌木丛中，眼冒金星。小熊兄妹发现不带护具玩耍十分危险，就趁着"大高个儿"不注意的时候偷偷回家了。他们把这件事从头到尾告诉了爸爸，爸爸一边称赞他们的明智，一边拿起了工具，决定帮兄妹俩在农场的后院，建造一个属于他们的滑板场。

在很多小伙伴们的认真帮助和团结协作下，滑板场终于竣工了。熊王国的市民们一起参加了滑板公园的开幕式，这里热闹极了，成为了孩子们的滑板天堂。

但是，只有一个规则，连"大高个儿"也十分赞同，就是"必须带护具"。

二、生命教育解读

生命教育专家刘慧教授在《生命教育内涵解析》这篇文章中，提到我国生命教育诞生的动因一方面是针对现实中个体生命的自杀、意外死亡等现象，一方面是现实中有关生命的内容与课程缺失，需要补上这一课。她还谈到生命教育的内涵，从现实的角度看，主要是预防自杀，保护生命不受伤害。

教会儿童“珍爱生命”，这已经成为一个非常重要的社会话题，同时，它也是生命教育的最核心问题。《安全第一》这本书作为孩子行为教育的启蒙书，向孩子们传递了“安全要靠自己对危险的预知及预防”这一主题，帮助孩子树立牢固的安全意识，学会珍爱生命，学会保护自己。

书中，聪明的熊妈妈总是对熊兄妹说：“事先预防总比事后遗憾好！”当熊兄妹出去玩滑板的时候，熊妈妈强烈要求他们俩戴上头盔、护膝、护肘和护腕所有的安全护具。虽然熊兄妹认为这样又累又热又麻烦，但当他们亲眼看到缺乏安全防范意识的“大高个儿”因不使用安全护具而严重摔伤后，才真正认识到：使用护具并不是因为胆小，而是为了保护自己不受伤害。

属于生存层面的生命安全教育，是生命教育最基本的诉求。《安全第一》这本书以生命为基点，借助一个生动形象的故事，关注儿童自然生命的健康安全，以“安全防范”教育为切入点，唤醒与培养了儿童的生命意识与生命智慧。这本书有很强的示范作用，虽然描述的是一件细小的事件，但不是普通意义上的小事儿，而是和一个孩子健康安全成长密切相关的大事。

三、教学小提醒

1. “事先预防总比事后遗憾好！”熊妈妈对熊兄妹的这句提醒，在本书中一共出现了四次，分别在不同的情况下，同时，熊兄妹对这句话的理解也不同。第一次是熊妈妈在熊兄妹准备去滑滑板时的嘱咐，熊兄妹并没有特别在意这句话。第二次是“大高个儿”禁止他们在自己的滑板场使用护具时，虽然这句话在他们的脑海中闪现了，但是他们最后还是选择忽略它，摘掉了护具。第三次出现是熊兄妹亲眼看到“大高个儿”因不使用安全护具而严重摔伤时，他们才真正理解了熊妈妈的这句提醒的意义。第四次出现，是“大高个儿”在熊王国滑板公园玩耍时亲自说的，他们加深了对这句提醒的思考，而且这句话就像安全警言一般深刻在了他们的心里。

2. 《安全第一》这个故事的主人公是熊兄妹，但是不可忽略的另一个重要人物是“大高个儿”。他虽然以负面人物形象出现，但对“使用护具”和“安全预防”的理解却是最深刻的。

3. 在这本图画书的首页上，熊兄妹手握滑板，佩戴着安全护具。这幅图指出了护具的具体名称，也同时告诉了小朋友们玩滑板游戏时佩戴护具的正确方法。

四、活动设计

1. 请你说说玩滑板游戏时，应佩戴的安全护具都有什么？你记住熊妈妈对熊兄妹的那句提醒了吗？

2. 在生活中，你或你的周围发生过“因为没有事先预防而导致事后后悔”的安全事故吗？

3. 给你自己或者你的朋友们提几条安全建议吧！（如过马路的时候，或者滑滑梯的时候应该……）

4. 请按照你给自己或者其他人提的安全建议，在你的生活中实施。

5. 尝试和你的父母做一份主题为“安全第一，预防为主”的手抄报吧！

【撰写者　陈蕊】

关键词：追求和平，热爱生命
书　名：和平是什么？
作　者：【日】滨田桂子
绘　者：【日】滨田桂子
译　者：林静
出版社：译林出版社

一、重述故事

不打仗，蔚蓝的天空中不再有黑压压的轰炸机如密云般掠过；不破坏房屋和城镇，美好的家园不再狼藉一片；不扔炸弹，人们能安心地做自己喜欢的事情。没有了这些战争和暴力的威胁，我们就能和喜欢的人一直在一起，不用担心挨饿，还可以和朋友在干净明亮的教室里一起学习。或许，这就是和平的模样！

当然，和平也可能是这样的：在舞台的灯光下和小伙伴们一起唱着自己喜欢的歌，为大家带来欢笑；面对不赞同的事情，即使没有小伙伴的支持，也能勇敢地说不；如果不小心做了错事，小伙伴批评指正后要虚心接受、知错就改；可以有自己的想法，有自己的坚持和信仰，没有人会来无端干预；在蓝天下嬉戏打闹，痛痛快快地玩着自己喜欢的游戏；白天疲惫之后，晚上能伴着月亮安心入睡直到第二天太阳升起……

生活是如此美好，而每个人都只拥有一次宝贵的生命，所以绝对不能杀人、绝对不能被杀、绝对不要武器。小朋友们一起制作花车、载歌载舞，举行盛大的游行来庆祝这期待已久的和平日子的来临。

和平是什么？和平就是你我都能来到这个世界上，并且你我还能成为好朋友。

二、生命教育解读

对于现今绝大多数的儿童而言，战争的阴影早已远去无从追忆，难以感同身受。这本图画书更侧重于从日常生活入手，从熟悉的生活点滴使儿童意识到，和平不仅仅是不打仗，还应该是日常生活中人与人之间的和平共处、生命与生命之间的亲近友爱，做自己喜欢的事，坚持自己正确的想法，学会知错就改，拥有信仰自由，乐享嬉戏玩耍，安享舒心睡眠……和平为珍贵易碎的生命提供了自由发展的温床，每个生命在和平的环境下才能最大可能地发挥出生命的潜能和光彩。

每个人都是平等的，每个人都是唯一、不可取代的，每个人都有自己的存在方式，每个人都尊重和热爱自己和他人宝贵的生命，每个人都应该与他人和平共处。可以说，这种贴近儿童生活实际的做法更容易使孩子产生认同感，这正是作者的匠心独到之处。

三、教学小提醒

1. 在开头讲到战争的恐怖的时候，可以选择一些现实世界中战争对人类造成伤害的真实图片，特别是一些与所教孩子年龄相仿的战争受害儿童的图片，以此作为情感切入点增强孩子的感悟。但要注意所展示的图片内容要适度，不能超越孩子的心理承受范围。

2. 书中描绘了一些日常生活中“和平”的表现，可以引导孩子思考“和平”在日常生活中还可能有哪些其他的表现，从中衡量和判断孩子是否真正理解了“和平”的概念，同时也应引导孩子在生活中身体力行。

3. 带领孩子感悟生命可贵的同时，也应让孩子了解到生命的脆弱，学会珍爱生命。

四、活动设计

1. 图画书中“和平”在日常生活中的表现有哪些？

2. 试想如果你生活在一个战乱的地区，你的生活会是怎样的？与你现在的生活有哪些不同？

3. 在日常生活中，如果你做错事，或者同伴不同意你的观点，你是如何处理的？

4. 书中谈到很多“和平”在现实生活中的具体表现，学完之后同学们或多或少可能都有一些感悟。下面，就请你们具体谈谈你所理解的“和平”是什么？可以结合书中已有的内容，也可以是你所想到的其他的内容，并完成以下的表格。

和平是什么？
我认为，和平是________________________________
____
____
因为________________________________
____
____

5. 书中提到“一个人只有一次，最最珍贵的生命”，人们应该珍爱自己和他人的生命。可是，同时生活在地球上还有动物和植物，它们的生命也是唯一而宝贵的，对于这些生命我们又应该如何对待呢？可以联系你所熟悉的动植物来考虑，比如小猫、小狗或者小草、树木，并将你的想法在纸上写下来或者画下来。在今后的生活中，我们也应该和动植物和平地相处，珍爱动植物的生命。

【撰写者　冯璐艳】

关键词：珍惜生命，拒绝战争
书　名：走进生命花园
作　者：【法】蒂埃里·勒南
绘　者：【法】奥利维耶·塔莱克
译　者：柯蕾
出版社：中国民族摄影艺术出版社

一、重述故事

一个站在自己无忧无虑的岛上的孩子，一边看着这个世界，一边思考：看到了战争，应该把长枪画成小鸟栖息的树枝和牧羊人的笛子；看到了饥荒，应该用绳索抓住云朵，让雨水灌溉沙漠；看到了忧伤，应该学会分享；看到了海洋，应该把海洋清洗干净，然后坐在大海前面，自由地梦想；看到了森林，应该在森林里尽情地散步、探险，应该写下那些被遗忘的童话，然后躺在柔软的草地上，静静地倾听；看到了眼泪，应该学习拥抱，不要害怕亲吻。

孩子的内心，渴望着进入没有战争、没有伤害的生命花园，然而，世界上依旧存在着忧虑和苦难，孩子还是选择来到这个世界，选择了出生。因为，他渴望用自己的声音唤醒人们：珍爱生命，远离战争。

二、生命教育解读

远离战争、期盼和平、社会和谐、人们幸福生活，是这个世界这个时代的主流。人们渴望过上安定的生活，最痛恨的就是战争。然而，自从人类来到世界，战争无时无刻不在打破这种美丽的愿望。从某种意义上说，人类的发展史其实就是一部战争发展史。

成人眼中，总是以为孩子表现出来的情感、渴望都是条件反射，总是不经意间就忽略孩子也有自己的感受。殊不知，孩子也会有对生命的思考。一个孩子站在自己无忧无虑的岛上发出了自己的声音：应该把海洋清洗干净，然后坐在大海前面，自由地梦想……无数个“应该”，都是发自孩子内心深处的呐喊，渴望远离战争，活在没有忧虑、没有争夺敌对的世界。然而，当孩子明白这个世界有多少缺憾，却仍然选择出生，可见，他已经跨出了自己生命中最有力的一步。由此，也提醒着人们要懂得：每个孩子都应该被珍惜、被疼爱。

连一个未经世事的小孩，都能如此深刻地认识生命，懂得珍爱生命，远离各种忧虑和苦难，明白过得平安喜乐才是生活最真实的样子。成人似乎还不如孩子如此清醒地认识到生命的真谛，未能如此深刻地思考生命。本书以一个小孩的口吻，发自肺腑地提醒着人们要珍爱生命、拒绝战争，同时也警示着人们要保护孩子，关爱他们的可贵生命。

三、教学小提醒

1. 图画书的扉页与尾页，呈现了同样的图画。以橙色作为底色，画中白色圆圈部分都是坐在孤岛中的孩子的丰富内心世界。事实上，这一系列图画，集合了整个故事的内容。初读可能没法理解图画的意义。建议孩子读完故事后，带着已有的理解重新观察图画，读出画面传达的意思。

2. “孩子看到月亮上插着一面旗子，心想：真是不礼貌的行为啊。”这段话，主要揭示了人们对自然环境的肆意破坏，警醒人们要爱护自然、敬畏自然。对孩子而言很难理解到隐含的意义，反之他们会觉得这是不足为奇的事情。

3. 故事的结尾，为什么孩子选择出生，孩子选择出生意味着什么，理解起来可能较为吃力。建议在前文的阅读过程中，应当特别注意引导孩子读懂图画，感悟文字的内涵，走进书中人物的内心深处，引起共鸣，进而才能较为深入地理解故事的真正内涵。

四、活动设计

1. 故事的文字具有诗歌的特点，以重复的形式呈现，请你认真读读诗歌，边读边思考：这个孩子坐在岛上，看到了一个怎样的世界？他心里希望看到怎样的世界？

他看到了……	他希望看到……

2. 图画中出现了多种颜色。深红色、蓝色、黄色，还有灰色等。这些色彩，给你什么感觉？请你结合图画，跟同伴说说你的体会。

3. 书中孩子出现的部分，都是什么色彩的？你从这些色彩中读懂了什么？

4. 书中，孩子希望我们学习与别人分享、学习拥抱、学会亲吻、学会关爱他人……在你的生活中，你是否懂得爱？你如何表达对爸爸妈妈的爱？你怎样爱护同伴和老师？你又是怎样对待身边的花花草草、小虫小鱼的？勇敢地行动吧，向周围美好的一切表达你的爱，用你自己喜欢的方式让他们知道你心中充满了爱！

【撰写者　王蕾　黄敏玲】

关键词:体会"生"的意义
书 名:一切有心
作 者:熊亮
绘 者:马俐
出版社:华东师范大学出版社

一、重述故事

"我"第一次独自骑马出行的时候,爸爸小心翼翼地把"我"放在高大的马背上。于是我们出发了,马儿慢慢地在树林中行走,"我"一摇一晃,不禁紧紧地抓住它的脖子,心中十分忐忑。跟马儿一起,在风中悠然地散步,一阵阵花香扑鼻而来,渐渐地,"我"不再害怕,甚至在这样静谧的环境中,"我"感受到了自己那颗"怦怦"跳动的心。

世界上所有动物都有一颗跳动的心吗?"我"很好奇,于是便抚摸驮着"我"的大马,突然发现有个东西在不紧不慢地跳动!哦,原来大马也有一颗心。"我"跟马儿一起,一路上看到了许多小动物,有摇摇摆摆的鸭子、花朵上的蝴蝶、飞翔的燕子、河里的小鱼、可爱的小松鼠,还有被绳索拴住、看起来很伤心的小羊……原来它们都和"我"一样,有着一颗跳动的心。

马儿驮着"我"走了好久,天黑了,我们也踏上了回家的路。树林里一片漆黑,可"我"却不害怕,因为"我"知道,这里的每一个小动物都有一颗心,尤其是"我"的马儿,它温柔的心温暖着"我"的心,有它在,"我"就一定能够找到家。终于,"我"和马儿回到了家,妈妈抱着"我",狗儿亲着"我",马儿用它的鼻子抚摸"我",爸爸也陪在"我"身旁,这么多颗跃动的心簇拥在一起,让我感受到了世界的温暖、家的温馨。

二、生命教育解读

生命最好的状态是活着,而生命又是那么的脆弱,如果不好好珍惜就会悄然离去。所谓"护生者,护心也",对一些动物而言,心是生命的源泉,只要心还在跳动,生命就不会终止。也正是这一颗颗心,给予了我们无形的温暖。小姑娘抚摸到了马儿的心,她也不再害怕,骑在马背上与马儿一起散步;当小姑娘看到被拴住的小羊,她感受到了小羊悲伤的心,便用拥抱给予它关怀;小姑娘回到家中，与父母的心靠在一起，传递无限的爱意。

生命是平等的，生物间和平共处的首要法则是“保护生命不受到伤害”，“生”的意义在于珍爱生命。世界上，每一个生命似乎都能让我们感受到“心”的温暖：如果我们善待小动物，它们也会忠诚于我们——马儿可以温柔地驮着小姑娘去散步；夜晚树林中的小动物们不去伤害小姑娘；狗狗也会在门口迎接小姑娘回家。因此，珍爱生命，不仅仅要热爱自己的生命，也要保护其他生命。

一切生命都有“心”，都有求生的渴望。生命间要和平共处，即使是微小的蚂蚁，小姑娘也愿与它们分享自己的食物，如此，世界才会有更多的爱与温暖。“生”让我们的生命充满了意义，珍爱生命，我们不仅要呵护自己，还要保护小动物，爱护花草树木，这样我们生存的世界才会有一片生机盎然的景象。

三、教学小提醒

1. 小姑娘第一次感受到自己的心跳时，脸上洋溢着幸福的表情，这表情是她对自己生命的一种肯定，要让孩子从这个画面细节中认真体会自己的心跳，从而产生热爱生命的情感。

2. “天黑了，但是小姑娘却不害怕，因为每个小动物都有心”，借助这点要让孩子明白，动物是人类的好朋友，要保护小动物。

3. 小姑娘穿过树林后，对面房屋的窗子都透出一颗颗心，这并不意味着房子也有心，而是表达出房子里有亲人，有家的地方就有爱和温暖，只有活着才能感受这般温暖。

四、活动设计

1. 天黑了，为什么小姑娘却不害怕？

2. 一切都有心，马儿的心是温柔的、小羊的心是受伤的、妈妈的心是温暖的……这些心让我们感受到了什么？

3. 请想一想，故事中哪个小动物令你印象最深刻？给出你的理由。

印象最深刻的小动物	
原因	

4. 将图画书故事改编成剧本，由教师调配角色，然后全班同学一起制作道具，排演一个小话剧。表演结束后，分享、交流表演自身角色时心跳的感受。

【撰写者　吕月】

课堂实录 《有一天》

教学目标

1. 通过图画书的阅读了解自己的成长过程与经历，为成长积累经验。

2. 通过分享自己的成长照片与故事，提高语言表达能力，同时增进同学之间的了解，带动学习图画书的积极性。

3. 结合图画书与音乐，体会"成长"的过程与意义。

教学重难点

重点：通过对《有一天》的学习，深刻体会成长过程的不易以及母亲对我们成长所付出的无私的爱。

难点：具体感知"有一天你会独自走进一座的森林"、"有一天，你会荡起秋千，越来越高，前所未有"这两句话，同时注意书中女孩与母亲的情感变化，体会成长的意义以及不易，感悟成长的过程和母爱的伟大。

教学准备

学生成长照片及故事，多媒体课件，彩纸，图画书。

教学过程

一、图片导入，深情朗读

师：同学们，大家好，今天由我给大家带来一节班会，班会的主题老师先不告诉大家，老师给大家准备了一张图片，大家看图片猜一猜今天的主题。（PPT三棵树从小到大排列）

生1：成长。

生2：长大。

师：同学们猜得很准确，看来同学们都很聪明。那老师在这里还有一个问题，在我们的成长过程中，是谁为我们付出最多？

生：爸爸、妈妈。

师：老师跟你们的答案是一样的，今天呢，我们的班会主题就是"成长与爱"。

（配乐朗读图画书，PPT展示图画书图片）看不清的同学可以看小组中的纸质图画书。

（配乐朗读，读完后请一位学生给大家用自己的感觉再有感情地朗读一遍。）

二、相互交流，深入体会

师：听过了老师和同学很有感情的朗读，相信同学们已经对这本图画书有了一定的了解，而且我看到很多同学表情有了变化。现在四个人为一个小组，互相交流一下你们的感受，老师给大家三分钟的时间，之后我请同学们说一说。

（学生小组讨论。）

师：好，时间到，谁来为我们分享一下你读这本书的感受？哪些片段让你印象最为深刻？

生1：最后两张图，当女孩也变成了妈妈，并且头发也白了，她发现了自己的妈妈对她成长中的爱，这里我很感动，想到了我妈妈照顾我也很辛苦，也有白头发了。

生2：我觉得妈妈把小女孩举到天空中那里让我感触很深，因为我爸爸也会这样，爸爸妈妈都很爱我。

生3：我觉得这本书特别感人，我看到小女孩从一个婴儿一直成长为一个妈妈，在这个过程中，小女孩有开心的时候，也有伤心的时候，成长中会遇到挫折，而妈妈一直在鼓励她，这里我觉得很感动。

师：同学们的感触都很深，老师跟你们一样，也很感动。听了几位同学的发言，老师觉得同学们说的都很不错，但老师想问大家一个问题，谁能帮助老师解释一下"有一天你会独自走进一座的森林"、"有一天，你会荡起秋千，越来越高，前所未有"这两句话的含义？

生4：我认为就是我们都会长大，长大后就需要到社会中工作，就像森林一样。"荡起秋千，越来越高"我认为就是在说女孩长大了，胆子也变大了，并且找到了自己想做的事情。

师：嗯，老师觉得你的解释特别形象，森林就是我们以后未知的未来，我们长大了就要学会独立，离开爸爸妈妈自己步入社会，面对一切，胆子也会变大，这就是成长。刚刚还有一位同学发现小女孩的成长中有喜悦还有悲伤。你能不能找到那两句话，给大家读一读。

（学生读句子。）

师：找得非常准确，那你能不能说说自己对这两句话的感受？

生5：小女孩一个人很伤心地坐在沙发上，肯定是遇到了伤心的事情，可能是跟朋友吵架了，还有可能是考试没考好，总之是遇到挫折了，所以伤心地哭了。

师：好，这也就是在告诉我们，成长中我们都会遇到挫折，遇到令我们伤心的事情，但只要我们学会坚强面对，挫折总会过去，迎接我们的将会是喜悦。

三、分享成长、感恩母爱

师：通过交流，相信同学们对这本图画书已经有了很深刻的感触，现在呢，我们就来看看我们班的同学们的成长足迹。

（教师把之前收集的学生成长的照片以幻灯片的形式呈现在学生面前，先让学生猜照片中的人是谁，之后请学生分享趣事。）

师：同学们的成长故事都很有趣，而我们的成长却离不开妈妈对我们的爱，就像书中一样，妈妈为我们付出了那么多，我们又为妈妈做过什么呢？现在，请同学们拿出课下我们画好的手掌，在上面写一写你为妈妈做过什么事情?

师：请大家分享自己写的内容。

生：倒水、拿东西、做菜、洗碗、擦地、扫地、捶背、打字……（多人答案汇总。）

师：听过同学们的分享，老师发现妈妈为我们做过的事情和我们为妈妈做过的事情相比，我们还需要继续加油啊，我们已经是大孩子了，长大了就要学着为爸爸妈妈分担一些事情，老师希望同学们可以多为爸爸妈妈做些事情。

四、重申主题，整体深入

师:今天我们的班会就要接近尾声了，谁来说一说这节课你收获了什么？

生1：我知道了成长并不是想的那么简单，所以我们要学会勇敢面对成长中的不顺利的事情。

生2：我今后要多为爸爸妈妈做一些家务活，报答他们对我的爱。

生3：我收获了成长不只是身体的变化，还有思想的变化。我们应该学会独立。

师：大家说的都不错。同学们，我们每天都在成长，在成长中的我们或许并不是每天都很快乐，但每一天我们都会有新的收获，不论多少，我们都在成长。成长中，我们会遇到很多有趣的事物，很多诱惑，但老师想告诉大家的是，外面的世界是五颜六色的，等待你们的也将是神秘的未知，需要我们的勇气，需要我们的自信，成长不仅仅只是身体的成长，还包括我们心理的成长，长大了，就要学着懂事，我希望同学们记住，成长始终与爱相伴，爸爸妈妈永远会是你们最坚实的后盾。

师：拿出手中的彩纸，跟着老师一起为妈妈折一颗爱心，折好后在爱心上写下一句你想对妈妈说的话，回家后亲手送给你的妈妈。

[附]板书设计

有一天

婴儿⟶女孩⟶妈妈

成长　　爱

【执教者　梁硕霞】

“人与生命”主题图画书·拓展阅读

主题	关键词	书名	出版社
了解出生与性别	认识性别	《小鸡鸡的故事》	连环画出版社
认识身体	认识动物的身体	《这是谁》	接力出版社
生命成长历程	介绍了人的出生与成长	《奇妙的生命》	华东师范大学出版社
面对死亡，理解死亡	浓浓祖孙之情，表达了对亲人的怀念	《爷爷变成了幽灵》	湖北美术出版社
珍爱生命	学会珍爱每一个生命	《鸟儿在唱歌》	湖南少年儿童出版社

你还知道哪些类似的图画书，将它们的信息填入下表中。

第4辑 人与自然

大自然的每一个领域都是美妙绝伦的。

——亚里士多德

导 言

自然，什么是自然？我们生活在这个富饶的地球上，有空气、有山川、有河流、有植物，还有动物，大自然有着神奇的法宝，让我们可以感受到四季的变化，还有风、雨、雪、雷、电。这一切都在大自然的怀抱中酝酿，用最真实的方式告诉我们自然的定义。

自然，以其充满神秘的姿态展现在人类面前，用它广博的胸怀将世界环抱。在它的怀抱中，生活着各种可爱的小动物、稀奇的植物，昼夜的更替给我们带来了不一样的世界。人类更是依赖于自然。人类依靠自然获取阳光、食物、水、衣物这些生存必需品，所有的一切都是自然所赋予我们的，自然的每一个领域都是美妙绝伦的，没有自然，人类一无所有。

自然有其自己的运转规律，是人类无法打破的。比如太阳的东升西落，昼夜的更替等，都是自然定下的规律，人类即使拥有再强大的科技，在自然面前也是渺小的。我们的世界就是一个自然，一个神奇的自然。在这之中，我们会发现风的力量，我们和风一起玩耍，学会借助风的力量来给我们的生活带来便利。我们会感受各种气候给我们带来的不同的心情，也许阴天下雨会让我们心情变得糟糕，但新的一天又将会是晴空万里，我们的心情也会因此而变得晴朗依旧，这就是自然的神奇之处。当我们抬头仰望蔚蓝的天空时，会好奇天空为什么会是蓝色，云儿为什么会是白色，为什么在天空中漂浮，轻轻的、柔柔的。阳光下，我们在田野间、树林中、操场上奔跑与嬉戏，阳光透过树叶，在稀稀疏疏的光影间浮动。而太阳依旧每天东升西落，在夕阳的余晖中，感叹时间的飞逝，黑夜也在每天准时到来，喧闹的世界伴随着黑夜的来临而变得沉静，自然中的一切也在黑夜中回归沉寂，积蓄着力量，准备迎接另一个新的黎明。

而每当人们提到自然这个词时，最先跃入人们脑海的往往是那充盈着希望的植物们，它们生机勃勃，展现着自然界无穷的生命力。自然界中的植物种类数不胜数，我们无法计算它们的具体数量，这个庞大的“军团”让我们生活的地球充满活力，我们会看见乡间高大的树木；看到路边各种多彩的花朵；看到蒲公英的种子散落在空中；看到果树以最饱满的身姿来迎接我们去享受它们甘甜的果实；看到山间田野那些植物们在风中舞动着自己的枝叶，一切都是那么美好。在生活中，我们也无法离开植物。我们需要大树来乘凉，我们每天都必须要吃蔬菜和水果，我们利用美丽的花朵来装扮屋子，我们需要植物净化空气、减弱噪音，我们的很多药物都是自然中稀有的植物，我们与植物之间的这种密不可分的关系足以证明植物是我们人类的朋友，人类是无法离开植物而生存的。

自然每天都会给我们带来惊喜，就如同一个魔术师，在它的怀中，藏着很多神秘的礼物，而四季就是它带给我们最美好的惊喜。四季的变换让我们感受到了一个多彩的自然。有时候它是嫩绿色，有时候它是墨绿色，有时候它是金黄色，还有时候它却又变成了银白色，最后的最后，在孩子们眼里，它变成了像彩虹一样，五颜六色。四季就像是大自然的礼服，每一个季节自然都以独特的色彩盛装出席。春天，一切都是新生的嫩绿，自然中的一切积蓄着力量，准备在夏天尽显自己的风姿。终于，夏天到了，花儿尽情开放，树儿用力伸展自己的枝叶，就连树上的蝉也好像在为它们鼓劲，拼命地叫着，此时自然中的一切都是那么富有生机。转眼间，秋天紧跟着夏天的脚步来了。叶子从嫩绿变成金黄，飘落在地上，给大地铺上了一层厚厚的金色的外衣，自然也随之变成了金黄色，分外耀眼，果实们也个个乐开了花，秋天，洋溢着温暖。最后的最后，冬天到来了。银白的雪花从空中飘落下来，落在树干上、屋顶上、田野间，这时的自然换上了一套洁白的礼服，就像穿着婚纱的美丽新娘，纯洁而优雅。冬日的阳光也不再那样耀眼，却很纯净。冬天，很美，人们在冬天祈祷新的一年会更加美好，就像人们总说的："冬天来了，春天还会远么?"美好的春天马上会到来，崭新的开始又将到来，又一个四季的轮回也随之开始了。

纵使自然赋予了我们人类这么多，可人类还是不懂得感恩，不懂得珍惜自然无私的奉献。我们每天使用着一次性的筷子，用着百年的树木家具，还将污水排放到河流，将森林变成街区，将动物做成皮衣，我们无节制地浪费着自然给予我们的宝贵资源，自然将它最好的礼物都送给了我们，可我们的回报却是一直在伤害它。于是自然伤心了，它开始用地震、洪水、干旱、泥石流、暴雨、酸雨、雾霾等灾难来警告我们。警告已经发出，我们开始意识到自己的错误，意识到问题的严重。环境保护成为我们每个享受自然恩惠的人的使命，我们开始节约用水、用电，并且植树造林，不再乱砍乱伐，开垦土地，尽自己的微薄之力去保护我们的自然。相信这样下去，自然终有一天会变得像原来一样美丽。而作为成人的我们，更应该以身作则，给孩子树立一个爱护环境的好榜样，并带领孩子一起加入保护环境的队伍，共同保护我们的自然。

自然是多彩的，因为有了这一切，我们的世界变得色彩斑斓，洋溢着生机，爱自然就是在爱我们自己，相信充满爱的你会懂得自然那份深厚的爱，也相信你一定会尽自己的力量来回报这份真挚的爱。

【撰写者　王蕾　梁硕霞】

“人与自然”主题图画书一览

主题	关键词	书名	出版社
认识自然	体会大自然的黑夜	《午夜》	连环画出版社
	认识太阳	《噗～噗～噗》	南海出版公司
	探索白天与黑夜	《白天和黑夜》	湖北美术出版社
	奇特的世界	《我们的世界》	连环画出版社
	与自然和谐共处	《有一天，他们不见了》	四川少年儿童出版社
自然现象与规律	走近奇妙的云彩	《小云彩》	清华大学出版社
	触摸有趣的风	《风喜欢和我玩》	二十一世纪出版社
	探索神秘的影子	《影子》	南海出版公司
	探索自然规律	《天为啥是蓝的?》	明天出版社
	了解太阳的运动规律	《昨天的太阳去哪儿了?》	连环画出版社
大自然的植物	了解植物的生命	《植物是阳光猎人》	长春出版社
	保护大森林	《森林》	中国电力出版社
	学会创造美丽的自然环境	《花婆婆》	河北教育出版社
	了解蒲公英的生长	《飞吧，蒲公英》	华东师范大学出版社
	体会植物的生长过程	《叶子》	连环画出版社
美丽季节	听叶子诉说四季的变化	《勇敢的叶子》	华东师范大学出版社
	感受春天的样子	《是谁唤醒了春姑娘》	二十一世纪出版社
	聆听夏天的声音	《夏日的一天》	新星出版社
	触摸秋天的叶子	《一片叶子落下来》	南海出版公司
	在玩耍中享受冬天	《雪人》	江苏少年儿童出版社
保护自然环境	地球也会生病	《地球感冒了》	现代出版社
	呵护我们的家园	《这片草地真美丽》	河北教育出版社
	变化的环境，不变的小房子	《小房子》	南海出版公司
	珍爱自然里每一个生命	《花城》	明天出版社
	对自然的爱与不舍	《再见小树林》	河北教育出版社

认识自然

关键词：体会大自然的黑夜
书　名：午夜
作　者：【德】爱德华·莫里克
绘　者：【瑞】汉内斯·宾得
译　者：陈琦
出版社：连环画出版社

一、重述故事

天色渐渐变暗，夜，悠然走近大地。黑夜母亲迈着轻缓的步子，轻倚着山坡，缓缓而来。她是那样安详，温柔地拥抱着大地，此刻，她的眼神中充满了宁静，时间也仿佛在此刻停止了。

山间的小村落，在落日余晖中变得沉寂，喧闹的街区也在慢慢恢复平静，操场上空旷沉静，街边的路灯亮了，马路上都是匆忙回家的人们，驾着车，向着家的方向驶去。

月亮出来了，一艘孤独的轮船在月光下静静地航行。海面泛着迷人的月光，沉寂而美丽，家家户户亮起了灯光，迎接这迷人的寂静的夜。泉水在这时也愈发欢畅地叮咚作响，就像在给黑夜母亲唱歌，唱的什么歌呢？他在歌唱白天，给黑夜母亲讲述那些曾经走过的白天：那湛蓝的天空，那清新的花草，那热闹的田间还有街道，他的歌声就像一首古老的催眠曲，黑夜母亲听着听着就进入了梦幻般的梦乡。

这时，忙碌的时光已悄然离去，迎来的是寂静平和的午夜。一天又将过去，新的一天即将到来。明天黑夜母亲依旧会迈着缓慢的步子来拥抱大地，明天的明天以及未来的每一天都是如此，昼夜循环往复，溪水也重复着同样的曲调。这就是大自然赐予我们最美丽的礼物。

二、生命教育解读

《午夜》这本图画书，通过诗歌的形式传递给我们黑夜独特的魅力。

夜，悄悄地、悠然地迈着缓慢的步子来到了我们的身边，作者把黑夜看成是母亲。黑夜母亲轻轻地倚靠着山坡，缓缓地睡去了，沉浸在自己的梦幻中，此时的大地也被黑暗笼罩着，沉沉睡去。黑夜中的大地沉静、安宁，仿佛时间静止了一般。泉水叮咚作响，仿佛在为黑夜母亲唱着歌曲。日复一日，每一个黑夜都是如此，诉说着曾经走过的白天。作者用充满诗意的语言为我们展现了无数个宁静黑夜的美丽景色，以及无数个昼夜的更替。

白天和黑夜，每个人都会经历。火红的太阳清晨从东方升起，代表着一天的开始、白天的来临，然而，世界上不可能永远都是白天，太阳从东方升起，之后一点一点移动到我们的头顶上方，最后在西方缓缓落下，随之而来的则是黑夜。

很多人害怕黑夜，因为没有了阳光，没有了温暖，一切变得沉静。就像书中写到的："夜，悠然走近大地，她轻倚着山坡，沉浸在梦幻里。时间在两端，平衡而安宁。"当夜色降临，一切回归平静，没有了白天的喧嚣，只剩下黑夜的沉寂。这是大自然的规律，是无法改变的，地球转动，白天时，我们面向太阳，地球的另一半背对着太阳，没有阳光，就变成了黑夜。但是地球在自转又在公转。所以白天又慢慢地变成了黑夜，黑夜又慢慢地变成了白天。这些宇宙自然规律让我们体验了白天与黑夜的不同，让我们感受到了夜的美丽。白天与黑夜的轮回是大自然的定律，我们能做的只有享受这种自然之美。

黑夜并不可怕，它只是大自然的休息时间，和我们人类一样，经过白日的喧嚣后，需要自我调整一下，准备迎接下一个黎明。在黑夜中你会发现更多被白日喧嚣所掩盖的另一个美丽世界。其实大自然还有很多规律等待着你的发现，只要你细心，就一定可以感受这个美丽的世界。就像书中，夜色笼罩下，一切恢复宁静，这时你会听到泉水叮咚作响，声音婉转悠扬，欢快至极，这在喧闹的白天是绝对听不到的，这是只有在一切都恢复平静后，才能听到的美妙声音。

不论白天黑夜，都有其美丽的一面，有其不能替代的存在意义。黑夜是大自然赐予我们的礼物，在黑夜中有着另一个美丽的世界。大自然赐予人类的还有很多很多，等待着我们人类去发现、去探索，感受未知的一切。

三、教学小提醒

1. 图画书以短诗的形式呈现，很多地方诗句比较朦胧，可以适当帮助孩子进行理解。因为语言属于短诗类，所以建议在孩子朗读时配上轻柔的音乐，使孩子更加容易进入到诗的意境之中，有助于孩子的理解与感悟。

2. "她轻倚着山坡，沉浸在梦幻里。此刻，她的眼睛望着那金色的天平，她在歌唱白天，那些曾经走过的白天。"这几句中都有"她"，重点让孩子体会"她"在这里使用的意义，以及感受作者眼中黑夜的形象，突出黑夜的特点。

3. 重点体会"泉水诉说着白天"的意义，此处比较开放，可以让孩子自由发言，倾听孩子不同的看法，结合黑夜的主题进行概括。

4. 可以给孩子传递有关昼夜更替的知识，丰富他们的头脑，树立一种科学的思维，使得情感与实际相结合，主观与客观相融，帮助孩子感受黑夜，了解大自然的规律。

四、活动设计

1. 想一想黑夜在你心中的样子,试着画出你心中的黑夜以及黑夜里的景物。

2. 通过阅读这本书,你从中感受到了黑夜的什么特点?作者笔下的黑夜给你留下了怎样的感觉?你会联想到什么?

3. 你害怕黑夜吗?为什么?试着写出你的原因。

4. 周六或周日晚上跟爸爸妈妈出去走一走,看看夜晚的城市是什么样子,跟你想象中是否一样,如果不一样,写出不一样在哪里。

【撰写者　梁硕霞】

关键词：认识太阳
书　名：噗～噗～噗
作　者：【日】谷川俊太郎
绘　者：【日】元永定正
译　者：【日】猿渡静子
出版社：南海出版公司

一、重述故事

从前……最远古的从前……天地间空无一物。

不知过了多久，忽听"噗"的一声，大地上鼓起一个包儿……"噗、噗"，这个包儿越长越大，颜色也越来越鲜亮。不久，"蹭"的一声，在这个大包儿的附近，忽然蹿出一个小小包儿。"噗、噗、噗"，大包儿越变越大，大到犹如一座高高耸起的橘色巨山。"蹭、蹭"，他旁边的小包儿也毫不示弱，正努力地成长起来。当大包儿变得更大时，他的颜色已由橘红转变成了红色。"蹭、蹭、蹭"，小包儿也越长越大，颜色由最初的紫色变成了黄色，又由黄色变成了绿色。

终于有一天，大包儿张开血盆大口，"啊呜"一声将身边的小包儿一口吞下。大包儿边吃，嘴里边发出"吧唧吧唧"的响声。再看看他的颜色吧！已由全身通红变成了像香蕉皮一样的黄色。突然，"滋"的一声，没有任何征兆地便从大包儿的嘴里吐出一个红红的小圆球。只听"吧嗒"一声，小圆球弹到了地上，所经之处划过了一条完美的弧线。

"噗——"，小圆球越滚越大。终于，"轰"的一声，小小的圆球变成了大大的火球。"嘭！"大大的火球射出了万丈光芒。

在大火球胀裂后，大地重归平静。"噗——"，新的生命继续循环生长。

二、生命教育解读

《噗～噗～噗》告诉我们，最初天地间空无一物，后来随着"噗～噗～噗"声和"蹭、蹭"声鼓起了一大一小两个包儿。再后来，大包儿吞掉小包儿，吐出了一个小圆球。在一吞一吐间，太阳就诞生了。听着，似乎像古希腊神话一般，仿佛几千亿年的自然形成，皆在短短的弹指一瞬间。

其实，细细品味，大自然的形成并非表面上那么简单。从“嘘——”声开始，大自然就在默默地积蓄着孕育新生命的力量。“噗”的一声，标志着第一个新生命的诞生。伴着“噗、噗、噗”的声音，小生命不断地壮大。虽然故事中只是几个简单的声音和随之变化的颜色，但却深刻地揭示了新生命由诞生到成长的漫长过程。随着“蹭、蹭”的声音，另一个新生命也随之诞生了。但还没等小包儿继续长大，大包儿就“啊呜”一口将其吞下，这就是大自然优胜劣汰的选择。在一阵“吧唧吧唧”声中，小包儿在大包儿肚子里发生了翻天覆地的变化。不久大包儿“吧嗒”一声吐出的小红圆球，是生命通过结合而孕育的新结晶。当小圆球变成大火球时，生命已经达到了高潮和顶点。随着“嘭”的一声，火球碎片四裂，一个生命从出生到成长再到灭亡的轰轰烈烈的过程就结束了。大地重新恢复了宁静，“噗——”的一声，标志着生命循环的再一次开始。

这就是这个简单故事的整个始末。殊不知，越简单的事物越蕴藏着惊人的力量和智慧。任何简单的事物都蕴含着深奥，任何深奥的事物都潜藏在简单之下，这正是大自然的神秘和魅力所在，它需要世世代代的人孜孜不倦地去探索。

三、教学小提醒

1. 故事中，小圆球从不断胀大到最终破裂的过程，其实是一个生命从出生到死亡的一个象征。这个过程，可能是上千年，也可能是上万年，它经历过一个漫长的变化过程。

2.《噗～噗～噗》虽然文字很少，但图画却充满了生动的色彩变化。尤其是在地上的大包儿一吞一吐之间，他自身和周围的环境同时发生了变化。在赏读时，要提示孩子仔细观察每一页图画的变化。

3. 在地上的大包儿吐出红色的小圆球时，再次出现了“噗——”的一声。这一声，其实是生命开始新循环的标志。

4. 赏读时，不难发现当大火球爆炸后，一切又都恢复了宁静，随着一声“嘘——”，预示着新一轮的生命即将诞生。

四、活动设计

1. 读过故事，你能试着讲一讲小红圆球从出生到灭亡的经过吗？

小红圆球	出生	成长	灭亡

2. 我们知道了太阳诞生的过程，那么月亮和星星呢？现在，请你接着故事最后一页的“嘘——”声，充分并合理地发挥你的想象，续写一下月亮或星星的诞生记吧！

嘘——

____

____

____

____

3.《噗～噗～噗》用极少的文字，诠释了极丰富的内涵。可以说，从最原始的生命诞生方式到后来生命的发展、衍变和衰亡，在本故事中都有所体现。故事用极简练的语言和极丰富的动态，给予了我们无限的想象空间。让我们再次品读作品，并将它改编成一个儿童剧演一演吧！

【撰写者　陈小杰】

关键词：探索白天与黑夜
书　名：白天和黑夜
作　者：【美】泰迪·纽顿
绘　者：【美】泰迪·纽顿
译　者：杨玲玲　彭懿
出版社：湖北美术出版社

一、重述故事

白天和黑夜生存在同一片天空下，可他们却不曾相识。有一天，白天像往常一样起床，然后到处散步游玩，唱唱歌、闻闻花香、晒晒太阳，真是开心极了。突然，他看到一个怪东西在睡觉，他一点儿也不知道那就是黑夜。当白天小心翼翼地从黑夜身边走过的时候，不料还是吵醒了黑夜，就在此时，他们吓得大叫了起来，因为他们都有些害怕彼此。白天和黑夜对视了很久很久，由于白天的好奇，他手指用力捅了一下黑夜，结果引起了黑夜的不满，导致他们打了起来。

正当他们打成一团的时候，一只漂亮的蝴蝶飞过，吸引了黑夜的眼球，黑夜从来没有见过这么美丽的小东西，于是他不由自主地停了下来，盯着蝴蝶看了好久。接着，黑夜灵机一动，将自己斑斓的灯火与美丽的夜空也一一展现给了白天，白天为此惊叹不已。于是，白天和黑夜便互相分享起好玩的东西，他们为彼此的拥有而喝彩，兴奋之余，他们不禁挽起手，跳起了欢快的舞蹈。就在这时，神奇的事情发生了，他们交织在一起、融合在一起，彼此开始交换，更加神奇的是，白天竟然变成了黑夜，黑夜变成了白天。

他们因为遇见而让彼此的人生变得不一样，白天和黑夜意识到他们两个只是同一个世界不同的窗口，成为朋友的白天和黑夜也终于感受到了世界的丰富多彩。

二、生命教育解读

大自然为生命提供了生存环境，认识大自然可以帮助我们更好地学习、工作和生活。故事告诉我们，大自然有个边界，边界的一边充满光亮，有鸟语花香，适合我们外出行动与工作，我们称之为“白天”；而边界的另一边却如此静谧，只有月亮和星星发出微弱的光，还需要我们创造光照亮脚下的路，这就是我们所说的“黑夜”。白天和黑夜的不断轮换使我们生存的世界变得多姿多彩，同时也保证了一切生物悄无声息地繁衍着。

白天和黑夜除在特殊的地区外是相互交替的，这是由于地球自转产生的结果。故事中，白天与黑夜相互拥抱，互换了光彩，我们生活中看到的便是黄昏与黎明，这也正代表着一天的结束与新的一天的降临。白天和黑夜就像好朋友，存在同一个世界上，当地球的一边是白天时，另一边就处于黑夜的状态。因此，他们的相互作用让这个世界有静有动，更让人们把握了生命的规律，合理地休息和工作。

人们一般白天工作、黑夜休息，就是遵循了昼夜交替的自然规律。所以，我们要深刻意识到白天与黑夜的轮换更替对生命来说是多么重要，在生命体生存的自然界中，二者相辅相成、缺一不可。认识大自然，了解白天和黑夜，是生命在自然界生存的一项重要法则。

三、教学小提醒

1. 白天和黑夜分别给彼此展现了美丽的景色与好玩儿的东西，要从这个细节出发，让孩子更好地区分白天和黑夜。

2. 白天和黑夜可以友好地拥抱在一起，从故事中看，是因为他们成为了好朋友，而从自然的角度分析，是因为有黎明和黄昏，说明昼夜在更替。

3. 当孩子质疑“白天和黑夜最后为什么互换了角色”的时候，应当注意引导孩子明白，白天和黑夜本来就存在于一个空间内，只不过存在于不同的时间，他们二者是相辅相成、同等重要的。

四、活动设计

1. 阅读图画书《白天与黑夜》，根据书中内容，进行联想，完成下面的表格。分享写下的内容，互相讨论读书后产生的疑问。

《白天和黑夜》阅读收获	
白天，我们都能看到什么？做些什么？	黑夜，我们都能看到什么？做些什么？
你还有什么疑问？	

2. 你喜欢白天还是喜欢黑夜？为什么？

3. 生活中，白天和黑夜拥抱在一起会在何时出现？为什么白天会变成黑夜，黑夜会变成白天？

4. 白天和黑夜是如何产生的？它们为什么会交换更替？猜想产生这一现象的可能成因。

5. 利用发光电灯泡、地球仪等实验器材，小组合作搜集资料，动手探究，验证昼夜更替现象的成因。

6. 请爸爸妈妈从周末选取一天带着你到比较安全适宜的地方野营，一起用心去感受一下大自然，记录白天和黑夜分别看到了什么，然后一家人将所见所感进行分享。

【撰写者　王蕾　吕月】

关键词：奇特的世界
书　名：我们的世界
作　者：【美】莉兹·嘉顿·斯坎伦
绘　者：【美】玛勒·弗雷泽
译　者：崔维燕
出版社：连环画出版社

一、重述故事

孩子们在海边玩耍，发现有很多岩石、石头、小石子、沙粒，于是用身体、肩膀、胳膊和手挖了一条护城河，还随手拾了一个美丽的贝壳，他们发现世界宽广又辽阔。

孩子们来到田间，他们看见蜜蜂围着蜂巢扇动翅膀，发出嗡嗡嗡的声音。刚掰的玉米，清香、甘甜，西红柿树结满了红彤彤的果实，孩子们觉得世界是一个大花圃。

孩子们爬上树坐在树杈上，朝阳的天空，鸟儿飞出巢，张开翅膀飞翔，世界有着广阔的天空。下雨了，雨像打翻了水桶往下倒。人们会滑倒，但换个日子运气就会变好，而世界就是这样循环往复。

太阳下山了，晚饭时间到了，孩子们的肚子饿得咕咕叫，这时黄油、热汤、刚出炉的面包早已经准备好。蟋蟀叫起来，拉上窗帘，天就快黑了，屋子里炉火带走了傍晚的寒冷。孩子们与家人一起听钢琴、竖琴、小提琴合奏，小宝宝也坐在爸爸的膝盖上认真地听着，这时世界就是你和我。

你看见、听见、闻见的一切，而世界就是这一切，这一切就是你和我。我们心中充满希望、爱好和平，我们心中充满对世界、对他人的爱与信任，这就是我们的世界。

二、生命教育解读

世界是一个庞大的词汇，世界包含的事物是数不清的，没有人知道世界上到底拥有多少生物，也没有人知道世界的未来会发生什么。一切都是未知，但这些未知恰恰组成了一个神奇丰富的世界。

我们的世界中有美丽广阔的天空，有一望无际的大海，有广阔的陆地，有各种可爱奇特的动物、植物，还有太阳、月亮、星星，这一切的事物共同组成了世界。我们能感受到春夏秋冬，我们能看到风雨雪雷电。我们的世界和平而美丽，人与人相互之间充满信任，世界之间充满了浓浓的爱，每个心灵都充满希望。

这本图画书为我们展现了世界最美好、最美丽的样子，一切都是孩子们眼中最可爱最神奇的世界，孩子们奔跑在田间仰望着湛蓝的天空，孩子们在大海边嬉戏玩耍，每一个家都是那样温暖和谐，人与人之间充满了爱与信任。人们因为各种天气、各种事情而拥有不同的心情，但人们相信世界的变化，相信明天会是晴朗的一天，相信明天会更加美好，心情也会变得美丽。这种对世界最美好的追求用孩子的视角呈现出来，给读者带来了一种温馨的感觉。

生存在世界上，就要学会去爱护我们的世界，爱护世界中的每个部分，用心去感受我们的世界。你可以听到、看到、感受到的一切都是世界带给你的，而这一切又都在你我的眼中，对于世界，我们要充满希望，相信明天会更好，因为一切都是未知；我们要相信朋友，相信可以一起分享喜悦与悲伤；我们要珍惜我们的世界，去维护世界的安静祥和；这一切的一切，都是我们所爱的、所珍惜的美丽世界。

三、教学小提醒

1. 书中提到了世界中的很多地方，比如田间、海边、道路等，这些地方可能一些孩子没有看到过、感受过，因而会对孩子的理解造成一些困难，所以可以准备一些拓展视频或者图片，帮助孩子感受世界。

2. “你看见、听见、闻见的一切，而世界就是这一切，这一切就是你和我。”这句话对孩子来说可能在理解上会存在困难，需要及时关注孩子的想法，围绕这句话进行分析理解，使他们更容易感受故事的深层意蕴。

3. “希望、爱、和平、信任”这最后四个词要进行重点分析与理解。结合图画书内容，找到与之相对应的情节，并帮助孩子体会这四个词的意义，更有利于其对故事的理解、对世界的理解，让孩子感受到世界多样的美丽。

四、活动设计

1. 书中，孩子们眼中的世界是什么样子的，通过阅读试着总结一下，孩子们提到了哪些地方？每个地方有什么？发生了什么样的事情？

地方	有什么	事情

2. “你看见、听见、闻见的一切，而世界就是这一切，这一切就是你和我。”你是怎样理解这句话的？先与同桌交流一下，之后试着写一写。

3. 我们的世界一直都是充满快乐、充满阳光的吗？如果不是，我们又该以怎样的心态来看待我们的世界呢？结合对图画书的阅读，试着回答一下这个问题。

4. 能不能告诉我，你眼中的世界是怎样的呢？试着画一画，与爸爸妈妈一起用鲜艳的色彩告诉我你们眼中世界的样子。

【撰写者　王蕾　梁硕霞】

关键词：与自然和谐共处
书　名：有一天，他们不见了
作　者：王蕾
绘　者：肖猷洪
出版社：四川少年儿童出版社

一、重述故事

有一天，黄老板带领工人们来到村子，让他们用石头把这里的小河、大河填平，建起更多的楼房，这样他就能发大财。只是等黄老板准备施工时，惊奇地发现村子里所有的小河、大河、树木、大山都不见了，地上只留下大大小小的坑。黄老板一边望着坑发呆，一边做着美梦：把这些坑全部填平盖上房子，就能发更大的财了。就在此时，有个工人告诉黄老板，村民要退房，因为这里没有河水、树林和山峰，这里是个怪地方，不能再住下去了。这下可把黄老板急坏了，他立刻命令工人们寻找河水、树林和山峰，他们用喇叭喊、用望远镜望，跑了一天一夜，还是没有找到。

黄老板想不出他们藏到了哪里，正当他累得躺在地上时，却惊奇地发现河水、树林和山峰都跑到了天上，于是他命令工人们用箭把他们射下来，可这个方法完全没用；他又让工人用猎枪打他们，依然无效果；最后，黄老板让工人们搭起人梯，他手拿大网爬上去捉他们，却在关键时刻摔了下去，引得河水、树林和山峰哈哈笑。

过了一会儿，笑声停止了，老树告诉黄老板，为了盖房子向小河扔石头，他也会疼的，因为无论是小河、大河还是树林、大山都有生命。黄老板意识到了错误，向河水、树林和山峰道歉，随后，河水、树林等又回到村子里与村民一起生活了。

二、生命教育解读

大自然哺育人类，不仅为人类居住提供场所，还为人类提供吃食，更为人类努力维持着适宜生存的环境。人类只有了解自然、认识自然，才能与自然和谐相处，生活才会更加舒适。

黄老板一味地被金钱所诱惑，却忽略了自然生活的法则。他忘记了缓缓流动的小河能够湿润空气，忘记了树木可以净化空气，忘记了大山能够让人们依靠，他甚至不知道，大自然中的大河、小河、大树、小树、大山、小山和人类一样统统都是有生命，需要保护的。黄老板一心要盖起更多的房子，获得更大的利润，却不料破坏了自然环境，没有了河水、树林和大山的装饰，村民们是不愿意在此生存的，他的悔悟也给每一位正在读这本书的人一个启示。

人们总是喜欢居住在空气清新，充满鸟语花香的自然环境中，不希望每天出门看到的只是车水马龙的大街，这是因为人们愿意享受这种恬静的生活，而享受的前提首先要认识大自然、了解大自然，理清人与大自然的关系，美好的环境是大自然中的花草树木辛勤“工作”的结果，它们都是有生命的，并且用自己的生命哺育着人类，因此，人类也应该保护自然中的河水、树林和大山，与它们和谐相处。

三、教学小提醒

1. 村子里的河水、树林和山峰都不见了，根据这个画面让孩子联想现实生活，意识到这样的场景不仅仅存在于书中，人们应该开始更多地关注大自然。

2. 黄老板幻想破坏了河流、树林和山峰会换得更多的财富，却不料失去更多，这是一个转折的关键，应该引发孩子深入思考，村民离开真正的原因是自己的生命无法得到大自然的陶养。

3. 故事最后，村子里响起哗啦啦的水声，飘起阵阵花香，孩子不仅要用心听到、闻到，还要感受到这些都是生命的气息。

四、活动设计

1. 试着想想以下这些问题，与同学讨论一下，并将自己的想法写下来。

- 故事中都有什么不见了？
- 他们为什么会不见？
- 最后又因为什么回来了？
- 回来之后村子变成了什么样子？

2. 大自然中的河流、树林和山峰给人类带来了什么？你理想中的生活家园是什么样子的？怎样才能塑造理想中的家园？同伴之间相互讨论交流一下吧。

3. 全班分成几个小组，小组内分配角色，将故事演一演，认真体会黄老板、小河和村民的心情。表演过后小组内绘制一张河流、树林和山峰都回来后的美好生活图景在班级中展示。

【撰写者　吕月】

自然现象与规律

关键词：走近奇妙的云彩
书　名：小云彩
作　者：霍修远
绘　者：王圆婷
出版社：清华大学出版社

一、重述故事

一朵小云彩，在蓝蓝的天空中摇摇晃晃地飘荡着。忽然，小云彩让冒冒失失的大鸟撞了一下，哧溜一声从天上掉了下来，开始了一段奇妙的旅行。

扑通一声，小云彩掉在了软软的棉花里，它还没来得及搞清楚状况，就被大卡车带走了。它混在棉花里，被扯开、分散，又被乱七八糟地揉在了一起，最后被加工塞进了新棉袄里！

奇妙的是，凡是穿上带有小云彩棉袄的人们都像被施了魔法一样，不由自主地飞了起来。他们越飞越高，飞出了房屋，升到了天空。大家刚开始都觉得很害怕，但很快便沉醉在了天空的美景中。

但是，小云彩很难过，它想念以前在天空中自由自在飘荡的日子，想着想着就哭了起来。这时，那只不小心把小云彩撞下去的大鸟出现了，它决定帮助小云彩。大鸟召集了它的朋友们，团结起来把人们身上的新棉袄一一啄破了。棉花飞散在了天空中，小云彩的碎絮迅速聚集在了一起，形成了完整的小云彩。但是，失去了小云彩的棉袄失去了神奇的飞翔功能，人们突然开始快速坠落。

怎么办呢？就在人们忧虑的时候，一条又长又灿烂的彩虹出现了，大人们像孩子一样，坐上了这条有意思的大滑梯，开心地滑了下来。聪明的小云彩把彩虹的一端架在了软软的棉花上，于是人们都平安地回到了地上。

大鸟对撞破小云彩的事情感到十分抱歉，而小云彩却非常感谢大鸟让它拥有了一次奇妙的旅行。

二、生命教育解读

生命教育是对个体生命成长与发展之生活过程的认识、理解与体验，同时也是对个体生命所存在的环境的认识、理解与体验。其中，个体生命所存在的环境就包括着自然环境领域，应帮助儿童感受丰富多彩的自然现象，了解自然界的发展规律，从而明确人与自然的关系。《小云彩》这本书从儿童的视角出发，感受与理解自然界中云彩的样子。儿童的逻辑思维是非理性的，是充盈着强烈的感性色彩和浪漫主义的想象性的思维，所以我们称之为“诗性思维”。这个故事正是符合儿童的思维方式，具有“荒诞性”特征。

生命教育始终坚持与尊重“以儿童为本”的原则，遵循儿童的身心发展规律，尊重儿童特殊的生活体验，拓展儿童的认知领域和探索领域，为他们提供自主探索、想象和表达的空间。《小云彩》这本书正是遵循了这一原则与宗旨，尊重了儿童的“诗性逻辑”和“游戏性精神”，从儿童本位出发，帮助儿童认识小云彩和它神奇的经历，培养儿童的创造性与幻想精神。

三、教学小提醒

1. 书中的小云彩不但和人类一样长着眼睛和嘴巴，还会滑滑板，会说话。这是作者创造的拟人化形象，也符合儿童视角中的小云彩形象。应注意到儿童的年龄特点，从他们的认知角度出发，来感受故事中的小云彩的形象。

2. 作者的创作思维中，荒诞性与逻辑性有着奇妙的交叉。例如，小云彩掉进了棉花里，与棉花混在一起，它们在一道道工序中被拆开又合并，最后塞进新的棉袄里，这一处是与现实逻辑相符的。而小云彩也在其中被拆成了云朵碎絮，这便是交叉在现实逻辑中的荒诞性。

3. 儿童的思维是无拘无束、充满想象的，这也正是荒诞性的最重要特征。在故事中，当人们穿上带有云彩碎絮的棉袄飞上天时，这个故事的荒诞性也达到了高潮。

四、活动设计

1. 试着复述一下这个关于小云彩的故事。

2. 故事的结尾，当大鸟向小云彩道歉时，为什么小云彩开心地说“没关系，我要谢谢你，让我有了一次那么奇妙的旅行”？

3. 当人们从天上开始坠落，如果你是小云彩，想一想，除了“彩虹滑梯”之外，还有其他帮助人们安全着陆的办法吗？

4. 故事里的人们穿着神奇的棉袄在空中自由翱翔时，大人们的脸上也露出像孩子般惊喜的笑容，他们会说些什么呢？

5. 在班级中，同学们互相交流自己最喜欢故事中的哪部分，并说说为什么。

【撰写者　陈蕊】

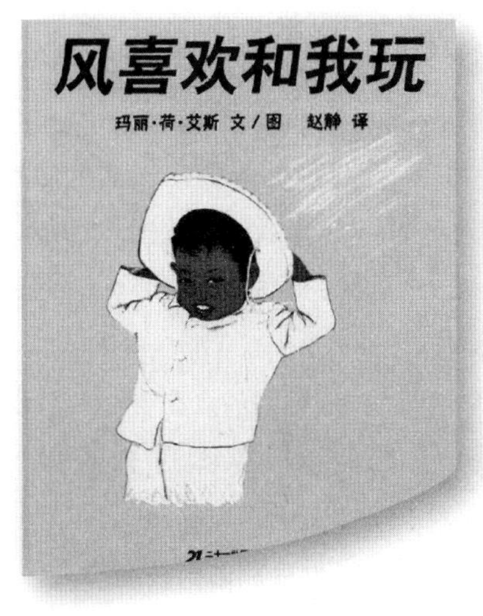

关键词：触摸有趣的风
书　名：风喜欢和我玩
作　者：【美】玛丽·荷·艾斯
绘　者：【美】玛丽·荷·艾斯
译　者：赵静
出版社：二十一世纪出版社

一、重述故事

我是戈贝托，这是我和风的故事。

我听到风在门边低语，高兴地拿起气球出门玩。风一开始只把我的气球温柔地吹到半空中，但又突然使坏将气球拽到树的高枝上，我向风求助要他帮我吹下来，然而风却笑着拒绝了我。

风喜欢和晾衣绳上的东西闹着玩，他总是把它们吹成各种形状，还会调皮地吹落衣服来试穿。

风还喜欢和雨伞闹着玩，有次还为了抢我的雨伞把伞弄坏了。

风喜欢和草场的门闹着玩，把门吹得开开合合，但当我加入时，他又吹不动了。

风喜欢和我在高高的牧草中赛跑，在草上飞跑的风总是能赢过两脚踩地的我。

风会把山上大男孩的风筝带上天，但却把我的风筝扔在地上，为此我那天不喜欢风。

在秋天成熟的苹果树下，风总是能吹下一个苹果给等候的我。

当我带着一只纸船去航行时，风会过来帮我起航。

当我有一个纸做的风车时，风会在我的示范下帮我吹风车，让风车飞快转动还吹起口哨。

风最喜欢玩我的肥皂泡，让我吹的泡泡飞上飞下，逗我开怀大笑。

当我清扫落叶时，风为了显示自己的能耐，结果吹得落叶四散。

有时候，我会因为害怕变得强壮的风而躲在屋子里。

但当风疲惫的时候，我又会找到风，和他一起安睡。

二、生命教育解读

现代社会，人们大多生活在一个个钢筋水泥铸就的城市里，每天为了工作学习、为了生活而忙忙碌碌。试想一下，很多人有多久没有停驻脚步、安心静气地去感受大自然了呢？

“一花一世界，一草一天堂”大至日月星辰的斗转星移、四季景色的轮回转换，小至一草一木的枯荣，大自然众多的现象和规律、独有的神奇美丽的景致，亲近自然的人们往往会为之折服。这个故事中的小男孩，就非常喜欢一种很常见的自然景象——风。乐于观察和接触风的他，发现了形象多变的风，调皮的风、热心的风、逞强的风、狂暴的风……于他而言，风就如同一个亲密的小伙伴，带给他许多快乐与些许忧愁，是他生活的组成部分。

在生活中亲近自然、感受自然，我们能呼吸到清新的草木气息、体验到鸟语花香、观赏到山川的壮丽与秀美……自然万物的诗情画意，会让我们的生活变得更加美好。实际上，大多数的人们也都有亲近自然的意识，但总是觉得没有时间，于是会在一年中抽出一些时间特意去踏青、去旅游，借此时机体验亲近自然的感觉。《风喜欢和我玩》还告诉我们，亲近自然的机会一直在我们身边。就像那随时都可能存在的风一样，我们居住环境附近的花草树木也是自然的组成部分，大可不必舍近求远。即使身处空寂荒凉之地，仍可抬头仰望天空，看云卷云舒，感受大自然中云彩的魅力多姿。

三、教学小提醒

1. 风本是无形的，但是书中却通过画面将风展示在读者面前，如舞动的枝头、晃动的衣物、一边倒的牧草，等等。可以让孩子在每一幅画面上寻找风的痕迹。

2. 小男孩的眼中，风是多变的，会调皮地试穿衣服、会热心地助航帆船、会狂暴地吹倒大树、会……应带领孩子通过观察图画和阅读文字，让他们感受到风的不同形象。

3. 小男孩之所以能描绘出风的不同形象，和风经常玩在一起，究其原因就在于他喜欢观察风，乐于亲近风，这也是热爱自然、亲近自然的一种表现。为了让孩子感悟到小男孩这种热爱自然、乐于亲近和感受自然的心理，需要成人加以适当引导，让孩子也乐于亲近自然、感受自然，感悟自然的魅力。

四、活动设计

1. 读完图画书，你觉得小男孩是个怎样的人？

2. 书中描绘了各种风和小男孩玩耍的场景，你喜欢哪一个？为什么？

3. 在你的生活体验中，你觉得风是怎么样的呢？

4. 图画书描绘的各种场景中，风分别是以什么样的形象出现的？仔细阅读和观察，将你的看法写下来，然后看看你是否也见过这样的风，或者也和风这样玩过。

风的形象		
场景	风的形象	我是否熟悉这样的场景
玩气球		
和晾晒的衣物闹着玩		
抢雨伞		
开合草场的门		
赛跑		
放风筝		
吹落苹果		
助力纸船		
玩风车		
玩肥皂泡		
吹落叶		
摧毁大树和篱笆		

5. 书中的小男孩因为喜欢亲近大自然中的风，因而能描绘出各种场景中的风，感受到风的不同形象。我们在日常生活中，也应该像小男孩一样，亲近自然、感受自然。读完图画书后，你们也试着去和大自然亲密接触一下，然后将你的观察、感受记录下来，可以是文字，也可以是图画、照片，或者其他你能想到的形式。相信你们也会爱上这美丽的大自然！

【撰写者　王蕾　冯璐艳】

关键词：探索神秘的影子
书　名：影子
作　者：【美】玛西娅・布朗
绘　者：【美】玛西娅・布朗
译　者：颜叙
出版社：南海出版公司

一、重述故事

诗人布莱斯・桑德拉尔和非洲居民在火堆旁聊天，发现了一些有趣的事情。

他发现，有了光和火，就有了影子。只要足够细心，就会发现处处都有影子，可能在你的前面、后面、上面、下面。森林里有影子，火堆里也有影子，黑夜里也有影子，白天阳光下也有影子。

影子不会发出声音，你不小心踩到它，它也不会大叫，但是会像回声一样，在你背后嘲笑你。这时，你会觉得影子很可怕，因为它可能藏在你的后面，学你的样子，让你觉得奇怪又神奇。

影子也不用睡觉，它一直在张望。白天，它充满了活力，随着绿草起伏，在大树脚下蜷缩，还和野兽们一起奔跑，也和鱼儿们玩耍，跟着人到处走；晚上，黑黑的影子显得格外浓重，它出现在你的脚底下，你每每迈开一小步，都会有影子相随，没有谁能把它推开，就连苍鹰、秃鹫也没有办法战胜它。

二、生命教育解读

大自然存在着许许多多奇妙的现象，也有不少神奇的规律。月有阴晴圆缺、白天昼夜更替等许多亘古不变的规律都在大自然的掌控之中，这些现象与规律不会因为人的意志而发生变化。但是，人们一定都会十分好奇这些奇妙的自然现象背后到底隐藏着怎样的奥秘，渴望去探索未知，期待去了解千奇百怪的万事万物。孩童，最初认识世界时，对如此神秘的大自然，更是充满期待，极其渴望去知道更多，探寻大自然的各式各样的奇怪又有趣的现象。

在光的照射下，影子就产生了。这是大自然的规律，也是极其平常的科学知识。倘若以极其理性、客观的方式来解释这一现象，说明影子的特点，未免显得枯燥无味，也略显抽象生硬。图画书以诗性的语言说清了影子的特点，还有生动的画面，足以让人无痕迹地感受影子的存在。

影子是有生命的，是光和火的舞蹈，不停跳跃，像是有生命的精灵。光与火的融合就可以带来影子。火是再熟悉不过的事物，充满了生活气息。黑夜里，人们燃起火堆，影子就会随之出现，没有声音，也不用睡觉，就算火光熄灭，影子还是会出现在森林里。这是亲近大自然最直接最真实的方式了，实实在在地走进自然，才能更清晰地熟知自然界的千千万万种奇妙的规律呀！

三、教学小提醒

1. 书中反复强调，影子是什么。这是认识影子及其规律的最基本问题，注意让孩子从图画中知道影子是光和火的舞蹈。

2. 图画书以诗性语言表达了影子无处不在以及没有声音的特点。如影子可能在你的前面、后面、上面、下面；也可能在火堆里、森林里；白天有，黑夜也有。应当特别提醒孩子感受影子的存在，知道影子存在于我们生活的各个角落，并且体会影子如何不会发出声音。

3. 图画书最后提到影子太重，没有谁能战胜影子，较为抽象。实际是为了让孩子理解影子是黑色的，黑影显得浓重，而且影子时刻存在，没有谁能摆脱。建议孩子联系生活实际去理解这部分内容。

四、活动设计

1. 从诗性语言中，感受影子的存在，体会影子的各种姿态：不会说话的影子，学你样子的影子，让人觉得可怕的影子，充满活力的影子，沉重的影子等。

2. 看了书中所描绘的影子，你有什么样的感受呢？

3. 读完故事后，想一想你在生活中发现的影子，跟书中所说的一样吗？有什么不同呢？

4. 影子无处不在，你知道自己的影子有多神奇吗？快快跟着你的小伙伴到室外找寻生活中的影子，你一定会发现许多有趣的现象。

当你踩着影子的时候，它＿＿＿＿＿＿＿＿＿＿＿＿＿＿＿＿

当你大笑时，它＿＿＿＿＿＿＿＿＿＿＿＿＿＿＿＿＿＿＿＿

当你张开双手时，它＿＿＿＿＿＿＿＿＿＿＿＿＿＿＿＿＿＿

当你跳跃起来时，它＿＿＿＿＿＿＿＿＿＿＿＿＿＿＿＿＿＿

当你和小伙伴手牵手玩耍时，它＿＿＿＿＿＿＿＿＿＿＿＿＿

当你＿＿＿＿＿＿＿＿＿＿时，它＿＿＿＿＿＿＿＿＿＿＿＿＿

【撰写者　黄敏玲】

关键词：探索自然规律
书　名：天为啥是蓝的？
作　者：【英】萨莉·格林德列
绘　者：【英】苏珊·华莱
译　者：陈丹燕
出版社：明天出版社

一、重述故事

一只兔子和一头驴子住在同一块野地里。每天，驴子总是在角落静静地嚼青草，而兔子总是好动地在兔子洞的几个出口来回奔忙。

年老的驴子知道很多事情，恰好年轻的兔子想知道世上的事，于是驴子答应兔子将自己所知道的事情都教给兔子，要求是兔子要坐下来安心听讲。不过呢，驴子的授课一直都不顺利。因为，好动的兔子总是在驴子还没说到"天为什么是蓝的"的关键处，就会好奇地问其他的问题，而后注意力又被其他事物所吸引，从而追逐着这些有趣的事物离开驴子。等到兔子玩够了回到驴子身边，驴子也要睡觉了，对于兔子的新发现驴子事先也已知晓。分开前，两人约好次日接着上课。

第一天、第二天都是这样过去的……

第三天开始也一样，不同的是不专心的兔子跑开后一直没有回来，要睡觉的驴子出于担心去找兔子。一路上，驴子注意到原来蜜蜂采蜜时将蜜黏在腿上，回想起以前玩过的追云游戏，还在四下无人的情况下飞冲下小山坡，驴子感觉到长久未体验过的舒适。最后，驴子还和找到的兔子一起观察之前不知道的瓢虫花斑的数目。两人回家的路上，兔子关于"天为什么是蓝的"的答案让驴子忍俊不禁，驴子想解释清楚结果兔子又睡着了。不过呢，驴子为了感谢兔子教给他的新东西，决定明天早上再说给兔子听。

二、生命教育解读

自然万物都各有其规律。太阳东升西落，月亮阴晴圆缺，大雁南飞过冬，草木枯荣交替……还有，天为什么是蓝的？

天空为什么是蓝的？这是年轻的兔子不知道答案的一个问题，他还不知道很多事情，而年老的驴子拥有大量知识，也有丰富的人生经验，并且也愿意向他人传授他的知识，于是兔子和驴子一拍而合，驴子教，兔子学。他们传授的第一课就是关于天空为什么是蓝的。原本兔子只要能听讲，就能知道很多自然现象和规律，如树为什么会落叶，蜘蛛怎样结网，这些驴子念叨又知道答案的事情。兔子也很想知道蓝色天空的秘密，可是年轻的他耐不住好动好奇的天性，注意力总是被吸引，在玩耍中自己去发现和探索大自然中的现象和规律，于是他知道了为啥莓子是红的、天上太阳和月亮会同时出现，以及驴子也不知道的——瓢虫身上花斑的数量不一。在探索自然的过程中，兔子了解了原先不知道的事情，也获得了很多乐趣。不仅如此，兔子也让自以为了解很多事情的驴子意识到自身的不足，知晓了一些之前不知道的自然现象和规律。

自然有如此多的现象和规律，即使是知识和阅历都很丰富的驴子也会有空缺和遗漏，故而光靠自己个人的力量去发现和探索，只能知晓其中的一小部分，还应该学习已有的经验。否则就有可能像兔子一样，因为没有好好听驴子讲课，说出了“天空的蓝色是用颜料盒里剩下的最后一支蓝色颜料染成的”这种错误答案。

三、教学小提醒

1. 在驴子授课的过程中，兔子总是会被周边事物所吸引，然后带着自己对自然的新发现回来找驴子。可以带领孩子探讨兔子这种不认真听课的举动，或许不仅仅是因为兔子年轻不专心，还有可能是兔子喜欢大自然，乐于自己去发现和探索自然现象和规律。

2. 书中提到一些自然现象和规律，如天为什么是蓝的、树为什么会落叶、蜘蛛怎样结网、瓢虫身上花斑的数量不一。可适时引导孩子去探索这些自然现象和规律背后的原因，激发他们对自然的兴趣。

3. 自然的现象和规律如此之多，即使是阅历和知识丰富的驴子也会不知晓一些自然现象和规律，并且在学到新东西后，驴子一改往日的沉闷变得快乐有活力。驴子正是在丰富多彩的自然中发现了生活的乐趣，需要让孩子关注驴子的转变，并且帮助孩子理解和感悟自然的博大以及探索自然的乐趣。

4. 兔子因为一直不认真听驴子讲课，所以最后才会说出“天空的蓝色是用颜料盒里剩下的最后一支蓝色颜料染成的”这种错误答案，让驴子乐不可支。这其中就存在着直接知识和间接知识的关系问题，孩子需要对此正确理解和把握，既要肯定兔子自己探索自然现象和规律获取直接知识的行为，同时也应认识到向驴子这种有丰富知识和经验的长辈学习间接知识的重要性。

四、活动设计

1. 读完本书，你认为驴子有怎样的性格？兔子又有怎样的性格？

2. 如果你是兔子，你会安心坐下来听驴子讲解吗？为什么？

3. 现实生活中，你是否也像书中的那只兔子一样，喜欢探索自然现象和规律呢？如果是的话，将你的探索成果说出来和大家分享一下。

4. 书中，除了“天为什么是蓝的”之外，驴子和兔子还知道其他的关于大自然的现象和规律。

这些自然现象和规律，有的是年老的驴子原本就知道的和后来发现的，有的是年轻的兔子在玩耍中发现的，还有驴子和兔子共同探索得到的。

从书中找出这些驴子和兔子所知道的自然现象和规律，将它们分别填到下面的表格中，然后看看这其中有哪些是你熟悉了解的。

驴子和兔子所知道的自然现象和规律	
驴子： 天为什么是蓝的	兔子：
驴子和兔子共同发现的：	
这些自然现象和规律中，我已经知道的有：	

5. 以“我所了解的自然现象和规律”为主题，每个同学可以将自己平时探索和积累到的有关内容，也可以是你临时补充了解的相关知识，以文字或图画的形式在纸上表现出来。然后集结所有同学的作品，在班上举行一个主题展，展览同学们的成果。

6. 请家长在闲暇时，带你去参加所在城市的一些自然主题展，和你一起领略大自然的魅力风情。

【撰写者　冯璐艳】

关键词：了解太阳的运动规律
书　名：昨天的太阳去哪儿了？
作　者：【日】薰久美子
绘　者：【日】井本蓉子
译　者：蒲蒲兰
出版社：连环画出版社

一、重述故事

小熊最喜欢太阳。有了太阳暖暖的，能踩影子，能泼水，而且肥皂泡泡会变得五颜六色。小熊喜欢躺在阳光下，看着太阳，享受着太阳光的温暖。可是傍晚，太阳要落山了。小熊喊着“等等，等等”追了上去。可今天的太阳还是落到了西边的山下。

于是小熊想，太阳每天都要落到山的那边，昨天的、前天的、大前天的……山的那边一定有很多太阳。小熊决定去山的那边瞧一瞧，去捡一个属于自己的太阳。

小熊越过平原，穿过森林，翻过山岗。在蒲公英地里，小熊发现了一个圆圆的东西，结果是一只小兔子，小熊和小兔子继续走，结果在紫罗兰花地里发现了一个圆圆的东西，仔细一看，原来是小猴子的屁股。小熊、小猴子、小兔子相互分享了美味的食物。

不知不觉，太阳又要落山了，小熊看到后伤心地哭了。小熊觉得没有了阳光，很冷很孤独，于是小兔子和小猴子一起抱住了小熊，三个人成为了好朋友，小熊不觉得孤单了，太阳也会在明天照常升起。

二、生命教育解读

我们每天都可以看到太阳东升西落，给我们带来温暖的阳光和热量，我们的肉眼看到的太阳就是一个红色的圆，而实际上太阳是一个球。太阳是太阳系中唯一的恒星和会发光的天体，是太阳系的中心，是一个巨大而炽热的气体星球。

太阳系中，包含我们的地球在内的八大行星、一些矮行星、彗星和其他无数的太阳系小天体，它们都在太阳的强大引力作用下环绕太阳运行。太阳也有其自己的运动轨迹，我们称之为公转和自转。

公转是指太阳绕着银河系的中心转，银河系的中心可能有个巨大黑洞，但它周围布满了恒星，所以看上去像个“银盘”。而自转是指太阳在围绕自己的轴心自西向东转，但太阳表面因为纬度的不同，自转的速度也是不一样的。

书中小熊的肉眼看不到太阳了，所以他认为太阳都在山的后面，其实太阳只有一个，只是我们的眼睛看不到它了，而且，我们离太阳其实很远很远。太阳是一个巨大的火球，可以给地球提供光和热，让植物生长，给生物提供能量。就像书中的小熊一样，我们喜欢太阳的光，很温暖，而且是五颜六色的。

地球上的所有生物都离不开太阳，需要太阳给予它们光和热，为它们提供生命的动力与能量。如果没有太阳，地球上的生物会灭亡，世界将会沉浸在无边的黑暗之中，就像末日来临一样。因此，太阳对世界上的生物来说非常重要，人类无法想象没有太阳世界会成为什么样子。因此，我们也要学会去感恩，感恩太阳给予我们的光和热，让生命得以延续，让这个世界如此美丽，就像小熊一样，每一天都期待太阳的升起，期待美丽的明天。

三、教学小提醒

1. 书中小熊的思维很有趣，成人也要关注孩子的思维方式，及时发现孩子产生的一些对于太阳的奇特看法，有利于孩子思维的发散以及想象力的训练。

2. 要引导孩子思考“小熊为什么会认为山的后面有很多太阳”、“小熊是怎样思考的”，通过对这些问题的探究，引导孩子关注太阳的运动规律，认识太阳。

3. 通过小熊将兔子、猴子错看成太阳的情节来引导孩子思考太阳的样子。帮助孩子总结太阳的特点，比如：太阳是圆的、发光的、红红的等等。同时还能提高孩子对事物外观的观察能力。

4. 可以根据实际情况给孩子拓展一些有关太阳的科学知识，例如：太阳的内部结构、太阳的周期运动、太阳的运动轨迹、太阳在宇宙中的作用等。结合孩子的知识能力、接受水平进行补充，将图画书内容上升到更为具体的科学知识层次。

四、活动设计

1. 你心目中的太阳是什么样子的？它是什么颜色的呢？试着结合自己的想象画一画你心中的太阳。

2. 小熊认为山的那边有很多太阳，那你跟小熊的看法是一样的吗？如果不一样，说一说你是怎么想的。

3. 小熊非常喜爱太阳，因为太阳一出来小熊就觉得很暖和，肥皂泡泡也会变得五颜六色。那你是否也像小熊一样喜爱太阳呢？说一说为什么。

4. 太阳为什么会升起？为什么会落山？回家让爸爸妈妈带着你一起查阅一些书籍，了解一下太阳的运动规律，之后把你了解到的知识写下来，与大家分享。

【撰写者　梁硕霞】

大自然的植物

关键词：了解植物的生命
书　名：植物是阳光猎人
作　者：【韩】金玄淑
绘　者：【韩】文盛妍
译　者：林春颖
出版社：长春出版社

一、重述故事

在很久很久以前，地球上出现这样一个群体：它们吸收空气中的水和二氧化碳，利用光能制造营养，与此同时释放出供人类和其他动物生存需要的氧气，这便是植物。

植物先于恐龙、鱼、人等动物在地球上生存，它们不仅为人和其他动物生存制造了大量呼吸所需的氧气，而且为他们提供了吃食，最开始的时候，人和很多动物都是靠吃植物存活下来的。然而，植物从不伤害其他生物，它们是如何存活的呢？原来它们可以接受阳光，利用“光合作用”自己制造葡萄糖，并且靠这种营养物质生存下来。

多种多样的植物在地球上占据了很大的比例，如果把地球上所有的植物和动物放在天平上对比一下的话，植物的重量要占到百分之九十九，而动物只有百分之一。植物真的是无处不在，它们在炙热的沙漠中孤独生存着，它们在繁茂的森林中时刻坚挺着，它们在美丽的庭院中努力工作着……植物是阳光猎人，它们汲取阳光的精华，为人类和其他动物无私地奉献着，有了植物，地球才能是一片生机盎然的景象，有了植物，地球才是一个会呼吸的地球，阳光猎人以前是这样，将来也会是这样，因此，植物才是我们这个绿色星球真正的主人。

二、生命教育解读

植物是动物存在之源，人类和其他动物生存必须要吸收氧气，呼出二氧化碳，如此进行气体交换才能保持体内正常的新陈代谢。吸入氧气，在体内产生氧化反应，我们的身体便会获得足够的能量，支持我们日常的工作、学习和生活。据统计，地球上所有动物吸入的氧气仅一秒钟就多达一万吨，那么，这些氧气从何而来呢？书中告诉我们，大自然中所有的植物都在进行光合作用，努力地捕捉阳光，将水和二氧化碳转换成葡萄糖和氧气。

从故事中我们知道，有了植物，原始人类和其他动物才有了吃食，才有力量去劳作、捕猎，进而逐渐演化形成当今我们所生存的社会。有了植物，庭院才会美丽，沙漠也不再风沙四起，我们才会感到心情愉悦，每一天都充满活力。植物在制造生机勃勃的地球的同时，也让地球上的生命健康地成长着。我们汲取着植物为地球提供的营养物质，呼吸着维持生命运转的氧气，这是大自然赐予我们的力量，由此，我们要爱护绿色植物，保护大自然。

人与自然是不可分割的，孩子从小就应该知道，人类和大自然和谐相处之道，更应该认识到大自然中植物的重要性，因为植物是我们的生命之源。为了能够保证我们健康的生存，我们必须要多植树种草，并且爱惜绿色植物，这样我们才能呼吸新鲜的空气，生命才会充满活力。

三、教学小提醒

1. 植物装点庭院，令其变得更加美丽，与此同时，园丁也在辛勤地浇灌、养育它们，通过这一细节，引导孩子认识到，人与自然是相互作用的，需要和谐共处。

2. 植物制造氧气，人类和其他动物在大自然中张开嘴呼吸，一方面是维持生命的正常运转，但另一方面，从人类享受的表情中可以看出，呼吸新鲜空气，获得的更是一种生命的陶养。

3. 书中两次出现了“自然馆”这个地方，这是孩子认识植物的一个场所，通过讨论自然馆中植物的成长及作用，激发孩子热爱、保护自然植物的情愫。

四、活动设计

1. 植物的种类有很多，数量也很多，根据书中的提示，说说你都知道哪里有哪些植物？城市植物少的地方和郊区植物多的地方给予你哪些不同的感受？

2. 故事中告诉我们：植物是阳光猎人。为什么说植物是阳光猎人？植物的作用是什么？

3. 植物和我们同处一个地球上，它们为我们默默奉献着，为了地球的天更蓝，为了能够健康生存，我们应该做些什么？

4. 写一写，植物是如何进行“光合作用”的。

5. 有了丰富的植物，我们生活的地球将是什么样子呢？通过生活中的观察，发挥想象力，把你理想中的家园画下来。

【撰写者　吕月】

关键词：保护大森林
书　名：森林
作　者：【澳】马克·马丁
绘　者：【澳】马克·马丁
译　者：毛筠
出版社：中国电力出版社

一、重述故事

很久很久以前，地球上有一片大森林，森林里有好多好多的树木。几千年来，这片森林一直都是草木繁茂，郁郁葱葱，地球因此呈现一片绿意，就连天空也纯净得透亮。

有一天，人类为了建造自己的家园，开始砍伐森林中的树木。起初，人们懂得适可而止，只是向森林索取一点点，与此同时，人们砍伐多少棵大树，就会补充上多少棵小树苗。但不久，人类就变得贪婪起来，无止境地向森林进行索取，一棵棵大树倒下，一车车木材开始运往远方，很快地，森林中的树木已然所剩无几。而远方，一座座高楼大厦、工厂代替森林中的树木拔地而起，就这样，一座城市诞生了。

城市高速运转着，工厂排放大量的废气，人类无止境地破坏环境，没有森林的净化，这里的空气只能变得又脏又差，长此已久，最糟糕的事情便发生了——一场可怕的暴风雨光临了这座城市。雨越下越大，像猛兽一般侵蚀着这座城市，直到有一天，它把所有的高楼大厦都冲走了。雨渐渐停了，这里只剩下一棵看起来孤零零的小树，时间的齿轮慢慢转动着，不知过了多少年，这棵小树变成了许多棵树，渐渐地，又变成了一片森林，因此，地球也回到了它最初的模样。

二、生命教育解读

生命有爱，生命需要爱，大自然中的树木也是生命，因此，我们也需要去爱惜、保护它们。我们应该知道，生命会影响生命，树木带给我们的是健康、清新的生活环境，只有它们的生命绽放出一片绿意，我们的生命才能正常地呼吸。

大自然孕育森林，森林造福人类。没有森林，人类难以生存，但是没有人类，森林却能够永恒地蔓延它的生命。在人类没有破坏森林之前，森林一片繁茂，为这个世界遮风挡雨，净化空气。

当人类所建造的一切一去不复返的时候，唯有大自然中的森林生生不息，一棵微弱的小树苗历经风霜雪雨又繁衍成了一片森林。因此，森林也是有生命的，人类和森林共处在同一个环境中，是相互作用的结果，如果人类破坏森林，自然的平衡也就被打破，大自然也会毫不留情地给人们点"颜色"，于是空气变得混浊，最终导致猛烈的暴风雨冲垮人们砍伐树木所建造的高楼大厦。所以，既然森林把自己奉献给了人类，人类理应当去爱护森林。

我们要通过故事或者带领孩子亲身体验，向他们传递大自然的意义，传递森林的作用，了解森林与人类之间微妙的关系，继而从小树立起爱惜大自然、保护树木的意识。大自然的生生不息，才能换来我们生命的世代繁衍，保持生态平衡，方能维系生命的平衡。

三、教学小提醒

1. 《森林》这一本图画书，若用音调来形容，起初是和谐悦耳的，然后逐渐变得嘈杂刺耳，最后又慢慢回归平静，要让孩子在阅读中感受故事的这种跌宕起伏。

2. 人们起初砍伐多少树，就会种上多少树苗。在这里，要引导孩子观察树与树苗之间形成的对比，砍伐树木只在一瞬间，而等待树苗长成大树却需要很久很久，从而让孩子意识到，要爱护树木。

3. 遗留的一棵小树竟长成一片森林，唯有自然是生生不息的。通过这点要让孩子认识到大自然力量的强大，激发孩子敬畏、热爱大自然的情愫。

四、活动设计

1. 阅读故事后，请小组合作，完成下表。

《森林》故事发展		
时间	人类行为	森林存在的状态

2. 森林给人类带来了什么？没有了森林，我们的生活将变成什么样子？

3. 看到森林消失、高楼被摧毁、森林重现时，你的心情分别是怎样的？

4. 故事的结尾，一棵小树最后又长成了一片森林，看到这般景象，你想对大自然中的森林或者对人类说些什么？

5. 小组合作设计一张海报，以"图画＋文字"的形式呈现，发挥创造力与想象力，任意选取设计角度，意在倡导人们爱惜大自然，保护大森林。

6. 植树节的时候，请家长带你一起去植树，一方面养成爱劳动的好习惯，另一方面唤起爱护树木的意识。

【撰写者　吕月】

关键词：学会创造美丽的自然环境
书　名：花婆婆
作　者：【美】芭芭拉·库尼
绘　者：【美】芭芭拉·库尼
译　者：方素珍
出版社：河北教育出版社

一、重述故事

花婆婆住在海边的一座小房子里，在这座小房子的四周，开满了五颜六色的小花，紫色的、蓝色的、粉色的，美丽极了。花婆婆的个子并不高，她的年纪很大了，她的名字叫艾莉丝。花婆婆给我们讲了一个故事。

在很久很久以前，花婆婆还是一个小女孩，住在海边的城市，花婆婆站在家门口就能看见码头，还有来来往往的大船，而花婆婆的爷爷就是搭船来到美国的。花婆婆的爷爷开了一家专门雕刻人的头像的店。他是个艺术家。艾莉丝也会在爷爷的画布上画云朵。

爷爷晚上经常给艾莉丝讲故事，艾莉丝告诉爷爷说，长大以后，要去很远的地方旅行。爷爷却告诉艾莉丝，一定要记得做三件事，做让世界变得美丽的事，艾莉丝很快就答应了。

艾莉丝长大了，她决定离开家乡，去做答应爷爷的三件事。这之后，大家都称呼她卢菲丝小姐，卢菲丝喜欢去温室里看花，于是，她来到了真正的热带小岛，她在海边散步，开心极了。她还收到了村长送的珍珠贝。卢菲丝小姐继续旅行。她爬过雪山，走过沙漠，穿过热带森林，结交了很多好朋友。卢菲丝小姐决定做第二件事情，于是她住在了海边。而她去年在院子里种的种子都开花了，她走上山顶，惊喜地发现，山下已经开满了彩色的鲁冰花。于是，她决定在这个夏天把订购的鲁冰花的种子撒在公路、乡间、学校、教堂的附近。这时，大家都叫她又老又疯的怪婆婆。

第二年，这些种子全都开花了，美丽极了，终于她完成了这第三件事情。花婆婆已经很老了，但还在继续种着花。

二、生命教育解读

让世界变得美丽的事情有很多。在我们的世界中充盈着很多事物，然而最能装点世界的那就是五颜六色的花朵了。世界上有很多美丽多彩的花朵，它们绽放着自己的每一片花瓣，为了使我们的世界变得更加美丽。就像书中的花婆婆一样，将美丽播种在世界的角落，播种在她所走过的地方。当花儿绽放时，世界也在这一刻变得分外美丽。

其实，我们身边有很多美丽的花朵，我们会在山野间、道路旁、窗台上看到它们的身影，这每一株色彩亮丽的小生命都在尽自己最大的力量去让这个世界变得美丽，它们只会绽放一时，但却把最美的自己献给了世界，献给了我们这些观赏者。它们是我们最好的朋友，也是最美丽的朋友。

而大自然也同样是我们的朋友，我们要学会去亲近、去呵护大自然，呵护大自然中的每一个生命，只有这样才能让我们的世界变得更加美丽和谐。我们都要像花婆婆一样，为世界的美丽献出自己的微薄之力，哪怕只是栽一株花、种一棵树，都是在装点我们的世界。相信世界会因为你的呵护变得更加美丽。

三、教学小提醒

1. 花婆婆每天都去播撒种子，结果大家却称她为“又老又疯的怪婆婆”，大家都很不理解花婆婆为什么这样做，此处应让孩子体会为什么花婆婆会这样做，体会花婆婆内心对花朵、对自然以及对世界的热爱之情。

2. 花婆婆已经很老很老了，但还坚持每天都去种花。此处表现出了花婆婆热爱花朵，并且希望世界因为自己的努力而变得美丽的感情。应引导孩子体会这种感情，并学会为世界奉献自己力量，让世界变得美丽。

3. 书中最后一句话“但是，我还不知道将来会做什么样的事”，这句话意在告诉我们让世界变得美丽的事情有很多，我们能做的也有很多，只是等待着我们去发现、去行动。

四、活动设计

1. 请闭上眼睛发挥想象力，试想一朵各种颜色的鲁冰花，把它描绘在纸上，让它记录心中的美丽。

2. 书中花婆婆在小时候答应过她爷爷的第三件事是什么呢？花婆婆是怎样完成的？为什么花婆婆会选择把这件事作为让世界变得美丽的事情？请你结合图画书，试着说一说。

3. 小朋友们有没有想过什么事情能让世界变得更美丽呢？把你心中的想法写下来，大声地告诉身边的人吧！让世界因为你们的想法更美丽！

4. 回到家后，希望热爱自然、热爱世界的你能够跟爸爸妈妈一起养一盆植物，并精心照顾它，为装点我们的世界献出你的力量。

【撰写者　梁硕霞】

关键词：了解蒲公英的生长
书　名：飞吧，蒲公英
作　者：马俐
绘　者：马新阶
出版社：华东师范大学出版社

一、重述故事

姐姐澄澄与弟弟明明居住在北方，姐弟俩喜欢北方的雪，更喜欢玩雪。

春天，山坡上长满了蒲公英，爸爸妈妈会带着姐弟俩去郊游，他俩最喜欢吹蒲公英。轻轻一吹，蒲公英飞舞。澄澄与明明吹了几下，澄澄说："飞吧，蒲公英！""飞吧，飞吧，蒲公英！"明明也跟着说。

夏天，他俩喜欢吃西瓜、哈密瓜，还有葡萄。

秋天，姐弟俩喜欢吃又脆又甜的大红苹果。

有一天，爸爸说要搬到南方生活。

姐弟俩希望蒲公英也能跟着他们一起去南方。

在南方，夏天，姐弟俩跟随父母去海边玩，但澄澄与明明还是怀念北方的家。

秋天，树上开满了紫荆花，却看不到蒲公英。

南方的冬天没有雪花，他俩十分想念北方的雪。

春天来了，他俩借着春风向北方的伙伴和花儿、蒲公英问好。

一次郊游中，姐弟俩发现了南方的植物，宽大的叶子奇特又可爱，姐弟俩又找到了在北方时的快乐。终于，在郊野公园的角落里，他们又看见了蒲公英，姐弟俩用足力气使劲地吹，蒲公英散开，飞扬，就像好久不见的老朋友。"飞吧，蒲公英！"澄澄说。"飞吧，飞吧，蒲公英！"明明也跟着说。

二、生命教育解读

在奇妙的大自然中，有着非常奇妙的生命，各种植物生长于大自然之中。蒲公英也是大自然的子女之一，它有着旺盛且顽强的生命力，泥土是它的生命之源，只要有泥土，蒲公英就可以茁壮成长，不仅如此，蒲公英也象征着希望与梦想，它的种子可以随着风的吹拂飘得很远很远，在随风飞舞的过程中，蒲公英也播撒了新的生命，使得它的生命不断地延续下去。

每种植物都像蒲公英似的，它会力争上游，与不利于自己生长的因素相抗衡，坚强地生长着，竭尽全力地凸显着自身的特性，将自己有限的生命之花绽放得更加绚烂。这样的植物为我们人类的生存作了很好的表率，或许，在面对困难时，我们会退缩，会逃避，会唯唯诺诺，这正是我们应该改正的地方，唯有顽强与抗争才是最好的选择。

睹物思人，在这本书里，还有“睹物思乡”的感情。每个人都会有自己喜欢的植物，这种喜欢中往往会掺杂着各种丰富的感情，而不单单是喜欢。生活在北方的澄澄和明明喜欢吹蒲公英，到了南方后，小小的蒲公英就成了姐弟俩思念北方成长岁月的精神寄托，北方快乐的生活给他们留下了美好的回忆。但无论在哪里生活，澄澄与明明成长的脚步依旧在前进，一朵朵小伞花似的蒲公英见证了澄澄与明明的成长过程与精力，它是姐弟俩的好朋友，伴着他俩一起长大。

三、教学小提醒

1. 在指导孩子赏读《飞吧，蒲公英》的时候，应该注意把握感情基调的变化，在北方时是非常快乐的，到了南方，开始是悲伤，最后发现了南方的美丽之后，又找到了快乐。

2. 对于书中爸爸妈妈说的蒲公英的特点，应该充分发挥孩子的想象，想想蒲公英还有什么特点，蒲公英还象征着什么。

3. 在前后两次吹蒲公英的内容上，应该引导孩子深入思考，两次吹蒲公英的感受以及姐弟俩所说的话有什么不同，所表达的思想感情有什么不同。

4. 通过对这本图画书的阅读，激发孩子的思考，提高孩子的想象能力，让他们体会借物抒情的深刻意义。

四、活动设计

1. 认真赏读图画书，找找澄澄与明明在南方与北方的四季中所做的事情，体会南方与北方的差别，我相信，你一定能够将表格填完整。

	北方	南方
春天		
夏天		
秋天		
冬天		

2. 找到两次澄澄与明明说的相同的话。

澄澄说：______________________________

明明说：______________________________

3. “妈妈说，蒲公英象征着希望和梦想，它的种子会飞到很远的地方，播撒新的生命”，那动动你的小脑瓜，想一想，像小伞花的蒲公英还象征着什么？为什么？

4. 如果你是蒲公英，当澄澄与明明在南方，用足力气使劲地对着你吹，你随着微风飞舞的时候，想一想，澄澄与明明的内心是怎么想的？为什么？

5. 如果你是澄澄，在北方与南方对蒲公英说话的时候，你在想什么？如果你是明明，又会想什么呢？

6. 思考一下，你有没有喜欢的植物，这种植物的特点是什么呢？为什么你喜欢它？在纸上画一画你喜欢的植物，并且在最下端写一写你喜欢它的理由。

我喜欢这种植物的理由：______________________________

____

7. 在假期或者是休息的时候，与父母一起去寻找蒲公英，吹一吹，亲身体会一下蒲公英带给你的最真实的感受，让父母也吹一吹，互相交流一下各自的感受。

【撰写者　张婧雅】

关键词：体会植物的生长过程
书　名：叶子
作　者：【美】斯蒂芬·迈克尔·金
绘　者：【美】斯蒂芬·迈克尔·金
译　者：蒲蒲兰
出版社：连环画出版社

一、重述故事

有一个调皮的小男孩不喜欢剪头发，每当听见妈妈手中剪刀的“咔嚓咔嚓”声，他撒腿就跑，一溜烟儿跑到了家门口。“扑啦啦，扑啦啦”，一只小鸟衔着一颗种子，不经意间落进了他乱糟糟的头发里。

小男孩和他的小伙伴，一只可爱的小狗一起在草丛里翻滚，在花丛中跳跃，玩得真开心。“咦?”这是什么？他不知道在他的头上，种子居然发芽儿了，然后慢慢长出了两片小小的嫩绿色叶子。

哎呀，好大的太阳啊！阳光强烈得把叶子晒蔫了！这可怎么办？正当小男孩为此忧愁的时候，小狗想到了一个好主意。它“嗖嗖”地从远方跑来，嘴里叼着一把太阳伞，拿来伞遮住太阳就可以啦！小男孩和小狗为此手舞足蹈起来，可是，叶子还是弯曲了它的身体。叶子渴了，怎么办？“哗哗”，小狗用洒水壶在水龙头接满了水，小男孩想用洒水壶，可一失手，把小狗淋成了落汤鸡，他们又拿来了梯子，想把水壶挂在树上，这一次又失败了，遭殃的还是小狗。

喔！想到办法了！回家去浴室里冲一冲，身上的泥土洗掉了，叶子也精神了呢。而这个夜晚，小男孩和小狗也依偎着进入了梦乡。在梦里，小男孩梦到了可怕的毛毛虫、恐怖的食人花、修理草坪的工人，他们都想夺走他头上的叶子，这可吓醒了他。正在他庆幸噩梦终于结束的时候，还是逃不掉被剪掉头发的命运。可是，叶子怎么办呢?

他非常伤心，用双手捧着被剪掉的头发上的叶子，爬上了尽是小草覆盖的山坡。小狗帮他在土地上挖了一个坑，他小心翼翼地将叶子种在那里，帮它浇水，精心照顾它。

日子一天天过去，小男孩的头发又长长了，叶子也长成了一株小树；他的个子长高了，叶子也慢慢地长成了一棵茁壮的大树；小男孩成长为一个真正的男人，他拥有了自己的家庭，叶子也深深地扎根进入了土壤，开枝散叶，树叶越发浓密茂盛。许多小动物们在大树粗壮的树干上嬉戏玩耍起来。

又一颗种子不经意间掉进了小狗的头上，于是，另一株小叶子的成长故事又开始了。

二、生命教育解读

《科学时报》曾报道："对于生长在城市的孩子来说，一粒种子是怎样慢慢发芽生长的、植物生长需要哪些条件？孩子们很少能说清楚，只能通过书籍、媒体等途径了解。"《叶子》正是基于此点，采用文学手法，介绍了植物的传播、成长过程与具体的生长条件。同时，本书的科学教育充满着生命的因素，极富张力和弹性，理应承担起对儿童进行生命教育的重要责任。这本书也能帮助孩子在体验植物生长的过程中不由自主地萌发爱护植物、爱护生命的情感。

《叶子》具备了儿童文学最鲜明的"趣味性"特点，但又和一般意义上的图画书有所不同。这本书中的文字不多，在普及植物的生长过程这一科学知识时，主要利用图画书中的画来完成的。书中无声胜有声的幽默的寥寥无几的手写字，并不是说明性的文字对白，只是与画面自然巧妙地融合在一起。整本书风趣幽默，留给读者充分的想象空间。

《叶子》说的是一个不爱剪头发的孩子身上发生的有趣故事。这又是一个一颗种子生根发芽，长出叶子，在拥有阳光、水分与土壤的自然环境下，开枝散叶变成大树的故事。同时，这还是一个调皮的孩子不断成长、渐渐长大的故事。儿童在感受这本书带来的阅读乐趣的同时，也让科学教育的种子在心中发芽，让科学的种子在自己心中慢慢长大。

三、教学小提醒

1. 这本书说的是一个一颗种子生根发芽，长出叶子，变成大树的故事。同时，这还是一个调皮的孩子不断成长、渐渐长大的故事。小男孩的成长与大树的成长之间有着密切的联系，他们之间也有着深厚的感情。

2. 小男孩成长成了大男孩，但是他的衣服一直没有改变，绿色上衣和棕色裤子，这也正和他所种的树的颜色一样，绿色的叶子和棕色的树干。

3. 书中，小男孩和小狗回家洗完澡准备睡觉的时候，小孩子在床上所看的书籍，封面是植物的图案，这也暗示着这本书的主题正是有关植物的成长过程。

四、活动设计

1. 说一说植物的成长过程与所需的生长条件。

2. 小男孩长大以后，他和他的家人一起来到了大树前面，你觉得他会说些什么呢？

3. 书的最后，又一粒种子落在了小狗的头上。那么，接下来会发生什么样的故事呢？请你试着写一写故事的续集。

4. 请为本书配上说明性的文字对白，从而使其成为一个完整的文字故事。

【撰写者　王蕾　陈蕊】

美丽季节

关键词：听叶子诉说四季的变化
书　名：勇敢的叶子
作　者：王晓明
绘　者：王晓明
出版社：华东师范大学出版社

一、重述故事

春天，花满枝头，一个小小的绿芽如同依偎在妈妈身边的娃娃，躲在一朵粉嘟嘟的鲜花旁边。花儿很疼爱绿芽，每天早晨都会喂给苏醒的绿芽一滴香香的露珠，像妈妈一样呵护着绿芽长成嫩叶。嫩嫩的绿叶很喜欢这样的日子，想永远在花儿身边当个小孩。嫩叶长成花朵一般高时，又想着能当保镖守护花儿。

但是花儿在一天夜里变成了一粒小青果子，醒来后的叶子开始有点惊慌，随即决定自己要照顾好这个小青果。叶子努力使自己长得更大更壮，在雷雨中为小青果遮挡闪电和大雨，还会在风雨过后为小青果表演说唱，并送上自己真挚的祝福。

秋日，小青果变成了美丽的小红果，叶子听到南飞的大鸟的喊叫却隐隐不安。接下来如南飞的大鸟所言，周围的树叶一片片变黄飘落，然而发黄的叶子为了守护小红果仍坚持伫立枝头。在发怒将一只打小红果主意的松鼠吓跑后，没有力气的叶子只能弯曲起身子尽力为小红果遮挡寒气。

冬天，寒风刺骨，枯萎的叶子冻得瑟瑟发抖，却仍然执著地守护着小红果。路过的兔宝宝非常喜欢漂亮的小红果，因为害怕小红果冻着，就想把小红果带回温暖的家中并放在枕头边。这一次，叶子默许了善良的兔宝宝的行为，安心地飘向了大地。

二、生命教育解读

一年之中，四季交替，每个季节都有其各自不同的风景和韵味。春、夏、秋、冬四季以迥然不同的面貌显现于世人眼前，人们可以通过很多现象去感知季节的交替变化，如草木的枯荣、气温的高低、人们衣着的厚薄等等。即使是大自然中最最普通和常见的叶子，也是四季变化的见证。

《勇敢的叶子》就是以一片叶子为主角，通过它的成长变化展现了四季的变化。叶子在温暖春风的吹拂下于花间枝头钻出嫩芽状的小脑袋，当它长成嫩嫩的叶的时候，柳树也换上了一身嫩绿的新装，低垂的柳枝在风中摇曳多姿。夏天的雷雨中，已经是一片大叶子的它已经能为花朵变成的小青果遮风挡雨。雨后，七色彩虹高挂天空，空气清新宜人。大雁排队往南迁徙之际，小青果被秋日的阳光用最浓艳的颜色染成了小红果，叶子和它的伙伴都开始发黄，甚至有的叶片已经飘落大地。最后，在光秃秃的枝头弯曲破损的叶子，在寒风中飘落雪白的大地。

书中，伴随着这片叶子的成长变化，用嫩绿的柳条、雷雨和彩虹、南飞的大雁、成熟的果实、金黄的落叶、皑皑白雪这些春、夏、秋、冬各季常见的场景和画面来传达四季的气息。同时，在背景颜色的处理上，第一幕用充满生机的淡绿色对应春天，秋天以金黄色为主色调，冬天则以大篇幅的白色表现，并且还特意勾勒了一个白胡子老人的形象，这一切都和当时所处的季节相得益彰。

故而，跟随着这片小小的叶子，读者能够看到四季变化，感受到不同季节的美丽风韵。

三、教学小提醒

1. 叶子从绿芽长成绿叶，最后变黄飘落，需要让孩子体会其变化的原因，让孩子注意到四季的转变及其对叶子的影响。

2. 在叶子的成长变化中，分别用春天的柳条、夏天的雷雨和彩虹、秋天南飞的大雁、成熟的果实和金黄的落叶以及冬天的白雪等各个季节常见的画面和场景来衬托，勾勒出四季不同的美景。应引导孩子通过这些熟悉的画面来辨别季节的转变，并感悟四季的美丽风采。

3. 这本书将这片叶子称为“勇敢的叶子”，应引导孩子思考“勇敢”二字的含义，并能结合图画书说明这一称谓的缘由。

四、活动设计

1. 读完图画书，你能按时间发展的顺序说出叶子的不同变化吗？

2. 结合图画书，如果你是书中的那片叶子，在春、夏、秋、冬不同的季节里，你会有怎样不同的感受？

3. 书中的叶子为了守护小红果，大声呵斥并吓跑了想顺手摘走小红果的松鼠。生活中，你是否会为了守护自己喜爱的东西而拒绝他人的无理要求呢？

4. 这本书的书名就是《勇敢的叶子》，结合图画书，你觉得这片叶子勇敢吗？将你的理由写下来，然后和同学们互相交流讨论，看看有多少人与你的看法和理由是一样的。

5. 图画书中，叶子的样子随着季节的变化不断发生着改变，叶子生活的场景也随着季节的改变而不同。现在，请你从春、夏、秋、冬四季中选择一个你最喜欢的季节，在纸上画出你最喜欢的季节的模样。

6. 周末或假期的时候，让爸爸妈妈和你一起去公园、郊外出行，感受当季的美丽风景。有兴趣的同学还可以和爸爸妈妈采集一些植物制作标本，让美丽季节定格保留在你们的作品里。

【撰写者　冯璐艳】

关键词：感受春天的样子
书　名：是谁唤醒了春姑娘
作　者：【加】黛比·奥利特
绘　者：【意】妮可莱塔·切科利
译　者：馨悦
出版社：二十一世纪出版社

一、重述故事

很久很久以前，在一座小房子里，住着冬姑娘和春姑娘两姐妹。春天来的时候，冬姑娘就该去休息了。可她不愿意去睡觉，她认为一年到头都是白茫茫的寒冬季节，才是最完美的世界，所以她希望世界永远都是冰雪覆盖。于是她想出了一个办法让冬天永远延续下去。她织出了一条冰冰的白毯子，盖在了春姑娘身上，这样，春姑娘会永远沉睡不醒。

知更鸟把冬姑娘所做的一切全都看在眼里，她召集了森林里所有的居民，唤来了熊、小瓢虫等，小伙伴们一起想办法唤醒春姑娘。他们开始商讨计划，第一个让熊去，但是失败了，接着小瓢虫开始行动，却被冬姑娘困在了洞里。尝试了许多次，都遭到冬姑娘的百般阻挠……

后来，知更鸟找到太阳妈妈，请求她帮忙，给予她一缕早晨的阳光去唤醒春姑娘。最终，知更鸟以自己美丽的歌喉向太阳妈妈换取了一缕阳光，成功地唤醒了春姑娘。

春天回到了人间，青草用绿茵覆盖着大地，鲜花从泥土里探出粉色和黄色的小脑袋，鸟儿在树丛间飞舞。一派生机勃勃的景象展现在人们眼前。

二、生命教育解读

四季交替，本是大自然规律。春夏秋冬，每个季节都有不一样的美丽景色，大自然也会选择独特的方式来到人们身边，温暖春日让万物复苏，炎热夏季也带来蝉鸣雷雨，写意秋天则落叶纷纷，寒冷冬季也有白雪皑皑。季节轮回，年复一年，都是大自然的语言。亲近大自然，才能更深刻地体会到它带来的神奇，才能享受它带来的种种美丽。

春姑娘就要醒了，冬姑娘不想在寂寞中酣睡好几个月，她想让整个世界被冰雪覆盖，寒冷的冬将永无止境。于是，她织出了冷冰冰的白色毯子盖在了春姑娘身上，想让她永远沉睡不醒。在春天的使者知更鸟的带领下，大家决心要把春姑娘唤醒。

勇敢机智、不同寻常的知更鸟让美丽的春天重回人间。本书巧妙地将一些真实存在的自然现象和知识融入故事情节里：冬天与春天的季节交替，冬眠的熊和臭鼬，冬天会分泌糖浆树液的枫树，还有知更鸟胸口的那一抹火红。

故事里，小到毛毛虫和小瓢虫，大到熊和枫树，大家为唤醒春天付出的努力是惊人的，而知更鸟撷取阳光并被灼痛的那个瞬间，宁静的画面之中更蕴含着一种震撼的美。

图画书让孩子们知道大自然的一些普遍规律的同时，也为他们呈现了春季里欣欣向荣的景象，明媚春光之下色彩斑斓的世界，提醒他们能发现春日的美，能体会并深深喜欢这个美丽季节。

三、教学小提醒

1. 将封面和封底展开观看，是一幅相连的完整图画，春草用绿茵覆盖着大地，花儿露出粉色的笑脸，美丽的春姑娘头上戴着一朵花，手里捧着知更鸟，向爱她的孩子们传递着花香鸟语的美好信息。注意让孩子在画面中感受春天的样子。

2. 冬姑娘为了不让春姑娘醒来，做了什么？这个问题与最后春姑娘如何被唤醒有紧密联系，应当让孩子加以理解，并有意识地与后文建立联系。

3. 森林里的伙伴想了那么多办法，都不能唤醒春姑娘。为什么知更鸟向太阳妈妈取了一缕早晨的阳光，就让春姑娘回到了人间？这是理解故事内容的关键点，需要引导孩子讨论并重点体会春姑娘重回大地之后带来的美丽景色。

四、活动设计

1. 书中的图画大多色彩鲜艳，光彩夺目，给人一种赏心悦目的感觉。可以将书中的图画串连，加上轻松的背景音乐，让孩子静静欣赏，并在一幅幅画面中体会美丽的春季。欣赏完，和同伴分享，你觉得哪幅画最美、最能吸引你。

2. 图画书中，春姑娘回到人间之后，她所到的地方都发生了什么变化？结合图画，跟同伴分享你的发现。

3. 在你的心中，春姑娘还可能带来哪些美妙的事物？挥动彩笔，画出你心中的美丽春天吧！

4. 故事生动有趣，还留有充分的想象空间。你可以跟你的同伴，一起分享有趣的故事，感受故事中的魅力。例如，你可以跟同伴交流以下问题：

- 你喜欢图画中的春姑娘还是冬姑娘？为什么？
- 你知道冬姑娘为什么不想让春姑娘醒来吗？
- 故事的最后是谁唤醒了春姑娘？
- 如果春姑娘没有被唤醒，世界又会是什么样子？（可以大胆发挥想象，并将你的想法写下来）

【撰写者　黄敏玲】

关键词：聆听夏天的声音
书　名：夏日的一天
作　者：【日】秦好史郎
绘　者：【日】秦好史郎
译　者：周龙梅　彭懿
出版社：新星出版社

一、重述故事

炎炎夏日，哥哥不在家，我一个人在家也无聊至极，于是，我随手拿起一张网，大叫一声："我要出去玩啦!"似乎要跟全世界宣布我此时的兴奋和喜悦。

刚出门，深山传来"知了——知了"的声音，深深吸引了我，顿时就想一口气跑到山谷里，把它捉住。于是，大步大步地往前跑，跑啊跑啊，我穿过了铁路，看到了一片绿色的海洋，景色真美丽，原来野外的夏天如此清新啊！继续往前走，我还认识了一位新朋友——大锹甲，他能飞得很快，我多么希望他能等等我，跟我作伴，陪我一块儿到山谷里。我加快脚步，全速冲进牛棚，呀！牛棚太臭了！我只好奋力前行，冲出牛棚，直奔山谷。

"噗!"我终于来到山谷了，知了还在不停地唱歌，声音清脆动听，可是知了到底在哪儿呢？正当我找不到知了时，我多希望大锹甲能帮帮忙，告诉我。后来，我发现知了站在高高的树枝上，便开始跳起来，拿网去捉他。一次，两次，三次，还是够不着。后来，我用尽全身力气爬到树上，还摔下来好几次，但我没有放弃，最后，我终于捉到知了，心里别提有多高兴了！此时，天色暗了，我准备回家了，不料下起了大雨，淋成落汤鸡了，心里依旧很兴奋，因为今天感受到了夏日的美丽啊!

二、生命教育解读

大自然一切都充满着魅力，给人舒服愉悦之感。如暖暖春日的绵绵细雨，热情夏日的畅快雷雨，秋高气爽的怡人空气，白茫茫的冰雪世界，还有虫鸣蛙叫，溪水潺潺，凉风习习……然而，只有愿意亲近自然，用心倾听大自然声音的人，才能发现自然界的美丽，才能享受如此迷人的四季风景。

书中写到：深谷里，传来的阵阵"知了——知了"，这是夏天的声音。"我"深深地被这悦耳的声音吸引了。一大早，“我”便出门去找寻这种声音，一路上，“我”大步大步向前，穿过铁路，看见一望无垠的绿色海洋，一边欣赏着美丽的景色，一边健步走向深谷。直到天黑了，我终于见到知了，爬到树上捉到了它，能零距离听到知了动听的歌声了，特别开心啊！回家时遇上的酣畅雷雨，也带来无限快乐！不禁感慨，夏日的景色如此美丽，夏日的声音如此有魅力！整本书，“我”都是以快乐的心情亲近夏天，感受夏天的气息。

生命教育是充满鲜活能量的，这份能量能够让人有足够的自由去表达自己对美好事物的喜爱和追寻，流露内心最真实最纯真的愿望。书中的“我”便是如此，带着无比轻松的心情，不怕似火骄阳，也不畏大风雷雨，只管大步向前，去欣赏自己所喜爱的夏日，尽情拥抱夏天。

三、教学小提醒

1. 小孩出去玩的路上，首先是听到蝉鸣，便渴望捉住它，但后文中又出现了大锹甲，故孩子很容易疑惑小孩最后捉住的是蝉还是大锹甲。这就需要在指导孩子阅读故事时，注意前后文的联系，并认真观察图画的变化。

2. 书的文字较少，画面鲜活，颜色鲜艳明亮，同时也有多处留白。孩子在自主阅读时，可能会忽略这些空白处。如小孩刚看见知了时，准备捕捉了，书中呈现了8幅图，具体而形象地描述了他如何捉到知了。可以让孩子想象他当时捕捉知了的情景。

3. 以静态图画和文字来表现活力四射的夏日是本书最突出的部分，许多充满动态感的画面，应当着重让孩子感悟，引导其融入其中，感受夏日的声音、气息。

四、活动设计

1. 图画书读起来让人觉得放松，请你以不同的方式来读读故事，注重从读中感受美丽的夏季。读完后，说一说你体会到一个怎样的夏日？

2. 请你找找书中出现了几次“我捉到了！”“我”每次说这句话时，心情如何？如果你是他，你会用什么样的语气来说这句话？

3. 慢慢品味了图画和故事，你是否想起自己熟悉的夏天，快跟你的小伙伴一起去找找身边的夏天吧，并分享你的发现（可以画成图画，也可以写成文字），如：

- 夏天的声音在哪里？
- 夏天的气味如何？
- 夏天的红花绿树、溪水是怎样的？

4. 夏日的一天，让“我”听到了蝉鸣，看到了绿野，还感受了畅快的雷雨，真是美的享受啊！那么，“我”淋雨回家后，这个夏日的夜晚，还可能发生哪些有趣的事情呢？请大胆地展开想象，用笔写下你心中那个夏日的夜晚吧！

【撰写者　王蕾　黄敏玲】

关键词：触摸秋天的叶子
书　名：一片叶子落下来
作　者：【美】利奥·巴斯卡利亚
绘　者：【美】利奥·巴斯卡利亚
译　者：任溶溶
出版社：南海出版公司

一、重述故事

春天过去，夏天来临，叶子弗雷迪长得又宽又壮，他喜欢他的树枝、他的家、喜欢大自然的一切。

弗雷迪的身旁有很多朋友，他们一起玩耍，一起长大。虽然大家都长在同一棵树上，但是没有两片叶子是真的一样的。其中，弗雷迪最好的朋友是丹尼尔。他是这根树枝上最大、最聪明的叶子。

夏天突然消失，秋天来临，费雷迪和他的朋友们经历了生平第一次降霜，所有的叶子都冻得发抖。转瞬之间，整个公园，全染上了浓艳的色彩，几乎找不到绿色的叶子。

有一天，发生了奇怪的事。以前，微风会让他们起舞，但是这一天，风儿却扯着叶梗推推拉拉。结果，有些叶子从树枝上被扯掉落在地面上，顿时，所有叶子都害怕了起来。

丹尼尔告诉他们：时候到了，叶子该搬家了，有些人把这叫做死。任何东西都会死，而且永远不能重生。他告诉大家不要害怕死，这些都是自然的变化。而且，总有一天树也会死的。不过还有比树更强的，那就是生命，生命永远都在。

有些树叶疑惑了，如果叶子早晚都会掉落、死亡，那么短暂的存在有什么意义呢？

丹尼尔回答：是为了太阳和月亮，是为了大家一起的快乐时光，是为了树荫、老人和小孩子，是为了秋天的色彩，是为了四季。

那天下午，丹尼尔毫无挣扎地走了。然后，就剩弗雷迪一个了，他是那根树枝仅存的一片叶子。

第二天清早，下了头一场雪，冷得不得了，一阵风把弗雷迪带离了他的树枝。当费雷迪往下掉的时候，他第一次看到他存在的这棵强壮的、牢靠的大树，他为自己曾经是他生命的一部分感到骄傲。

最后，弗雷迪落在雪堆上，他感到了前所未有的舒适。闭上眼睛，睡着了。

二、生命教育解读

《一片叶子落下来》是一本关于生命的图画书。作者通过一片叶子费迪南经历了四季的故事，来展现生命从生到死的全过程，阐述生命存在的意义和价值，适合用来做儿童“生死教育”的教材。

儿童在4岁左右就会产生死亡的概念，如果无法得到父母或教师的正确引导，容易对死亡产生错误认知，进而产生负面情绪，影响一生。因此，张淑美教授认为，对儿童进行死亡教育是十分必要的。

书里的那片老叶子丹尼尔说：“万物都会死。不管是大是小，是强是弱。”虽然万物都会死，但是，书中费迪南和他的伙伴们在经历了四季的变化后，逐渐懂得了生命的意义在于经历美好的事物，在于给别人带来快乐；明白了死亡并不是代表一切毁灭，而是另一种形式的新生。书中告诉我们死去的叶子将成为大树的养分，等下次春天来了，大树便得以冒出新的枝桠。旧的生命不能重来，新的生命却能因此产生。于是，他们不再害怕死亡，他们开始正视死亡。

在书中，作者赋予了每一片叶子以名字。在阅读的过程中，读者不再是一个生命的旁观者，而是进入到故事中，成为了生命的一部分。在这片叶子和那片叶子的对话中，每个读者都能找到自己的角色，从而倾听与延续着关于生命的对话。

对成人来说，与孩子说生死是个很难的话题，但是透过这个故事，可以帮助孩子了解自然界的生死是自然的，是不必悲伤的。而人类作为自然界的一部分，都会经历生老病死的阶段，我们从自然而来，也必将回归自然。

三、教学小提醒

1. 文中有三处，是作者想传达给孩子的信息：生命中要学会顺其自然，在自然的变化面前，必须坚强；生命是循环永存的，唯有奉献才能留下生命的印记；生命的意义即在于享受生命的过程，实现生命的价值。

2. 其实，费雷迪这片叶子就是我们每一个人，费雷迪的周围有成千上万的叶子，这成千上万的叶子是指我们周围的每一个人。而丹尼尔，在我们的生活中是指智慧的长辈、书籍或是知识。

3. 本书的名字是《一片叶子落下来》，它还有一个副标题——关于生命的故事。这与书中丹尼尔所说的那句话相互呼应，即：我们最终走向生命的终点。可是，有一样东西永远不会停止，就是生命。

四、活动设计

1. 怎么样才可以实现丹尼尔所说的“这片叶子”的目标呢？

2. 用一句话说说自己对生命的感悟。(由这片叶子我们感受到……)

3. 弗雷迪在冬天来临时,从树上落下来,埋在温暖的雪地里。请你给埋在雪地里的弗雷迪写几句话,说说对他的思念,说说对他的祝福。

4. 阅读图画书《爷爷变成了幽灵》,请你思考:爷爷和那片叶子有什么相同之处?

5. 在班中进行分角色朗读,清晰地感受文字间蕴含的情感。

【撰写者　陈蕊】

关键词：在玩耍中享受冬天
书　名：雪人
作　者：金波
绘　者：贵图子
出版社：江苏少年儿童出版社

一、重述故事

有个小姑娘，每年冬天，她都要堆一个白白胖胖的雪人，可是一到春天，她的雪人就会慢慢融化，最后消失不见，她多么想堆一个不会融化的雪人啊！她等了好久好久，冬天终于在她的期盼中悄悄地来了。

冬天到了，大雪如约而至，小姑娘手里拿着一个充满爸爸孝心和奶奶爱心的美丽的红苹果走出了家门，她不舍得吃掉它，便把它揣在怀里，决定将它留给雪人。她来到雪地里，顾不上寒冷，兴奋地堆起并雕饰了一个漂亮的雪人，最后，她小心翼翼地将那颗带着她温度和心跳感觉的红苹果嵌进了雪人的胸怀。

她的雪人和其他小伙伴们的雪人生活在一起，看上去的确没有什么不同，但当风吹过，鸟兽来过之后，就不太一样了，别人的雪人都会被风剥蚀，被鸟兽抓伤，而她的雪人却依旧完好无损，小伙伴们都很羡慕她。天渐渐暖和了，天空飘起了雨夹雪，看样子是春天要来了。放了晚学，她和小伙伴们一同来到林中空地，大家惊奇地发现除了她的雪人外，其他的雪人都已融化了。过了些日子，天气越来越暖和，她怀着忐忑的心情同小伙伴们再次来到了林中——雪人竟然没有化！大家看着她，好像在等待她说出雪人不会融化的秘密。她弯下腰，趴在雪人胸前，竟听到了心跳，她的小伙伴们可以见证，此时，她决定将雪人的秘密告诉他们……

二、生命教育解读

冬天作为一年中最后一个季节，作为春的轮回的起点，有着它独特的魅力。冬天可以尽情地玩耍，尤其是大雪纷飞的时候，每个孩子如同故事中这个小姑娘一样，期待堆起一个属于自己的雪人，于是他们就急切地盼望着冬天的到来。而在这美丽的季节，孩子们也会像小姑娘一样，有一个美好的心愿，或许就是用心去堆起一个不再融化的雪人。这样的想法看起来是那么的不可思议，可是在孩子心中，这便是一颗充满爱的种子，在他们天真烂漫的呵护下，这颗种子在美丽的冬季发了芽，那个不会融化的雪人，伴随着心跳声，也便永远地成长在他们心中。这是大自然给予儿童最美好的向往，也是冬天馈赠给孩子们最棒的礼物。

而今，尤其是生活在城市中的孩子，每天与电脑、手机、电视、书本为伴，似乎与大自然的接触越来越少，但很多情感体验不是书本和屏幕能够给予的，孩子的生命成长需要直接参与才会更加丰富多彩。只要用心体会，除了冬天，每一个季节也都应该认真地接触。

三、教学小提醒

1. 冬去春来，房檐上滴着雨滴，小姑娘用雨伞为小鸟挡雨。从这一点可以看出，这个小姑娘的内心善良，充满了爱，也正是如此，那个苹果才给予了雪人心跳。

2. 小姑娘的房间里挂着一幅画有雪人的相框，通过这一细节可以引导孩子发现，那个不会化的雪人实际上存在于小姑娘的心中。

3. 故事的结尾，小姑娘准备将她的雪人不会融化的秘密告诉她的小伙伴们，而让雪人存在的秘密并不是因为那颗苹果，而是小姑娘对雪人乃至对冬天的留恋与爱。

四、活动设计

1. 小姑娘从故事的开头到结尾经历了几次情感的变化，请填写小姑娘的情感变化图，并在每种心情旁边写下你在故事中找到的例子。（例如：快乐，因为冬天到来大家可以一起堆雪人）

《雪人》故事发展	
小姑娘的情感	事　例

2. 文章开头说“每年冬天，我都要堆一个雪人”，为什么这个小姑娘每年冬天都要堆一个呢？

3. 故事的结尾，小姑娘要把她的雪人不会融化的秘密告诉给她的小伙伴们，你知道这个秘密是什么吗？

4. 你喜欢冬季吗？还喜欢哪个季节？请说说理由。

5. 冬天到来，大雪过后，组织孩子们在校园里一起进行堆雪人的活动，可以分小组堆不同形状的雪人。通过孩子们的亲身体验，感受季节的美丽，享受冬天带来的快乐与感动。

【撰写者　吕月】

保护自然环境

关键词：地球也会生病

书　名：地球感冒了

作　者：【法】罗克珊·玛丽·加里耶

绘　者：【法】桑德里娜·罗姆

译　者：赵然

出版社：现代出版社

一、重述故事

太阳在早晨刚刚睡醒，此刻的世界安静极了。可地球却感冒了，从早晨开始，她便轻轻地咳嗽着，还夹带了轻微的颤抖，那颤抖伴随着大地的抖动，断断续续。她开始发烧，脸庞因为体温的持续上升而愈加苍白，就连海水的温度都开始慢慢升高。

可人类好像还未发现这件事。地球感冒了，当她打喷嚏的时候，海上就会大浪澎湃，那海浪瞬间便会将房屋吞没，将农田侵蚀。地球真的感冒了，她的嗓子发炎了，在炎炎夏日里扰乱了她本想唱歌的心情。污染的废气，浓浓的黑烟，把地球包围其中，竟让地球无法呼吸！

住在城市最高山峰上的一个小男孩信心满满地决定保护地球，他呼吁人们不要再过分地消耗地球，让她好好休息休息。他请大家停下手中的工作静静听一听，人们听到一颗心脏在深沉地跳动着，随之存在的是低吟的抽泣声，那声音那么轻，轻到在嘈杂的环境中人类根本发现不了。所有人更加用心地听着，谁都没有出声。这时，小男孩抓住一片云，轻轻挤压着，让雨水悄悄留下，慢慢地，细雨开始弥漫，微风轻轻拂面。一切都被清洗了，都被净化了。

哦，那是一段多么美好的时光！温暖的太阳跳出来了，人们望见一道柔和的彩虹缓缓地出现在天边。有一个声音："去做吧，一切都还不晚。"

二、生命教育解读

自然环境是人类生存权利得以保障、生命发展得以促进的前提和基础。人类生命与地球相依存并互相影响，生命的奇妙之处正在于此，一切活动的发生与发展都与自然有着紧密而深刻的联系，而人与自然相处的和谐度所带来的影响，正体现在我们现今所处的环境中。

当下，人们看似忙碌的背后，是对地球健康的忽视，以及给自己生存环境所带来的危机，污染充斥了地球环境。故事中的地球感冒了，可忙碌的人类却一直没有意识到这可能带来的危害，直到小男孩的出现，才让人类从喧闹中安静下来，开始倾听，开始关注。只有给予地球母亲多一点警觉，多一些关注，才能让地球以健康的生命姿态存在和发展。放慢脚步，留心周围的一切，改变我们与大自然交往的机械方式，用眼睛注视，用耳朵倾听，用心去感受，学会与自然母亲对话。正如这个故事想要表达的一样，儿童的声音是最真实的，孩子从内心发出的呼吁，联结了城市中忙碌的人类，他们开始停下脚步，倾听世界，对话地球，了解自然的心声。

地球与人类的发展是融为一体并相互作用的。儿童是鲜活的生命个体，成人应赋予孩子的，是其对生命形式的好奇，对生命意义的探索与追寻，对生命发展的觉醒意识，这个"生命"不仅是人类，更是地球，是大自然，是与我们息息相关的生存环境。成人对孩子的引导，要更多地让其认识地球生命存在的特殊形式，了解当下现实社会中因人类对地球的过度消耗所导致的环境危机，从细节出发，从故事中儿童的纯真天性出发，感受人类生命是寓于地球生命的发展变化之中的，帮助孩子建立人与自然相处的和谐意识，学会与地球友好共存，保护地球环境，与自然生命一同成长。

三、教学小提醒

1. "地球感冒"后出现的很多危机症状如咳嗽、发烧等，从侧面反映出地球环境的危机，需要引导孩子仔细观察这部分，思考地球出现这些症状的原因，帮助孩子理解环境受到破坏后带来的巨大危害。

2. 故事中的小男孩出现前后，人类与地球的相处是两种不同的状态，这是让孩子认识保护环境重要性的关键点，应注重抓住这个细节进行引导并帮助孩子分析产生变化的因素。

3. 男孩决心保护地球之后，人类在言语和行为上发生了不同以往的变化，人们开始关注和倾听地球的声音，这是本书要让孩子着重理解并体会的内容，应注意引导孩子深入观察这部分的图画，让他们体会自然环境与人类环境是相互影响、互为一体的。

四、活动设计

1. 在这个故事中，地球生病了，都会有哪些症状？在小男孩的呼吁下，大家是如何做的？地球又发生了什么样的变化？

2. 小男孩用简单的言行吸引了大家对地球的关注与关爱，他为什么要这么做呢？说说你的理由，并猜一猜，故事中的小男孩与地球是什么关系？

3. 故事中的小男孩用自己的行动影响他人，如果你是他，在现实生活中，你又会采取哪些做法来鼓励身边人关爱地球环境呢？

4. 地球是我们共同生存的家园，每个人保护地球环境的方式可能不一样，在生活中，有许多人也在用自己的方式从细微处关爱地球，保护自然，你能分享你所知道的一个事例吗？或者针对目前存在的环境问题提出你的好建议。请将你的分享或建议写下来。

我的分享：   我的建议：

5. 保护地球环境有许多种做法，可以是大家一起植树，可以是不乱扔废旧电池，也可以是随手捡起地上的垃圾扔进垃圾箱。请与同学或朋友自主设计一个环境保护小品剧，演一演。释放你的想象，尽情发挥吧！

6. 保护地球环境，首先你要认识她，亲近她，可以在周末或节假日的时候，和爸爸妈妈一起走出家门，来一趟以“亲近自然”为主题的出游，并在出游中完成一两项保护环境的小举措，用你的行动亲身感受自然之美吧！

【撰写者　陈云川】

关键词：呵护我们的家园
书　名：这片草地真美丽
作　者：【奥】沃尔夫·哈兰斯
绘　者：【奥】温弗里德·欧普吉诺斯
译　者：赖雅静
出版社：河北教育出版社

一、重述故事

城里的人开车到乡下，想在他们喜欢的地方好好休息，汀汀先生说这片草地真美丽，其他城里人很同意这种说法，他们打算待在这里。

不过，大家都认为这块地方太小了，人又这么多，于是，他们在那围了篱笆，大家都有了自己的地方；汀汀先生觉得每天跨篱笆很不方便，所以大家修了马路；城里人开着车把需要的东西都带到这片草地来；汀汀先生说要是下雨会被淋着的，因此大家盖了房子；他说车在户外会生锈，太不方便了，因为这个原因，大家都盖了车库；汀汀先生说回到城市工作很不方便，他说可以盖工厂，其他城里人很同意，为了解决这个问题，他们在这里盖起了工厂，开始工作赚钱；汀汀先生又说买东西还得回到城市，太不方便，大家一起盖起了小购物超市，就这样，这里有了学校、邮局、火车站和办公大楼，城里人说他们终于成为“草地人”了。

可是，这里没有了鸟语花香，只有污浊的空气，小朋友觉得这里没有以前好玩了。其他的城市里的人来这里找“草地人”，他们觉得这里跟城市差不多。于是，汀汀先生开着车，带着大家去了另一片美丽的草地，小朋友们很感激他，他们对身边的大人说别再做错事，别再伤害草地了。

二、生命教育解读

一片青草地，一丝清新的空气，一缕明媚的阳光洒下，花儿在那绽放，鸟儿在那嬉戏，虫儿在那鸣叫，这才是充满生机的大自然，这片美丽的草地本来的面貌就是这样，城里人来了，他们也喜爱这片美丽的草地并且想要成为草地人，所以，城里人留了下来，尽情享受着这片草地。

然而，人们为了提高生活质量，他们建起了工厂，在工厂里工作，盖起了小购物超市，方便大家买东西，不知不觉中，城里人把这片草地变成了城市，但他们以为自己成为了真正的"草地人"，直到其他的城里人来了，"草地人"才幡然醒悟，原来自己错了。人与自然应该和谐相处，这样的思想每个人都知道，但是随处都可以见到，迈向草坪的那一只脚，伸向花儿的那一只手，跑向草丛的那一只宠物狗，此时此刻，保护自然环境的意识早被抛到了九霄云外，我们身边经常上演着这样损坏大自然的事件，人们的观念与实际行动完全是背道而驰，大相径庭。就像故事中的汀汀先生，他一方面向往大自然，喜爱大自然，另一方面，他觉得自己的生活不便利，所以就在这片美丽的草地上盖了各种城市里的建筑，殊不知，这样一来，他的行为就已经改变了自然环境的原生态，破坏了自然环境。

保护自然环境是人类义不容辞的责任与义务，它不是一句空话，不是一句口号，它需要我们人类用自己的实际行动来诠释，赋予其真正的意义。

三、教学小提醒

1. 自从城里人来到这片美丽的草地后，只因为汀汀先生对生活的不满足，这片美丽的草地就发生了很大的变化，可以用对比的方法来指导孩子，引导孩子对比变化前与变化后的草地，从而培养他们的观察能力。

2. 这个故事中，小朋友们与大人们的想法是不同的，要引导孩子注意观察书中小朋友们的表情与语言，体会小朋友们对草地的喜爱之情。

3. 汀汀先生带着那些城里人到另外一块草地后，小朋友们对大人们说"我们需要草地"，在这里，不仅是小朋友们想要在草地上玩耍，而且草地对于人们的生活有很大的作用，如：美化环境，净化空气，吸收二氧化碳等，所以，这里需要拓展孩子的思维，要让孩子联系生活实际。

四、活动设计

1. 读完故事后，试着填一填。

<table>
<tr><th colspan="2">草地的改变</th></tr>
<tr><td colspan="2">城里人刚来到这片草地的时候，这里的样子：

</td></tr>
<tr><th>城里人做法的原因</th><th>城里人的做法</th></tr>
<tr><td>地方小，人多，一不小心，会踩到别人的脚</td><td></td></tr>
<tr><td>每次都得跨过篱笆，不方便</td><td></td></tr>
<tr><td>万一下雨，大家会被淋成落汤鸡，太不方便了</td><td></td></tr>
<tr><td>车子在户外会生锈，太不方便了</td><td></td></tr>
<tr><td>为了工作，还得回到讨厌的城市，太不方便了</td><td></td></tr>
<tr><td>为了买东西，还是得去讨厌的城市，太不方便了</td><td></td></tr>
<tr><td colspan="2">经过城里人的重新建造，现在，这片草地的样子：</td></tr>
</table>

2. 故事的最后，当其他的城里人来找这些“草地人”，其他的城里人看到现在的这片草地，他们觉得怎么样？

3. 如果你是大人们身边的小朋友，当发现了另一片美丽的草地，你会对身边的大人说什么？

4. 生活中，你见到过破坏自然环境的事情吗？现在，如果让你去劝诫一下破坏自然环境的人，你会怎么对他说呢？（可以组织孩子来演一演，一个扮演破坏自然环境的人，一个扮演劝诫的人）

5. 当汀汀先生带着城里人来到另一片美丽的草地后，看到这么美丽的草地，这里又会发生什么呢？以小组为单位，自由组合，续编一个小故事，然后演一演。

6. 快节奏让人们忘记了生活，忘记了大自然的美丽，周末，可以与父母一起去寻找美丽的草地，尽情享受大自然的美好。

【撰写者　王蕾　张婧雅】

关键词：变化的环境，不变的小房子
书　名：小房子
作　者：【美】维吉尼亚·李·伯顿
绘　者：【美】维吉尼亚·李·伯顿
译　者：阿甲
出版社：南海出版公司

一、重述故事

很久以前，在距离城外很远的乡下，有一座盖得很好的小房子。她又坚固又漂亮，那位将她盖好的主人曾许下诺言："这座小房子永远也不能卖，出多少钱都不卖。她要一直看着我们的孙子的孙子的孙子的孙子的孙子的孙子住在里面。"

小房子坐落在山岗上，日复一日地欣赏着她周围动人的田园美景。春天，她等待知更鸟从南方归来；夏天，她欣赏着铺满山岗的白色雏菊；秋天，层林尽染的景致让她尽收眼底；冬天，她眼见着大地披上一层层银衣。白天，花草树木和孩子们都陪伴着她。夜晚，她安静地看着月亮和星星。

可是，她也会好奇，好奇那个被点点灯光萦绕的遥远城市。

一天又一天，一年又一年，小房子仍然是老样子，但城市的灯光却越来越亮了。有一天，一群测量员跑到乡下。不久，乡村彻底变了，变得和城市一模一样。小房子开始失去安静，她的周围都是嘈杂。小房子开始怀念，怀念那会在月光下跳舞的苹果树。

行色匆匆的人们，顾不上看小房子一眼。

不久，小房子病了，样子变得很难看。

一天，那位曾经盖好小房子的主人的孙子的孙子的孙女来了。她认出了小房子，并决定把小房子搬到乡下。在一片周围长满苹果树的小山岗上，小房子找到了新家。再一次，小房子看到了星星月亮和春夏秋冬。此时，小房子再也不对城市好奇了……

二、生命教育解读

这是一个关于人与自然环境的故事。作者透过小房子的视角，展现了城市化过程中的一个缩影。

起初，小房子坐落在一个平静祥和的乡下。在小房子的周围，是未经人工雕琢的自然田园环境。在美丽的大自然里，小房子每天都欢快地欣赏着日月星辰和自己周围春夏秋冬不同的景致。可随着城市化进程的推进，小房子周围的环境悄悄地发生了变化：

周围的草坪被一幢幢高楼取代，空气中到处弥漫着烟尘灰土，巨大的噪音时常在耳畔响起……日复一日，小房子在污浊的环境中变得心力交瘁，几乎窒息。直到那个真正爱护她的救星出现，小房子才如愿以偿地回到了她朝思暮想的自然生活。那里，有鸟语花香，有暖暖的阳光，还有一大片醉人的苹果园，更有清新的空气和迷人的星星月亮。这才是真正充满生命气息的大自然，小房子在这里再一次寻回了生命的色彩。这既是一种寄托，也是一种回归。

看到小房子再次寻回幸福的生活，我们不禁为之雀跃。然而，在新的山岗上，小房子能够永远地住下去吗？在不断加速的城市化脚步中，小房子的经历还会出现几次呢？小房子对大自然的追求和向往，难道不是我们人类一直以来共同的憧憬吗？或许，这些忧虑是需要我们一起行动才能真正分担的。珍惜自然原生态，爱护自然环境，在你在我更在他。

也许，这正是《小房子》所给予我们的一个生命启迪和美丽希望。

三、教学小提醒

1. 在引导孩子阅读《小房子》这个故事的时候，不要将目光紧紧局限在乡村和城市。乡村所代表的是未经人类雕琢的大自然风光，城市所象征的是人类发展过程中的社会景观，对此应给予适度的点拨。

2. 作者在讲述小房子周围的春夏秋冬四季景观时，无一例外地都将图景分成了左右两部分。左边的部分是每个季节代表景物的放大图，右面的部分则是该季节的全景图。在赏读时，注意引导孩子掌握这种从部分到整体的观察方法。

3. 阅读时，需要引导孩子发现故事中隐藏的线索，即在城市化的进程中，小房子的情感发生了一系列的变化。起初，小房子对城市很好奇；后来，小房子对城市感到很茫然，她不知道自己是否喜欢这里；最后，小房子发现自己并不喜欢这里，她开始想念大自然的生活。

四、活动设计

1. 读完故事后，将这个故事讲给周围的小伙伴听。听完故事后，请小伙伴说一说自己的感受。

2. 小房子周围的环境从乡下"变到"城市的过程中，周围的景色也发生了翻天覆地的变化。小房子亲眼见证了这种变化，并且随之出现了五味杂陈的心情。请你结合下面的表格，试着梳理一下小房子的所见所闻所感。

<table>
<tr><td rowspan="7">小房子
在乡下
看到的</td><td>清　晨</td><td></td></tr>
<tr><td>黄　昏</td><td></td></tr>
<tr><td>晚　上</td><td></td></tr>
<tr><td>春　天</td><td></td></tr>
<tr><td>夏　天</td><td></td></tr>
<tr><td>秋　天</td><td></td></tr>
<tr><td>冬　天</td><td></td></tr>
<tr><td colspan="3">此时小房子的心情：</td></tr>
<tr><td rowspan="3">小房子
在城市
的见闻</td><td>房子周围</td><td></td></tr>
<tr><td>马路四周</td><td></td></tr>
<tr><td>地面底下</td><td></td></tr>
<tr><td colspan="3">此时小房子的心情：</td></tr>
<tr><td rowspan="2">重新回
到乡下</td><td>离开城市</td><td></td></tr>
<tr><td>搬到乡下</td><td></td></tr>
<tr><td colspan="3">此时小房子的心情：</td></tr>
</table>

3. 在我们美丽的校园里，生长着许许多多可爱的小草、鲜艳的花朵和健壮的大树。请你从这些植物的角度，写一个小小的提示牌，来呼唤大家一起珍惜我们美丽的校园环境。

4. 每年的三月，都会有一个植树节。在周末或节假日的时候，不妨和爸爸妈妈一起，亲自去栽种一株植物，为我们的祖国添上一抹绿色，让我们共同生存的环境变得更美好。

【撰写者　王蕾　陈小杰】

关键词：珍爱自然里每一个生命
书　名：花城
作　者：【瑞士】艾菲莱·哈斯劳
绘　者：【捷】史提凡·查吾尔
译　者：王真心
出版社：明天出版社

一、重述故事

从前有一个很普通的小城，小城里的人们过着简朴的日子。但这里的人都喜爱花。小城里到处都是花，还飞舞着数不清的蝴蝶。夜里的小城也不黑暗，因为城里的人都有着美丽的梦，梦里的精灵都像蝴蝶一样飞舞着。

但有一天，小城的市长认为大家把太多的时间都放在了花和蝴蝶上，而忘记了自己的本职工作，所以决定要让小城的人们忘记花，赶走蝴蝶。于是政府下令，禁止所有的花朵出现在小城中。

小城中花儿被扔进了垃圾车，警察们用网捕捉蝴蝶。城里的人们都称这片田野是“美梦的坟墓”，没有了花儿、灌木和树，小城变得暗淡无光。取而代之的是高楼林立，车水马龙。路上的人们行色匆匆，小孩子们也在抱怨这样无趣的生活。

于是孩子们开始了自己的行动，每天在黑板上、算术题中、作文中都会出现花儿的影子。而且有蝴蝶飞到教室中。在私下很多人都在悄悄地养着小花。

卡琳和彼得两个要好的孩子决定晚上去“美梦的坟墓”，他们发现所有的花草树木都被墙围起来了，不过都还活着。于是卡琳和彼得拿到了钥匙，打碎了装蝴蝶的瓶子，把蝴蝶们都放出来了。蝴蝶飞舞的彩梦又回来了，陪伴着人们度过漫长的黑夜。

二、生命教育解读

这是一本以爱护环境为主题的图画书。

对于书中生活在花城的人们来说，他们喜欢自然的花朵，喜欢美丽的蝴蝶，但市长却为了金钱，为了城市的经济发展而去破坏了原本充满花朵与蝴蝶的小城，取而代之的是高楼大厦，车水马龙，还有人们行色匆匆的身影，一切都变得忙碌，却失去了之前的自然纯朴之美，蝴蝶和花朵都遭受了破坏，让小城不再充满生机和美丽的梦。

而在我们的现实生活中，也同样存在环境的破坏问题。由于我们对科学、工业的高度追求，导致了全球性的三大危机：资源短缺、环境污染、生态破坏。工厂的污水、废气、废烟、废渣的随意排放，植被的乱砍乱伐，以及随意捕杀动物等，让我们的地球负重越来越大，于是我们的地球开始产生了酸雨、雾霾、洪水、沙尘暴、海啸、地震、温室效应、沙漠化等很多不良反应，变得虚弱不堪。

这本图画书正是以独特的故事情节传递给我们爱护动植物、保护环境的重要性的概念。同时也让我们看到了破坏环境给人们带来的可怕后果，时刻提醒着读者要去保护自然环境。

三、教学小提醒

1. 注重让孩子对比总结市长下达禁令前后小城的样子，让孩子重点关注禁花令后小城的样子，从而突出保护自然环境的重要性，提高他们环境保护的意识。

2. 书中有一处说到“大家悄悄地说，听说女裁缝师顶针上养了一朵小雏菊。听说……”，重点让孩子体会这几句话的含义，感受小城中人们对自然浓郁的喜爱之情。

3. 书中文字较多，需要在孩子进行阅读时给予适当的帮助和提醒。可以尝试总结出故事主线，让孩子先从主线开始学习，有一个整体思维观，以此来帮助孩子更清晰地理解故事想要表达的中心内容。

四、活动设计

1. 请你试着总结一下，在市长颁布禁花令前后，小城以及小城中市民的样子及变化。

禁令颁布前	禁令颁布后

2. 试着说一说你所了解的城市中的一些环境破坏的现象。可以是你平常生活中亲眼看见的，也可以是你在电视中看见的、广播中听到的，说出来大家一起讨论讨论。并试着提出你认为的解决措施。

3. 学校是我们另一个温馨的大家庭，相信你一定非常热爱你的学校，那么就请你试着为你的学校制定一份环保计划书，用实际行动来共同维护我们可爱、美丽的校园吧！

【撰写者　梁硕霞】

关键词：对自然的爱与不舍
书　名：再见小树林
作　者：严淑女
绘　者：张又然
出版社：河北教育出版社

一、重述故事

小绿有气喘病，大部分的时间，他都待在小阁楼里。小绿喜欢画画，更喜欢趴在窗台上望着窗外的许多大树，树上爬满藤蔓，好像一片神秘的森林。

小绿每天都在想象，森林里到底住着什么动物，妈妈认为会有奇怪的动物出没在这片茂密的森林，常来买东西的阿姨很喜欢这片森林，她觉得树林很美。

小绿听了妈妈的话，脑海里常有一幅画面，晚上，大家睡着后，会有很多动物从森林里出来，在街道和公园玩耍，附近山里的动物也会到这片森林里探险。

一次，小绿与窗台上的松鼠对视，后来松鼠留下一些种子，小绿把它种在花盆里，每天给它浇水。小绿把这片森林当作他的秘密基地。

秋天的下午，他第一次走进了森林，去捡种子，当他走到大榕树下时，有很多逃离的声音，吓得小绿马上爬回阁楼。他决定不再踏进这片树林了。

一天早上，小绿被挖土机的声音吵醒了，他生气地问砍树工人砍树的原因，原来这里要盖大楼，他护着最后一棵大榕树，结果又被他们给拖开了，小绿躲回了小阁楼，那天晚上，他画了很多画，但他的心还是无法平静下来。

一天早上，他听到了熟悉的声音，原来是窗台的小花盆里长了许多小小的绿芽，小绿仿佛又看见从前窗外的那一片绿。

二、生命教育解读

森林被誉为“地球之肺”，它净化着空气，保护着土壤，调节着自然界空气和水的循环，同时，森林也是文中小绿的秘密基地，作为吸收森林养料的人类，难道不应该保护大森林，保护我们赖以生存的自然环境吗？

大自然养育着人类，同样，也养育着小动物们，动物同人类一样，也是大自然的宠儿。就像在小树林里会有小松鼠、各种鸟儿在那里居住，小树林就是它们的家，它们不希望人类打扰，也害怕见到陌生人，当故事中的小绿闯入小树林去捡种子的时候，各种逃跑的声音吓得小绿赶紧爬回了小阁楼，所以，这在告诫人类，不要擅自闯入动物们的家园，要保护自然环境。

保护自然环境是每个人应尽的责任，当工人把小树林的树砍了，小绿生气地质问砍树的工人，并且用双手极力地护着最后一棵老榕树，小绿的行为表现了他对树木的爱护，对小树林的热爱之情。小绿的力量虽然是微薄的，在伐木工人面前是那么的不堪一击，但这种对大自然的爱是伟大的，这种爱的光辉永远存在。

小树林被毁灭了，小绿的生活从此失去了原有的色彩，一张又一张地画着却无法平静小绿的心，他能做的，只有默默地将窗帘拉上，独自在小阁楼里悲伤。假如，我们的生活环境里没有了绿树的荫蔽，没有了花儿的芬芳，没有了小草的点缀，没有了鸟儿的歌唱，没有了大自然的滋养，只有高楼大厦，只有飞驰的汽车，那我们生活的环境将会萧索无趣，失去生机，失去原有的美丽风景，所以，保护自然环境是我们义不容辞的责任。

三、教学小提醒

1. 这本图画书的名字是“再见小树林”，而文中主人公一个小男孩的名字叫“小绿”，这个名字就已经展现了小男孩对树林的喜爱，对大自然的热爱之情。应该注意引导孩子将“小绿”这个名字与故事内容相联系。

2. 故事中，小绿在小树林被毁灭的那天晚上，画了一张又一张的画，而在他的屋里有许多小动物，有小兔子、鸟、猫头鹰等，其实，这里的小动物是小绿脑海中想象的，并不是真实存在的，因为小树林被毁灭了，小动物的家就没有了，它们不可能出现在小绿的屋里。但正是因为图画中有这些小动物，才能将小绿对动物们的爱表现得淋漓尽致。

3. 故事中有些细节部分需要成人指导孩子理解，如树木被砍伐的那天晚上，小绿画了一张又一张画，但他的心情还是无法平静下来，小绿的心情是十分低落的，他在用画画的形式来怀念小树林。小绿的心慢慢地被阴影包围起来，这阴影指的是空空的土地，还有小绿对小树林的那份思念之情以及没有了小树林后内心的失落与空白。这些地方都需要成人带着孩子共同细细咀嚼，而不是简单地读完、欣赏完就可以了。

四、活动设计

1. 填写下表。

小绿的内心	
事　　件	内　　心
树上爬满密密麻麻的藤蔓	他认为森林很______
当声音接近窗户边，他会静止不动，直到声音远离才敢大口呼吸	此时此刻，他内心的感受是______
当与窗台上小松鼠对视的时候	他的心情是______
听了妈妈说大树都是从这颗小种子长出来的	他感到______
当走到榕树下，听到很多匆忙逃离的声音	他的心情是______
每天望着树林，听动物叫声，闻花草的清香	他感到______
看到被砍了树木，散落的叶子	他很______
当眼中的绿消失了，闻不到青草的清香，黄色花雨不再飘落	他的心情是______
当看到小花盆里冒出许多绿芽	他的心情是______
小绿心情由原来的开心变得很生气伤心的原因是：______	

2. 当树木被砍伐了，那天晚上，小绿画了一张又一张的画，但他的心还是无法平静下来，为什么？那年冬天，小绿每天只能窝在小阁楼里，望着窗外巨大的黑影，他的心，也慢慢地被那阴影包围起来，这里的“阴影”指的是什么，为什么小绿的心被阴影包围起来？

3. 如果你是小绿，每天望着窗外的树木，你会有什么样的心情？当树木都被砍了，你又会有什么样的心情？

4. 生活中，像文中这样破坏自然环境的事情有很多，说说你看到过的破坏自然环境的事情，我们以后应该怎么做？

5. 根据图画书故事，画一幅树木被砍伐前与被砍伐后的画，并且，在画的最下边写上自己的认识。

【撰写者　张婧雅】

课堂实录 《小房子》

教学目标

1. 通过小房子的所见所感，感受大自然的美好。
2. 在自然环境和城市环境的对比中，体会大自然环境的纯净和可贵。
3. 感知小房子对大自然环境的喜爱，产生保护大自然环境的愿望。

教学重难点

重点：体会乡村自然环境的优美，产生对自然环境的热爱之情。

难点：通过对比感知小房子环境的变化，自觉产生保护自然环境的愿望。

教学准备

多媒体课件。

教学过程

一、谈话导入，自读设疑

师：现在，请你轻轻地拿起手中的资料，用你最端正挺拔的姿势一边自读文字一边在脑海中想象小房子的样子。

（学生自主学习，教师从旁指导。）

师：读过故事之后，你知道了什么？

（学生谈自己的心得，教师从旁引导。）

师：和你们一样，老师也有发现，请看——在这本书的扉页上，告诉了我们故事的主人公。她是……？（PPT）

生：小房子。

师：通过观察，你觉得这是一座怎样的小房子？

生1：这是一座可爱的小房子。

生2：这是一座彩色的小房子。

生3：这是一座美丽的小房子。

……

二、深入理解，细读研讨

师：接下来，我们就来一起仔细读读这个美丽的故事。

（学生听故事。）

师：主人是如此地喜欢小房子，所以他想……

生1：他想永远保留它。

生2：他还想让他的子子孙孙都住在小房子里。

师：是啊！小房子就这样悠然地坐在山岗上，每天非常开心地看着她四周美丽的山村田园景色。请你结合文字仔细地观察观察图片，小房子都看到了什么？

生1：在清晨，看到太阳笑眯眯地升了起来。

生2：黄昏，太阳公公直打哈欠，赶忙跑回家休息了。

师：你们观察得可真仔细！太阳公公刚走，月亮姑娘就悄悄地迈着轻盈的脚步来了。请结合上面的图和下面的文字，用你自己的话说一说月亮的样子。

生1：月亮仿佛会变魔术，一会儿弯弯的，一会儿又圆圆的！

生2：小房子也能看见星星。

师：是啊！在宁静的夜晚，小房子从不会感到寂寞，因为温柔的月亮和可爱的星星总是陪伴着她。可是偶尔，小房子也会有好奇心，她很好奇远方那点点灯光的城市会是什么样子。就这样，冬去春来，小房子安详地坐在山岗上，观赏着四季的美景。快看看，她都欣赏到了什么？

生1：春天，小房子等待着知更鸟飞回来，期盼着小草变绿，欣赏着苹果树抽出嫩芽，又开出一树雪白的小花。

生2：春天，小房子还欢喜地看着孩子们在小溪边快乐地玩耍。

生3：夏天，小房子看到了郁郁葱葱的大树小树，看到了铺满山岗的乳白色雏菊，看到了熟里透红的苹果，还看到了像鱼一样在池塘里游泳的小朋友。

生4：秋天，小房子不仅发现了层林尽染的树叶，还看到了孩子们蹦蹦跳跳地背着书包去上学。

生5：冬天，进入小房子眼帘的，是银装素裹的大地。在圣洁的雪地上，孩子们在滑冰、堆雪人或打雪仗。

师：你们真会观察和想象！是啊，春夏秋冬，大自然的美景尽收小房子的眼底。一年又一年，山岗上的苹果树老了，小房子却依然如旧。可是，有一天，小房子眼前的景色却变了。此时，小房子看到的是什么？

生：她先是看到一辆没有马拉的大车，紧接着是一辆蒸汽铲车，然后是卡车，然后是蒸汽压路机……

师：从此，小房子周围发生了翻天覆地的变化，你发现了哪些？

生：一条条公路纵横交错，各式各样的房子群起林立。小房子被挤在一个小小的角落里，没有人住在里面，也没有人有空看她一眼，人们都行色匆匆。

师：现在的夜空，已经不再安静平和，城市的灯光很近很亮，小房子开始怀念，她怀念……

生1：她怀念乡村那开满雏菊的田野和会跳舞的苹果树。

生2：她怀念满天的星星和会变魔术的月亮。

师：不久，有轨电车、高架列车和地下列车纷纷从小房子前面穿过；又过了不久，住宅楼和公寓楼像参天大树一样长在小房子的周围。在住宅楼和公寓楼建设的过程中，小房子周围的环境也悄悄地变化着。你发现了哪些变化？

生1：小房子周围的空气中到处弥漫着烟尘。

生2：震耳欲聋的噪音时时在她耳边响起，震得小房子直发抖。

生3：现在小房子已经分不清春夏秋冬了。

生4：仿佛一切看上去都是一个样，人们移动得越来越快，没人会再注意小房子。

三、精读品味，角色体验

师：此时，如果你是小房子，你是什么感觉？

生1：我感觉周围很拥挤。

师：请你通过朗读表达一下你的感受吧！

现在我（小房子）只能在中午见一会儿太阳，到了夜晚根本见不到星星和月亮，因为城市的灯光实在太亮了。我（她）不喜欢住在城里。夜里我（她）经常梦见乡下，那开满雏菊的田野，还有苹果树，在月亮下跳着舞。我（小房子）很孤独、很难过。我（她）的彩色涂漆裂了、脏了……我（她）的窗户被打破了，百叶窗板歪歪地挂着。我（她）看上去很破旧……虽然我（她）的里面还是从前那样的好房子。

生2：我感觉我快要喘不过气来了。

师：请把你的感受加进去，读一读。

生3：我想要多晒一会儿太阳。

师：请把你的愿望用朗读的方式表达出来吧！

生4：我渴望乡下新鲜的空气。

师：把你的想法读一读，告诉大家。

生5：我更怀念山岗上遍地的白色雏菊和开满白色小花的苹果树了。

师：带着你遥远的思念，带着感情地读一读你现在的感受吧！

生：我想哭，却流不出眼泪；我想喊，却发不出声音。

……

师：你们真会读书，在阅读中，竟能将小房子的感受融入自己的心中。再次，让我们一起来齐声读一读，体会一下小房子的感受。

（学生齐读。）

师：小房子，此刻你最大的心愿是什么？

生 1：我很想回到乡下。

生 2：我特别特别希望找回从前的生活。

四、 揭示主题，提升认识

师：正当小房子孤单忧伤之时，一位女士和她的先生发现了小房子。他们发现，这座小房子，正是她的祖先曾住过的那座又坚固又漂亮的小房子。于是，他们找来了搬家公司，一直把小房子搬到了离城市很远的乡下。请大家仔细观察图画，这个时候，小房子周围是什么样的环境？此时此刻，她的心情怎么样？

生 1：她的周围开满了白色的雏菊，长满了香喷喷的苹果树，她愉快地欣赏美丽的自然景色。

生 2：她又看到了安静的月亮和明亮的星星，她开心地笑了。

师：小房子再次回到了大自然的怀抱。此时，她是那样的幸福和满足。看到她幸福满足的样子，你的感觉是？

生 1：我很高兴，替小房子高兴。

生 2：很庆幸，小房子能够回到从前的生活。

生 3：真好！小房子，希望你永远地住在大自然中，永远那么开心，永远那么快乐，永远那么无忧无虑！

师：是啊！“永远生活在大自然的怀抱”，这不仅是你们对小房子的祝愿，更是小房子和许许多多生命的美好心愿。只有在大自然的怀抱中，孔雀才愿意张开漂亮的羽扇。为了永远实现小房子的这个心愿，我们能做些什么呢？

生 1：我们可以保护大自然，不破坏自然环境。

生 2：我们要多植树，不乱扔垃圾。

生 3：对那些破坏自然的人，我们得想办法阻止。

……

师：读了小房子的故事，你一定有话要和小房子交流吧！可以把你想说的、想做的，用你的文字告诉小房子。请以“小房子，我想对你说——”为题，写一写或画一画你的真心话。

[附] 板书设计

小房子	
乡村	城市
安静　平和	噪音　匆忙
太阳　月亮　星星	灯光　烟尘
雏菊　苹果树	行人　电车
大自然	被破坏的大自然

【执教者　陈小杰】

“人与自然”主题图画书·拓展阅读

主题	书名	出版社	关键词
认识自然	《草地中的小世界》	明天出版社	草地中的动植物世界
自然现象与规律	《月亮先生》	二十一世纪出版社	月亮的运动规律
大自然的植物	《树真好》	二十一世纪出版社	亲近身边的大树
美丽季节	《下雪天》	明天出版社	在雪中寻找快乐
保护自然环境	《大树在唱歌》	湖北美术出版社	大自然优美的歌声温暖人心，呼吁人们爱护自然

你还知道哪些类似的图画书，将它们的信息填入下表中。